1권

KB215825

제1회
MG새마을금고
지역본부 필기전형

www.sdedu.co.kr

〈문항 수 및 시험시간〉

영역		문항 수	시험시간	모바일 OMR 답안채점 / 성적분석
NCS 직업기초능력평가	의사소통능력 수리능력 문제해결능력 조직이해능력 대인관계능력	40문항	40분	

※ 문항 수 및 시험시간은 2024년 하반기 공고문을 참고하여 구성하였습니다.

※ 시험시간이 종료되고 OMR 답안카드에 마킹하거나 시험지를 넘기는 행동은 부정행위로 간주합니다.

제1회 모의고사

| 문항 수 : 40문항 |
| 시험시간 : 40분 |

01 다음 빈칸에 들어갈 내용으로 가장 적절한 것은?

> 동물들은 홍채에 있는 근육의 수축과 이완을 통해 눈동자를 크게 혹은 작게 만들어 눈으로 들어오는 빛의 양을 조절하므로 눈동자 모양이 원형인 것이 가장 무난하다. 그런데 고양이와 늑대와 같은 육식동물은 세로로, 양이나 염소와 같은 초식동물은 가로로 눈동자 모양이 길쭉하다. 특별한 이유가 있는 것일까?
>
> 육상동물 중 모든 육식동물의 눈동자가 세로로 길쭉한 것은 아니다. 주로 매복형 육식동물의 눈동자가 세로로 길쭉하다. 이는 숨어서 기습을 하는 사냥 방식과 밀접하게 관련되어 있는데, 세로로 길쭉한 눈동자가 _____
>
> 일반적으로 매복형 육식동물은 양쪽 눈으로 초점을 맞춰 대상을 보는 양안시로, 각 눈으로부터 얻는 영상의 차이인 양안시차를 하나의 입체 영상으로 재구성하면서 물체와의 거리를 파악한다. 그런데 이러한 양안시차뿐만 아니라 거리지각에 대한 정보를 주는 요소로 심도 역시 중요하다. 심도란 초점이 맞는 공간의 범위를 말하며, 이는 눈동자의 크기에 따라 결정된다. 즉, 눈동자의 크기가 커져 빛이 많이 들어오게 되면, 커지기 전보다 초점이 맞는 범위가 좁아진다. 이렇게 초점의 범위가 좁아진 경우를 '심도가 얕다.'라고 하며, 반대인 경우를 '심도가 깊다.'라고 한다.

① 사냥감의 주변 동태를 정확히 파악하는 데 효과적이기 때문이다.
② 사냥감의 움직임을 정확히 파악하는 데 효과적이기 때문이다.
③ 사냥감의 위치를 정확히 파악하는 데 효과적이기 때문이다.
④ 사냥감과의 거리를 정확히 파악하는 데 효과적이기 때문이다.

02 다음 글을 읽고 이해한 내용으로 가장 적절한 것은?

> 인류가 남긴 수많은 미술 작품을 살펴보면 다양한 동물들이 등장하고 있음을 알 수 있다. 미술 작품 속에 등장하는 동물에는 일상에서 흔히 접할 수 있는 개나 고양이, 꾀꼬리 등도 있지만 해태나 봉황 등 인간의 상상에서 나온 동물도 적지 않다.
> 미술 작품 속 동물은 그 성격에 따라 나누어 보면 종교적·주술적인 동물, 신을 위한 동물, 인간을 위한 동물로 구분할 수 있다. 물론 이 구분은 엄격한 것이 아니므로 서로의 개념을 넘나들기도 하며, 여러 뜻을 동시에 갖기도 한다.
> 종교적·주술적인 성격의 동물은 가장 오랜 연원을 가진 것으로, 사냥 미술가들의 작품에 등장하거나 신앙을 목적으로 형성된 토템 등에서 확인할 수 있다. 여기에 등장하는 동물들은 대개 초자연적인 강대한 힘을 가지고 인간 세계를 지배하거나 수호하는 신적인 존재이다. 인간의 이지가 발달함에 따라 이들의 신적인 기능은 점차 감소하여, 결국 이들은 인간에게 봉사하는 존재로 전락하고 만다.
> 동물은 절대적인 힘을 가진 신의 위엄을 뒷받침하고 신을 도와 치세(治世)의 일부를 분담하기 위해 이용되기도 한다. 이 동물들 역시 현실 이상의 힘을 가지며 신성시되는 것이 보통이지만, 이는 어디까지나 신의 권위를 강조하기 위한 것에 지나지 않는다. 이들은 신에게 봉사하기 위해 많은 동물 중에서 특별히 선택된 것들이다. 그리하여 그 신분에 알맞은 모습으로 조형화되었다.

① 미술 작품 속에는 일상에서 흔히 접할 수 있는 개나 고양이, 꾀꼬리 등이 주로 등장하고, 해태나 봉황 등은 찾아보기 어렵다.

② 미술 작품에 등장하는 동물은 성격에 따라 종교적·주술적인 동물, 신을 위한 동물, 인간을 위한 동물로 엄격하게 구분한다.

③ 종교적·주술적 성격의 동물은 초자연적인 강대한 힘으로 인간 세계를 지배하거나 수호하는 신적인 존재로 나타난다.

④ 인간의 이지가 발달하며 신적인 기능이 감소한 종교적·주술적 동물은 신에게 봉사하는 존재로 전락한다.

※ 다음 문단을 논리적 순서대로 바르게 나열한 것을 고르시오. [3~4]

03

(가) 국가별 물의 이동을 파악할 수 있다는 점에서 연구자들은 가상수가 국내 물 관리 정책, 농업 정책, 통상 정책 등을 세울 때 큰 도움을 줄 것으로 기대하고 있다. 또한 가상수는 물 분쟁의 해소와 물의 효율적 분배라는 어려운 문제를 해결하는 데 유용하게 사용될 수 있다.

(나) A4용지 한 장을 만드는 데는 10리터의 물이, 면 티셔츠 한 장을 만드는 데는 4,000리터의 물이 필요한 데, 이때 사용한 물을 가상수라 한다. 만약 이런 제품을 수입한다면 이를 생산하는 데 들어간 물까지 수입하는 것이 된다.

(다) 하지만 가상수는 그 제품이 추가 가공 단계를 거치는 경우에는 정확한 산정이 어렵다는 한계가 있다. 때문에 이러한 한계를 보완하고 긍정적인 부분을 유용하게 사용하기 위한 연구가 국가적 차원에서 이루어져야 할 것이다.

(라) '가상수(Virtual Water)'는 1980년대 런던 대학의 토니 앨런 교수가 제시한 개념으로, '우리가 소비하는 제품을 만들 때 사용하는 물의 총량'을 의미한다.

① (나) – (다) – (가) – (라)   ② (다) – (나) – (가) – (라)
③ (라) – (나) – (가) – (다)   ④ (라) – (나) – (다) – (가)

04

(가) 여기에 반해 동양에서는 보름달에 좋은 이미지를 부여한다. 예를 들어, 우리나라의 처녀귀신이나 도깨비는 달빛이 흐린 그믐 무렵에나 활동하는 것이다. 그런데 최근에는 동서양의 개념이 마구 뒤섞여 보름달을 배경으로 악마의 상징인 늑대가 우는 광경이 동양의 영화에 나오기도 한다.

(나) 동양에서 달은 '음(陰)'의 기운을, 해는 '양(陽)'의 기운을 상징한다는 통념이 자리를 잡았다. 그래서 달을 '태음', 해를 '태양'이라고 불렀다. 동양에서는 해와 달의 크기가 같은 덕에 음과 양도 동등한 자격을 갖춘다. 즉, 음과 양은 어느 하나가 좋고 다른 하나는 나쁜 것이 아니라 서로 보완하는 관계를 이루는 것이다.

(다) 옛날부터 형성된 이러한 동서양 간의 차이는 오늘날까지 영향을 끼치고 있다. 동양에서는 달이 밝으면 달맞이를 하는데, 서양에서는 달맞이를 자살 행위처럼 여기고 있다. 특히 보름달은 서양인들에게 거의 공포의 상징과 같은 존재이다. 예를 들어, 13일의 금요일에 보름달이 뜨게 되면 사람들이 외출조차 꺼린다.

(라) 하지만 서양의 경우는 다르다. 서양에서 낮은 신이, 밤은 악마가 지배한다는 통념이 자리를 잡았다. 따라서 밤의 상징인 달에 좋지 않은 이미지를 부여하게 되었다. 이는 해와 달의 명칭을 보면 알 수 있다. 라틴어로 해를 'Sol', 달을 'Luna'라고 하는데 정신병을 뜻하는 단어 'Lunacy'의 어원이 바로 'Luna'이다.

① (가) – (나) – (라) – (다)   ② (나) – (라) – (가) – (다)
③ (나) – (라) – (다) – (가)   ④ (다) – (나) – (라) – (가)

05 다음 글을 읽고 추론한 내용으로 가장 적절한 것은?

한 연구원이 어떤 실험을 계획하고 참가자들에게 이렇게 설명했다.

"여러분은 지금부터 둘씩 조를 지어 함께 일을 하게 됩니다. 여러분의 파트너는 다른 작업장에서 여러분과 똑같은 일을, 똑같은 노력을 기울여야 할 것입니다. 이번 실험에 대한 보수는 각 조당 5만 원입니다."

실험 참가자들이 작업을 마치자 연구원은 참가자들을 세 부류로 나누어 각각 2만 원, 2만 5천 원, 3만 원의 보수를 차등 지급하면서, 그들이 다른 작업장에서 파트너가 받은 액수를 제외한 나머지 보수를 받은 것으로 믿게 하였다.

그 후 연구원은 실험 참가자들에게 몇 가지 설문을 했다. '보수를 받고 난 후에 어떤 기분이 들었는지, 나누어 받은 돈이 공정하다고 생각하는지'를 묻는 것이었다. 연구원은 설문을 하기 전에 3만 원을 받은 참가자가 가장 행복할 것이라고 예상했다. 그런데 결과는 예상과 달랐다. 3만 원을 받은 사람은 2만 5천 원을 받은 사람보다 덜 행복해 했다. 자신이 과도하게 보상을 받아 부담을 느꼈기 때문이다. 2만 원을 받은 사람도 덜 행복해 한 것은 마찬가지였다. 받아야 할 만큼 충분히 받지 못했다고 생각했기 때문이다.

① 인간은 공평한 대우를 받을 때 더 행복해 한다.

② 인간은 남보다 능력을 더 인정받을 때 더 행복해 한다.

③ 인간은 타인과 협력할 때 더 행복해 한다.

④ 인간은 상대를 위해 자신의 몫을 양보했을 때 더 행복해 한다.

아도르노는 문화산업론을 통해서 대중문화의 이데올로기를 비판하였다. 그는 지배 관계를 은폐하거나 정당화하는 허위의식을 이데올로기로 보고, 대중문화를 지배 계급의 이데올로기를 전파하는 대중 조작 수단으로, 대중을 이에 기만당하는 문화적 바보로 평가하였다. 또한 그는 대중문화 산물의 내용과 형식이 표준화·도식화되어 더 이상 예술인 척할 필요조차 없게 되었다고 주장했다.

그러나 그의 이론은 구체적 비평 방법론의 결여와 대중문화에 대한 극단적 부정이라는 한계를 보여주었고, 이후의 연구는 대중문화 텍스트의 의미화 방식을 규명하거나 대중문화의 새로운 가능성을 찾는 두 방향으로 발전하였다. 전자는 알튀세를 수용한 스크린 학파이며 후자는 수용자로 초점을 전환한 피스크이다.

초기 스크린 학파는 주체가 이데올로기 효과로 구성된다는 알튀세의 관점에서 허위의식으로써의 이데올로기 개념을 비판하고, 어떻게 특정 이데올로기가 대중문화 텍스트를 통해 주체 구성에 관여하는지를 분석했다. 이들은 이데올로기를 개인들이 자신의 물질적 상황을 해석하고 경험하는 개념틀로 규정하고, 그것이 개인을 자율적 행위자로 오인하게 하여 지배적 가치를 스스로 내면화하는 주체로 만든다고 했다. 특히 그들은 텍스트의 특정 형식이나 장치를 통해 대중문화 텍스트의 관점을 자명한 진리와 동일시하게 하는 이데올로기 효과를 분석했다. 그러나 그 분석은 텍스트의 지배적 의미가 수용되는 기제의 해명에 집중되어, 텍스트가 규정하는 의미에 반하는 수용자의 다양한 해석 가능성은 충분히 설명하지 못했다.

이 맥락에서 피스크의 수용자 중심적 대중문화 연구가 등장한다. 그는 수용자의 의미 생산을 강조하여 정치 미학에서 대중 미학으로 초점을 전환했다. 그는 대중을 사회적 이해관계에 따라 다양한 주체 위치에서 유동하는 행위자로 본다. 상업적으로 제작된 대중문화 텍스트는 그 자체로 대중문화가 아니라 그것을 이루는 자원일 뿐이며, 그 자원의 소비 과정에서 대중이 자신의 이해에 따라 새로운 의미와 저항적·도피적 쾌락을 생산할 때 비로소 대중문화가 완성된다. 피스크는 지배적·교섭적·대항적 해석의 구분을 통해 대안적 의미 해석 가능성을 시사했던 홀을 비판하면서, 그조차 텍스트의 지배적 의미를 그대로 수용하는 선호된 해석을 인정했다고 지적한다. 대신 그는 텍스트가 규정한 의미를 벗어나는 대중들의 게릴라 전술을 강조했던 드 세르토에 의거하여, 대중문화는 제공된 자원을 활용하는 과정에서 그 힘에 복종하지 않는 약자의 창조성을 특징으로 한다고 주장한다.

피스크는 대중문화를 판별하는 대중의 행위를 아도르노식의 미학적 판별과 구별한다. 텍스트 자체의 특질에 집중하는 미학적 판별과 달리, 대중적 판별은 일상에서의 적절성과 기호학적 생산성, 소비 양식의 유연성을 중시한다. 대중문화 텍스트는 대중들 각자의 상황에 적절하게 기능하는, 다양한 의미 생산 가능성이 중요하다. 따라서 텍스트의 구조에서 텍스트를 읽어 내는 실천 행위로 "무엇을 읽고 있는가?"에서 "어떻게 읽고 있는가?"로 문제의식을 전환해야 한다는 것이다. 피스크는 대중문화가 일상의 진보적 변화를 위한 것이지만, 이를 토대로 해서 이후의 급진적 정치 변혁도 가능해진다고 주장한다.

그러나 피스크는 대중적 쾌락의 가치를 지나치게 높이 평가하고 사회적 생산 체계를 간과했다는 비판을 받았다. 켈러에 따르면, 수용자 중심주의는 일면적인 텍스트 결정주의를 극복했지만 대중적 쾌락과 대중문화를 찬양하는 문화적 대중주의로 전락했다.

06 다음 중 윗글을 읽고 이해한 내용으로 가장 적절한 것은?

① 아도르노는 대중문화 산물에 대한 질적 가치 판단을 통해 그것이 예술로서의 지위를 가지지 않는다고 간주했다.

② 알튀세의 이데올로기론을 수용한 대중문화 연구는 텍스트가 수용자에게 미치는 일면적 규정을 강조하는 시각을 지양하였다.

③ 피스크는 대중문화의 긍정적 의미가 대중 스스로 자신의 문화 자원을 직접 만들어 낸다는 점에 있다고 생각했다.

④ 홀은 텍스트의 내적 의미가 선호된 해석을 가능하게 한다고 주장함으로써 수용자 중심적 연구의 관점을 보여 주었다.

07 다음 〈보기〉에 대한 각 입장의 평가로 적절하지 않은 것은?

─〈보기〉─

큰 인기를 얻었던 뮤직 비디오 'Open Your Heart'에서 마돈나는 통상의 피프 쇼무대에서 춤추는 스트립 댄서 역할로 등장하였다. 그러나 그녀는 유혹적인 춤을 추는 대신에 카메라를 정면으로 응시하며 힘이 넘치는 춤을 추면서 남성의 훔쳐보는 시선을 조롱한다. 이 비디오는 몇몇 남성에게는 관음증적 쾌락의 대상으로, 소녀 팬들에게는 자신의 섹슈얼리티를 적극적으로 표출하는 강한 여성의 이미지로, 일부 페미니스트들에게는 여성 신체를 상품화하는 성차별적 이미지로 받아들여졌다.

① 아도르노는 마돈나의 뮤직 비디오에서 수용자가 얻는 쾌락이 현실의 문제를 회피하게 만드는 기만적인 즐거움이라고 설명했을 것이다.

② 초기 스크린 학파는 마돈나의 뮤직 비디오에서 텍스트의 형식이 다층적인 기호학적 의미를 생산한다는 점을 높게 평가했을 것이다.

③ 피스크는 모순적 이미지들로 구성된 마돈나의 뮤직 비디오가 서로 다른 사회적 위치에 있는 수용자들에게 다른 의미로 해석된 점에 주목했을 것이다.

④ 켈러는 마돈나의 뮤직 비디오에서 수용자들이 느끼는 쾌락이 대중문화에 대한 경험과 문화 산업의 기획에 의해 만들어진 결과라고 분석했을 것이다.

08 M기관에서 근무 중인 G사원은 견학을 온 A대학교 학생들을 안내하는 업무를 맡았다. 이에 G사원은 학생들의 교육을 준비하면서 사회보장의 개념에 대한 글을 작성했다. 다음 빈칸에 들어갈 내용으로 적절하지 않은 것은?

〈사회보장의 개념〉

'사회보장'이라는 용어가 처음으로 사용된 시기에 대해서는 대체적으로 의견이 일치하고 있으며 해당 용어가 세계적으로 파급되어 사용하고 있음에도 불구하고, '사회보장'의 개념에 대해서는 개인적, 국가적, 시대적, 학문적 관점에 따라 매우 다양하게 인식되고 있다.

국제노동기구는「사회보장의 길」에서 '사회보장'은 사회구성원들에게 발생하는 일정한 위험에 대해서 사회가 적절하게 부여하는 보장이라고 정의하면서, 그 구성요소로 _____을/를 말했다.

우리나라는 사회보장기본법 제3조 제1호에 의하여 '사회보장'이란 출산, 양육, 실업, 노령, 장애, 질병, 빈곤 및 사망 등의 사회적 위험으로부터 모든 국민을 보호하고 국민의 삶의 질을 향상시키는 데 필요한 소득 · 서비스를 보장하는 사회보험, 공공부조, 사회서비스라고 정의하고 있다.

① 보호가 필요하다고 판단되는 빈곤계층에 한한 지원

② 전체 국민의 대상화

③ 모든 위험과 사고로부터 보호

④ 공공의 기관을 통한 보호와 보장

09 다음 글의 핵심 내용으로 가장 적절한 것은?

BMO 금속 및 광업 관련 리서치 보고서에 따르면 최근 가격 강세를 지속해 온 알루미늄, 구리, 니켈 등 산업 금속들의 4분기 중 공급부족 심화와 가격 상승세가 전망된다. 산업금속이란 산업에 필수적으로 사용되는 금속들을 말하는데, 앞서 제시한 알루미늄, 구리, 니켈뿐만 아니라 비교적 단단한 금속에 속하는 은이나 금 등도 모두 산업에 많이 사용될 수 있는 금속이므로 산업금속의 카테고리에 속한다고 할 수 있다. 이러한 산업금속은 물품을 생산하는 기계의 부품으로서 필요하기도 하고, 전자제품 등의 소재로 쓰이기도 하기 때문에 특정 분야의 산업이 활성화되면 특정 금속의 가격이 뛰거나 심각한 공급난을 겪기도 한다.

금융투자업계에 따르면 최근 세계적인 경제 회복 조짐과 함께 탈 탄소 트렌드, 즉 '그린 열풍'에 따른 수요 증가로 산업금속 가격이 초강세이다. 런던금속거래소에서 발표한 자료에 따르면 올해 들어 지난달까지 알루미늄은 20.7%, 구리는 47.8%, 니켈은 15.9% 각 가격이 상승했다. 자료에서도 알 수 있듯이 구리 수요를 필두로 알루미늄, 니켈 등 전반적인 산업금속 섹터의 수요량이 증가하였다. 이는 전기자동차 산업의 확충과 관련이 있다. 전기자동차의 핵심적인 부품인 배터리를 만드는 데 구리와 니켈이 사용되기 때문이다. 이때, 배터리 소재 중 니켈의 비중을 높이면 배터리의 용량을 키울 수 있으나 배터리의 안정성이 저하된다. 기존의 전기자동차 배터리는 니켈의 사용량이 높았기 때문에 더욱 안정성 문제가 제기되어 왔다. 그래서 연구 끝에 적정량의 구리를 배합하는 것이 배터리 성능과 안정성을 모두 향상시키기 위해서 중요하다는 것을 밝혀내었다. 구리가 전기자동차 산업의 핵심 금속인 셈이다.

이처럼 전기자동차와 배터리 등 친환경 산업에 필수적인 금속들의 수요는 증가하는 반면, 세계 각국의 환경 규제 강화로 인해 금속의 생산은 오히려 감소하고 있기 때문에 산업금속에 대한 공급난과 가격 인상이 우려되고 있다.

① 전기자동차의 배터리 성능을 향상하는 기술
② 세계적인 '그린 열풍' 현상 발생의 원인
③ 필수적인 산업금속 공급난으로 인한 문제
④ 전기자동차 산업 확충에 따른 산업금속 수요의 증가

10 '샛강을 어떻게 살릴 수 있을까?'라는 주제로 토의하고자 한다. 밑줄 친 ㉠과 ㉡에 대한 설명으로 적절하지 않은 것은?

> 토의는 어떤 공통된 문제에 대해 최선의 해결안을 얻기 위하여 여러 사람이 의논하는 말하기 양식이다. 패널 토의, 심포지엄 등이 그 대표적 예이다.
>
> ㉠ 패널 토의는 3~6인의 전문가들이 사회자의 진행에 따라, 일반 청중 앞에서 토의 문제에 대한 정보나 지식, 의견이나 견해 등을 자유롭게 주고받는 유형이다. 토의가 끝난 뒤에는 청중의 질문을 받고 그에 대해 토의자들이 답변하는 시간을 갖는다. 이 질의·응답 시간을 통해 청중들은 관련 문제를 보다 잘 이해하게 되고 점진적으로 해결 방안을 모색하게 된다.
>
> ㉡ 심포지엄은 전문가가 참여한다는 점, 청중과 질의·응답 시간을 갖는다는 점에서는 패널 토의와 그 형식이 비슷하다. 다만 전문가가 토의 문제의 하위 주제에 대해 서로 다른 관점에서 연설이나 강연의 형식으로 10분 정도 발표한다는 점에서는 차이가 있다.

① ㉠과 ㉡은 모두 '샛강 살리기'와 관련하여 전문가의 의견을 들은 이후, 질의·응답 시간을 갖는다.

② ㉡은 토의자가 샛강의 생태적 특성, 샛강 살리기의 경제적 효과 등의 하위 주제를 발표한다.

③ ㉠은 '샛강 살리기'에 대해 찬반 입장을 나누어 이야기한 후 절차에 따라 청중이 참여한다.

④ ㉠과 ㉡은 모두 '샛강을 어떻게 살릴 수 있을까?'라는 문제에 대해 최선의 해결책을 얻기 위함이 목적이다.

11 빨간 공 4개, 하얀 공 6개가 들어있는 주머니에서 한 번에 2개를 꺼낼 때, 적어도 1개는 하얀 공을 꺼낼 확률은?

① $\dfrac{9}{15}$

② $\dfrac{1}{4}$

③ $\dfrac{5}{12}$

④ $\dfrac{13}{15}$

12 프로농구 결승전에서 A, B 두 팀이 시합을 했다. 2쿼터까지 A팀은 B팀보다 7점을 더 얻었고, 3쿼터와 4쿼터에 A팀은 B팀이 얻은 점수의 $\dfrac{3}{5}$ 을 얻어 75 : 78로 B팀이 이겼다. A팀이 3쿼터, 4쿼터에 얻은 점수는?

① 15점   ② 20점
③ 25점   ④ 30점

13 K씨는 일본으로 여행을 가기 위해 인터넷에서 환전신청을 하고, 공항에서 환전금액과 함께 영수증을 받았다. 다음 영수증의 내용을 바탕으로 적용된 엔화 환율은 얼마인가?

- 날짜 : 2024.11.20.
- 신청 금액 : 미화 300$, 엔화 250¥
- 총출금액 : 600,000원
- 수수료 금액 : 17,100원

〈해당 국가별 환율〉

날짜	현찰(원/$)		인터넷(원/$)	
	살 때	팔 때	살 때	팔 때
11월 20일	1,128	1,120	1,118	1,080

날짜	현찰(원/¥)		인터넷(원/¥)	
	살 때	팔 때	살 때	팔 때
11월 20일	1,012	1,010		968

---

① 890원/¥   ② 920원/¥
③ 940원/¥   ④ 990원/¥

14 다음은 전력사용에 대한 절약노력 설문조사 결과이다. 이에 대한 설명으로 옳은 것은?(단, 인원과 비율은 소수점 둘째 자리에서 반올림한다)

〈전력절약 노력현황〉

(단위 : %)

구분	2023년				2024년			
	노력 안 함	조금 노력함	노력함	매우 노력함	노력 안 함	조금 노력함	노력함	매우 노력함
남성	2.5	38.0	43.7	15.8	3.5	32.4	42.1	22.0
여성	3.4	34.7	45.1	16.8	3.9	35.0	41.2	19.9
10대	12.4	48.1	22.5	17.0	13.1	43.2	25.8	17.9
20대	10.4	39.5	27.6	22.5	10.2	38.2	28.4	23.2
30대	11.5	26.4	38.3	23.8	10.7	21.9	42.7	24.7
40대	10.5	25.7	42.1	21.7	9.4	23.9	44.0	22.7
50대	9.3	28.4	40.5	21.8	9.5	30.5	39.2	20.8
60대 이상	10.0	31.3	32.4	26.3	10.4	30.7	33.2	25.7

① 2024년에 전년 대비 '노력함'을 선택한 인원은 남성과 여성 모두 증가했다.

② 2023 ~ 2024년 모든 연령대에서 '노력 안 함'의 비율은 50대가 가장 낮다.

③ 2024년의 60대 이상 '조금 노력함'의 비율은 전년 대비 2% 이상의 증가율을 보인다.

④ 여성 조사인구가 매년 500명일 때, '매우 노력함'을 선택한 인원은 2024년에 전년 대비 15명 이상 늘어났다.

15 다음은 OECD 국가의 대학졸업자 취업에 대한 자료이다. A ~ L국가 중 전체 대학졸업자 대비 대학졸업자 중 취업자 비율이 OECD 평균보다 높은 국가만으로 바르게 짝지어진 것은?

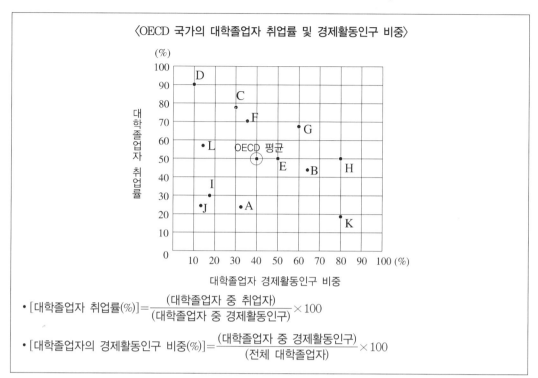

〈OECD 국가의 대학졸업자 취업률 및 경제활동인구 비중〉

- [대학졸업자 취업률(%)] = $\dfrac{(\text{대학졸업자 중 취업자})}{(\text{대학졸업자 중 경제활동인구})} \times 100$

- [대학졸업자의 경제활동인구 비중(%)] = $\dfrac{(\text{대학졸업자 중 경제활동인구})}{(\text{전체 대학졸업자})} \times 100$

① A, D

② B, C

③ D, H

④ G, K

16 다음은 2021 ~ 2024년까지의 스팸 수신량을 나타낸 그래프이다. 이에 대한 설명으로 옳지 않은 것은?

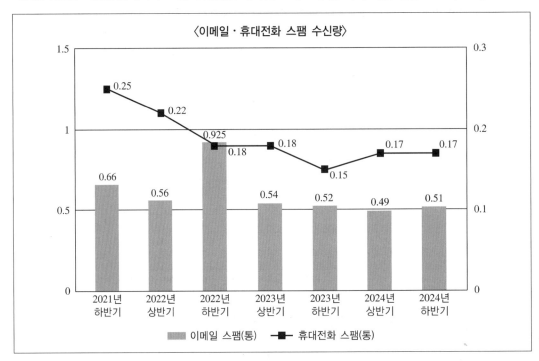

〈이메일·휴대전화 스팸 수신량〉

① 이메일과 휴대전화 모두 스팸 수신량이 가장 높은 시기는 2022년 하반기이다.
② 이메일 스팸 수신량이 휴대전화 스팸 수신량보다 항상 많다.
③ 이메일과 휴대전화 스팸 수신량 사이에 밀접한 관련이 있다고 보기 어렵다.
④ 이메일 스팸 총수신량의 평균은 휴대전화 스팸 총수신량 평균의 3배 이상이다.

17 다음은 M금고의 적금상품에 대한 자료이다. 〈조건〉을 참고할 때, 적금을 해지하는 K고객과 L고객에게 입금될 이자액(세후)이 바르게 짝지어진 것은?

〈서민형 적금상품 설명서〉

구분	내용
상품특징	서민 재산형성을 돕기 위한 적립식 장기저축상품
가입대상	일반 재형저축 가입 자격을 충족하고 아래항목 중 하나에 해당하는 경우 1) 직전 과세기간 총 급여액 2,500만 원 이하 거주자 2) 직전 과세기간 종합소득금액 1,600만 원 이하 거주자 3) 중소기업에 재직하는 청년으로 1), 2)에 해당하지 않는 거주자
가입기간	7년(연장 시 최대 10년)
금리	기본(고정)금리 연 3.1%
세제혜택 안내	가입일로부터 의무가입기간(3년) 경과 후 해지 시 이자소득세(15%)를 비과세 처리(단, 이자소득세 감면에 따라 농어촌특별세(1.5%)가 과세, 만기일 이후 발생하는 이자에 대해서는 일반과세)
가입안내	[가입서류] − 서민형 재형저축(소득형) : 소득확인증명서 − 서민형 재형저축(청년형) : 가입요건 확인서 ※ 소득확인증명서는 세무서 또는 인터넷 홈텍스에서 발급 가능하며, 청년형 재형저축 가입요건 확인서는 재직회사에서 발급 ※ 서민형 재형저축(청년형) 가입은 영업점에서 가능(인터넷뱅킹에서는 가입 불가)
특별중도 해지	고객의 사망, 해외이주 또는 해지 전 6개월 이내에 다음 중 하나의 사유에 해당하여 계약기간(연장기간 포함) 만료 전에 해지하는 경우 이자소득세(15%) 면제 혜택 유지(농어촌특별세 1.5% 부과) − 천재·지변 − 저축자의 퇴직 − 사업장의 폐업, 저축자의 3개월 이상 입원치료 또는 요양을 요하는 상해·질병의 발생 − 저축취급기관의 영업정지, 영업인·허가 취소, 해산결의 또는 파산선고

─── 〈조건〉 ───

- K고객
  − 가입유지기간 : 5년
  − 이자(세전) : 400,000원
  − 구분 : 중도해지
  − 해지사유 : 타 적금상품 가입
- L고객
  − 가입유지기간 : 2년
  − 이자(세전) : 200,000원
  − 구분 : 중도해지
  − 해지사유(해지 1개월 전 교통사고로 인한 입원 − 전치 16주)

※ 단, 이자는 만기 또는 중도해지 시 일시 지급하며, 적용되는 세금 역시 만기 또는 중도해지 시 발생하는 이자 총금액에 적용함

	K고객	L고객
①	340,000원	170,000원
②	340,000원	197,000원
③	394,000원	170,000원
④	394,000원	197,000원

18. 다음은 은행별 해외송금 수수료를 비교한 자료이다. 철수가 1년간 해외유학 중인 아들에게 보낸 해외송금 내역이 다음과 같을 때 철수에게 부담되는 해외송금 수수료는?(단, 해외송금 수수료 계산 시 해외송금 건마다 전신료는 별도로 포함한다)

〈은행별 해외송금 수수료〉

구분	해외송금 수수료					전신료
	$500 미만	$500 이상 ~ $2,000 미만	$2,000 이상 ~ $5,000 미만	$5,000 이상 ~ $10,000 미만	$10,000 이상	
A은행	15,000원	20,000원	25,000원	30,000원	35,000원	10,000원
B은행	12,000원	17,000원	22,000원	27,000원		7,000원
C은행	18,000원		23,000원	28,000원		8,000원
D은행	12,000원	14,000원	19,000원	24,000원	29,000원	7,500원
E은행	14,500원		19,500원	27,500원	32,500원	7,000원

〈해외송금 내역〉

날짜	해외송금 금액	이용 은행
2024.02.03.	$720	D은행
2024.03.06.	$5,200	A은행
2024.04.04.	$2,500	B은행
2024.04.27.	$1,300	A은행
2024.05.15.	$2,300	C은행
2024.06.09.	$1,520	D은행
2024.07.11.	$5,500	E은행
2024.08.20.	$800	D은행
2024.09.04.	$1,320	A은행
2024.10.24.	$2,300	D은행
2024.12.12.	$800	D은행

① 263,000원
② 276,000원
③ 287,000원
④ 307,000원

19 K씨는 대출 계산기에 다음과 같이 입력한 후, 〈보기〉와 같은 결과를 얻었다. 다음 중 〈보기〉의 (가) ~ (라)에 들어갈 수치로 옳지 않은 것은?(단, 대출이자는 소수점 첫째 자리에서 반올림한 값이다)

〈K씨의 대출 정보〉

대출금액	대출기간	연이자율	상환방법
3,000,000원	1년	5%	원금균등

〈보기〉

〈월별 상환금과 대출잔금〉

회차	납입원금	대출이자	월상환금	대출잔금
1	250,000원	12,500원	262,500원	2,750,000원
2	250,000원		(가)	2,500,000원
3	250,000원	10,417원	260,417원	2,250,000원
4	250,000원	9,375원	259,375원	2,000,000원
5	250,000원		(나)	1,750,000원
6	250,000원	7,292원	257,292원	1,500,000원
7	250,000원	(다)		1,250,000원
8	250,000원	5,208원	255,208원	1,000,000원
9	250,000원		(라)	750,000원
10	250,000원	3,125원	253,125원	500,000원
11	250,000원	254,167원		250,000원
12	250,000원	1,042원	251,042원	0원

① (가) : 261,458원
② (나) : 258,333원
③ (다) : 6,150원
④ (라) : 254,167원

20 경쟁기업인 A사와 B사가 다음 〈조건〉을 만족할 때, 항상 옳은 것은?

〈조건〉
- A사와 B사는 동일한 제품을 같은 가격에 판다.
- 어제는 A사와 B사의 판매수량 비가 4 : 3이었다.
- 오늘 A사는 가격을 유지하고, B사는 20%를 할인해서 팔았다.
- 오늘 A사는 어제와 같은 수량을 팔았고, B사는 어제보다 150개를 더 팔았다.
- 오늘 A사와 B사의 전체 판매액은 동일하다.

① A사는 어제, 오늘 제품을 2천 원에 팔았다.
② 오늘 A사는 어제 B사보다 제품 80개를 더 팔았다.
③ B사는 오늘 375개의 제품을 팔았다.
④ 오늘 A사와 B사의 판매수량 비는 동일하다.

21 M사는 해외지사와 화상 회의를 2시간 동안 하기로 했다. 모든 지사의 업무시간은 오전 8시부터 오후 5시까지이며, 점심시간은 오후 12시부터 오후 1시까지다. 〈조건〉이 다음과 같을 때, 회의가 가능한 시간은?(단, 업무시간, 점심시간, 회의가 가능한 시간은 서울 기준이다)

〈조건〉
- 두바이는 서울보다 5시간 느리고, 현지시간으로 오전 6시부터 30분 동안 회의가 있다.
- 싱가포르는 서울보다 1시간 느리고, 현지시간으로 오전 9시부터 2시간 동안 외근이 있다.

① 오전 8시 ~ 10시
② 오전 9시 30분 ~ 11시 30분
③ 오전 11시 ~ 오후 1시
④ 오후 12시 30분 ~ 2시 30분

22 M금고 직원 10명(A ~ J)은 교육을 받기 위해 서울지역본부로 이동해야 한다. 다음 〈조건〉에 따라 여러 대의 차량에 나누어 탑승할 때, 차량 배치로 옳은 것은?

─〈조건〉─
- 이용할 수 있는 차량은 총 3대이다.
- A와 B는 함께 탑승할 수 없다.
- C와 H는 함께 탑승해야 한다.
- B가 탑승하는 차량에는 총 4명이 탑승한다.
- F와 I가 함께 한 차에 탑승하면, H와 D도 또 다른 한 차에 함께 탑승한다.
- G나 J는 A와 함께 탑승한다.
- 3명, 3명, 4명으로 나누어 탑승한다.

① (C, E, H), (A, F, I), (B, D, G, J)
② (A, E, J), (B, C, D, H), (F, G, I)
③ (A, F, H, J), (C, D, I), (B, E, G)
④ (C, D, H), (F, I, J), (A, B, E, G)

23 다음 〈조건〉을 바탕으로 내린 〈보기〉의 결론에 대한 판단으로 옳은 것은?

─〈조건〉─
- 6층짜리 주택에 A, B, C, D, E, F가 각각 한 층씩 입주하려고 한다.
- B와 D 사이에는 3층의 간격이 있다.
- B와 F는 인접한 층에 입주할 수 없다.
- A는 E보다 아래층에 입주한다.
- D는 A보다 아래층에 입주한다.
- A는 3층에 입주한다.

─〈보기〉─
E는 C보다 위층에 입주한다.

① 확실히 아니다.
② 확실하지 않지만 틀릴 확률이 높다.
③ 확실하지 않지만 맞을 확률이 높다.
④ 확실히 맞다.

24 다음은 총무부에 근무하는 최과장과 사무용품을 납품하는 협력업체 정사장의 대화이다. 거래처 관리를 위한 최과장의 업무처리 방식으로 가장 바람직한 것은?

> 정사장 : 과장님, 이번 달 사무용품 주문량이 급격히 감소하여 궁금해 찾아왔습니다. 저희 물품에 무슨 문제라도 있습니까?
>
> 최과장 : 사장님께서 지난 7년간 계속 납품해 주고 계시는 것에 저희는 정말 만족하고 있습니다. 그런데 아시다시피 요즘 들어 경기가 침체되어 저희 내부에서도 비용절약운동을 하고 있어요. 그래서 개인 책상 및 서랍 정리를 통해 사용 가능한 종이와 펜들이 많이 수거되었지요. 아마 이런 이유 때문이 아닐까요?
>
> 정사장 : 그렇군요. 그런데 얼마 전 저희에게 주문하시던 종이가방을 다른 업체에서도 견적서를 받으신 것을 우연히 알게 되었습니다. 저희 종이가방에 어떤 하자가 있었나요?
>
> 최과장 : 아, 그러셨군요. 사실 회사의 임원께서 종이가방의 비용이 많이 든다는 지적을 하셨습니다. 그래서 가격비교 차원에서 다른 업체의 견적서를 받아 본 것입니다.

① 오래된 거래업체라고 해도 가끔 상호관계와 서비스에 대해 교차점검을 하는 것이 좋다.

② 사내 임원이나 동료의 추천으로 거래처를 소개받았을 경우에는 기존의 거래처에서 변경하는 것이 좋다.

③ 한 번 선정된 업체는 될 수 있는 대로 변경하지 않고 동일 조건으로 계속 거래를 유지하는 것이 가장 바람직하다.

④ 유사 서비스를 제공하는 업체는 많으므로 늘 가격 비교 및 서비스 비교를 통해 업체를 자주 변경하는 것이 유리하다.

25 다음은 M사의 민원처리절차를 도식화한 것이다. M사 홈페이지를 통해 민원을 접수한 고객이 다음과 같은 문자메시지를 받았다면, 민원은 늦어도 며칠까지 해결되겠는가?(단, 6월 6일은 공휴일이다)

〈M사 민원처리절차〉

민원접수		민원처리 담당자 지정 및 알림		민원조사 및 처리
• 방문, 우편, 인터넷 등	→	• SMS, E-mail 등	→	• 민원처리부서 • 최대 14영업일 소요 (민원인 동의 시 21일 영업일)

내용반영		제도개선 및 업무반영 검토		민원처리결과 알림
	←		←	• SMS, E-mail 등

〈민원접수결과 알림〉

안녕하세요. M사입니다. 고객님께서 문의하신 내용은 2024년 5월 20일(월) 오전 11시에 처리부서인 □□과의 △△△에게 전달되었습니다. 세부 사항은 아래 연락처로 연락주시기 바랍니다.
(직통) 070 – 000 – 0000

① 6월 7일   ② 6월 8일
③ 6월 9일   ④ 6월 10일

26 최근 스마트폰 보급과 모바일 쇼핑의 활성화를 바탕으로 모바일 결제시장이 급성장하고 있다. 이에 M금융기관은 모바일 뱅킹 서비스와 관련하여 분석한 결과를 토대로 다음과 같은 전략 과제를 수립하였다. 이를 근거로 실행방안을 구상했을 때, 다음 중 옳지 않은 것은?

〈모바일 뱅킹 서비스 전략 과제〉

단계	전략 과제
정보 취득 및 설치 단계	1. 최초 접근 채널 다양화 2. 모바일 뱅킹 서비스 친숙도 증대 3. 모바일 뱅킹 이용방법 이해도 증진 4. 앱 / 인증서 설치 등 편의성 증대 5. 시스템 안전성 어필 및 고객의 이체 실수 두려움 제거
이용 단계	6. 직관적이고 심플한 UI 구성 7. 이용 단계 간소화 및 오류 제거 8. 대면 – 비대면 채널 간 연계 강화 9. 다양한 채널로 언제 어디서든 도움 제공

① 스마트 체험존 구축
② 직원을 통한 모바일 결제서비스 안내 강화
③ 서비스 단계 축소로 간편함 어필
④ 안전한 금융거래를 위한 스마트 OTP 도입 추진

27 다음은 M공단의 계약사무처리규정 시행규칙이다. 이에 대한 내용으로 적절한 것은?

〈계약사무처리규정 시행규칙〉

제4조(구매요구서의 접수 및 검토)

① 계약담당은 구매요구서(별지 제1호 서식) 또는 구매계약 요청문서(통칭 이하 "구매요구서"라 한다)를 접수하면 다음 각호의 사항을 10일 이내에 검토하여야 한다.

   1. 품명, 규격(공통사양), 단위, 수량, 시방서, 설계서, 과업지시서, 제안요청서 등
   2. 소요예산 및 예산과목, 예산배정액 유무
   3. 납품장소 및 납품기한
   4. 구매 대상 물품이 정부권장정책상 우선구매대상품목으로 대체구매 가능한지 여부
   5. 기타 필요한 사항

② 제1항의 검토결과 미비하거나 부적합하다고 인정될 때에는 즉시 구매요구자에게 통보하여 보완 또는 시정하도록 한다.

③ 계약담당은 제1항 제4호에 의거하여 물품, 용역 등을 구매할 경우에는 구매대상 물품 등이 다음 각호의 공공구매 촉진 제품에 해당되는지 여부를 우선적으로 검토하여야 한다. 다만, 계약의 특성, 중요성 등 부득이한 사유가 있을 경우에는 해당제품 이외의 물품을 구매할 수 있다.

   1. 중소기업 제품
   2. 기술개발 제품
   3. 여성기업 제품
   4. 사회적기업 생산품 및 서비스
   5. 중증장애인 생산품
   6. 국가유공자 자활용사촌 생산품
   7. 녹색제품
   8. 장애인표준사업장 제품
   9. 사회적 협동조합 제품
   10. 장애인기업 제품

④ 구매요구부서장은 제2조 제1항 제3호에 해당하는 계약을 요청하는 경우에는 수의계약사유서가 포함된 별지 제30호 "계약심의위원회 심의요청서"를 계약심의위원회에 제출하여야 한다.

⑤ 계약심의위원회에서 심의를 필하지 못한 경우에는 계약부서의 장은 해당사유를 명시하여 계약심의 종료일로부터 5일 이내에 해당 요청 건을 구매요구부서로 반송하여야 한다.

제4조의2(계약사무의 위임 및 준용)

① 규정 제4조에 따라 각 소관 이사 및 국제인력본부장 및 부설·소속기관의 장(그 보조자를 포함한다)에게 다음 각호의 계약사무를 위임한다.

   1. 소관사업부서에서 수행하는 것이 효율적이고 당해 사업 목적달성에 유리하다고 판단되는 전문적인 지식이나 특정 기술을 요하는 연구용역 또는 특수목적 기술용역(공단 홍보·방송사업을 위한 언론 등에 관련되는 계약, 비예산이 수반되는 용역계약 포함)
   2. 소관사업부서에서 사업추진과 관련한 각종 협약서, 약정서 체결, 한국어능력시험 문제지 발간계약에 관한 사항, 출제연금 시 보안·경비에 관한 사항, 위탁 또는 재위탁 사업의 사업자 선정 관련 사항
   3. 소관사업부서에서 행사 또는 회의 개최와 관련하여 일정상 계약담당부서에 물품 구매요구 등의 절차를 거쳐 처리 시에는 사업에 원활을 기할 수 없는 경우

4. 계약담당부서에서 처리하기 곤란한 사업행사와 관련하여 지급되는 연찬행사비 및 직원 복리증진과 관련된 건강검진·식당운영·임직원단체보험·선택적복지제도위탁운영 등과 관련된 계약
5. 소관사업부서에서 수행하는 추정가격 100만 원 미만인 물품의 제조·구입·임차 및 용역계약
6. 사업행사나 홍보 등을 위하여 부상품으로 지급하는 상품권(문화, 도서상품권 등 포함), 기성 출판도서(전자책 포함) 구입

① 모든 대기업 제품은 구입할 수 없다.
② 납품장소 및 납품기한은 2주 이내에 검토하여야 한다.
③ 계약심의위원회가 구매요구부서장에게 계약심의위원회 심의요청서를 제출하여야 한다.
④ 계약심의위원회에서 심의를 통과하지 못한 경우 사유를 명시하여 구매요구부서로 반송하여야 한다.

28 다음 자료를 참고할 때, 〈보기〉에 제시된 주민등록번호 빈칸에 해당하는 숫자로 옳은 것은?

우리나라에서 국민에게 발급하는 주민등록번호는 각각의 번호가 고유한 번호로, 13자리 숫자로 구성된다. 13자리 숫자는 생년, 월, 일, 성별, 출생신고지역, 접수번호, 검증번호로 구분된다.

여기서 13번째 숫자인 검증번호는 주민등록번호의 정확성 여부를 검사하는 번호로, 앞의 12자리 숫자를 이용해서 구해지며 계산법은 다음과 같다.
• 1단계 : 주민등록번호의 앞 12자리 숫자에 가중치 2, 3, 4, 5, 6, 7, 8, 9, 2, 3, 4, 5를 곱한다.
• 2단계 : 가중치를 곱한 값의 합을 계산한다.
• 3단계 : 가중치의 합을 11로 나눈 나머지를 구한다.
• 4단계 : 11에서 나머지를 뺀 수를 10으로 나눈 나머지가 검증번호가 된다.

───────〈보기〉───────
240202-803701(   )

① 4
③ 6
② 5
④ 7

29 갑은 다음과 같은 〈조건〉에 따라서 알파벳을 숫자로 변환하고자 한다. 〈보기〉에 주어진 규칙 적용 사례 ㉠ ~ ㉣에 따라 각각의 알파벳 Z에 해당하는 자연수들을 모두 더한 값으로 옳은 것은?

---〈조건〉---

① 알파벳 'A'부터 'Z'까지 순서대로 자연수를 부여한다.

　　예 A=2라고 하면 B=3, C=4, D=5이다.

② 단어의 음절에 같은 알파벳이 연속되는 경우 ①에서 부여한 숫자를 알파벳이 연속되는 횟수만큼 거듭제곱한다.

　　예 A=2이고 단어가 'AABB'이면 AA는 '2^2'이고, BB는 '3^2'이므로 '49'로 적는다.

---〈보기〉---

㉠ AAABBCC는 100000010201110404로 변환된다.

㉡ CDFE는 3465로 변환된다.

㉢ PJJYZZ는 1712126729로 변환된다.

㉣ QQTSR는 625282726로 변환된다.

① 154　　　　　　　　　　　② 176

③ 199　　　　　　　　　　　④ 212

---

30 다음 사례에 나타나는 멤버십 유형으로 가장 적절한 것은?

김사원은 상사가 지시한 업무에 대해 군소리 없이 수행하여 팀이 좋은 성과를 얻도록 하였다. 또한 팀이 자신이 생각하는 것과 다른 방향으로 일을 진행하여도 그들을 믿고 따랐다. 김사원은 비록 아이디어가 없으나, 조직을 위해 배려하는 모습은 팀에 긍정적인 효과를 주고 있다.

① 소외형　　　　　　　　　　② 순응형

③ 실무형　　　　　　　　　　④ 수동형

31 김대리는 요즘 업무에 집중이 잘 되지 않아 고민이 많다. 그러던 중 인터넷에서 다음과 같은 기사를 읽었다. 기사를 읽고 난 후의 반응으로 적절하지 않은 것은?

번아웃 증후군

'번아웃(Burn Out)'의 사전적 정의는 '(신체적 또는 정신적인) 극도의 피로, (로켓의) 연료 소진'이다. 어떤 일을 하면서 또는 그 일이 끝나고 난 뒤, 자신이 갖고 있던 에너지를 다 써버린 느낌이 든다면 '번아웃 증후군'을 의심해봐야 한다.

'번아웃 증후군'이란 한 가지 일에 몰두하던 사람이 극도의 신체적·정서적 피로로 인해 무기력증·자기혐오·직무거부 등에 빠지는 것을 말한다. 직장인에게 자주 나타나 '직장인 번아웃 증후군'이라고도 부른다. 이상이 높고 자기 일에 열정을 쏟는 적극적인 성격의 사람, 지나치게 적응력이 강한 사람에게 주로 나타난다. 쉽게 말해서 돌연 보람과 성취감을 잃고 슬럼프에 빠지는 것이다.

번아웃 증후군에 걸리면 의욕이 저하되고, 성취감이 안 느껴지고, 공감 능력이 떨어지는 등의 증상이 나타난다. 그 뒤 '모든 일을 그만두고 싶다.'는 생각이 들다가, 예전에는 기뻤던 일이 더 이상 기쁘게 느껴지지 않는 지경에 이른다고 한다. 이외에도 불면증, 과다수면, 폭식 등의 증상이 있다.

[번아웃 증후군 자가진단 체크리스트]

1. 일하기에는 몸이 너무 지쳤다는 생각이 든다.
2. 퇴근할 때 녹초가 된다.
3. 아침에 출근할 생각만 하면 피곤해진다.
4. 일하는 것에 부담감과 긴장감을 느낀다.
5. 일이 주어지면 무기력하고 싫증이 느껴진다.
6. 자신이 하는 일에 관심조차 없다.
7. 주어진 업무를 할 때 소극적이고 방어적이다.
8. 성취감을 못 느낀다.
9. 스트레스를 풀기 위해 쾌락 요소(폭식, 흡연 등)만 찾는다.
10. 최근 짜증이 늘고 불안감이 잘 느껴진다.
※ 10개 항목 중 3개 이상에 해당하면 번아웃 증후군을 의심해 봐야 함

번아웃 증후군은 신체 질병은 아니지만 방치하면 심각한 문제로 이어지기 쉽기 때문에 적극적으로 대처해야 한다.

---

① 무기력증이 주된 증상이니까 휴식이 가장 필요해.
② 모자라는 것 못지않게 과해도 안 돼. 몰입으로 문제가 생길 수 있다고는 생각하지 못했는데.
③ 이 증후군에 걸린 사람은 환경을 바꾸지 않는 것이 좋아. 적응을 하려면 또 에너지를 써야 하니까.
④ 원하는 목표를 달성하려고 노력하다가 걸릴 수도 있고 오히려 목표를 달성함으로써 걸릴 수도 있어.

지난해 5월 구인구직 매칭 플랫폼 S가 기업 962개를 대상으로 '기업 내 직급·호칭파괴 제도'에 대해 조사한 결과, 응답한 기업의 65.4%가 효용성이 낮다고 보고 있었다. 실제로 제도를 운영하고 있는 기업(112개사)의 25%도 실효성에 대해서는 부정적이었다. 또한 도입하지 않은 기업(822개사)의 83.3%는 향후에도 도입 의사가 없었다. 지난해 '호칭파괴 제도' 도입을 한 기업은 11.6%에 불과했고 도입을 하지 않거나, 도입을 해도 다시 직급 체계로 회귀한 기업은 88.3%에 달했다.

㉠ K사의 경우 몇 해 전 팀장급 아래 직급과 호칭을 '매니저'로 단일화했다가 5년여 만에 원상복귀시켰다. H그룹도 수년 전 '매니저'로 호칭을 통일했으나 '부장' '차장' 등 전통적 호칭 체계로 돌아왔다. 배달 어플인 B사의 경우 사원·주임·선임·책임·수석 등 직급 호칭을 유지하고 있다. 효율적인 ㉡ 업무를 위한 조치이다. C사 등 일부 기업을 제외하면 직급 호칭 파괴를 임원 등 책임자 이하로 제한해 적용하는 것도 같은 맥락이다. 위의 설문조사에서 도입하지 않는 이유 1위로도 '호칭만으로 상명하복 조직문화 개선이 어려워서(37.3%, 복수응답)'가 꼽혔다. 이어 '불명확한 책임소재로 업무상 비효율적이어서(30.3%)', '승진 등 직원들의 성취동기가 사라져서(15.6%)', '조직력을 발휘하는 데 걸림돌이 될 것 같아서(13.4%)', '신속한 의사결정이 오히려 힘들어서(12.2%)' 등이 뒤를 이었다. 호칭이나 직급 변화로 효과를 얻기 위해선 업무 체계 재편도 동반되어야 한다는 목소리도 나온다.

32 다음 중 ㉠의 사례와 같이 기업 내 직급·호칭파괴 제도가 실패한 원인으로 볼 수 없는 것은?

① 호칭과 직급체계가 변했지만 업무 체계가 달라지지 않으면서 조직문화 변화로 이어지지 않았다.

② 승진을 하면 기분이 매우 좋다.

③ 무늬만 바뀐 채 실제적인 변화가 없다.

④ 책임자가 명확치 않아 업무 효율이 저해된다거나 다른 회사와 일할 때 호칭 문제로 업무 혼선이 빚어진다.

33 다음 중 ㉡에 대한 설명으로 옳지 않은 것은?

① 개별 업무들은 요구되는 지식, 기술, 도구의 종류가 다르고 이들 간 다양성도 차이가 있다.

② 같은 규모의 조직이라고 하더라도 업무의 종류와 범위가 다를 수 있다.

③ 보통 업무는 개인이 선호하는 업무를 임의로 선택하여 진행된다.

④ 조직 내에서 업무는 조직의 목적을 보다 효과적으로 달성하기 위하여 세분화된 것이므로 궁극적으로는 같은 목적을 지향한다.

34 다음 중 대학생인 지수의 일과를 통해 알 수 있는 사실로 옳은 것은?

> 지수는 화요일에 학교 수업 듣기, 아르바이트, 스터디 등을 한다.
> 다음은 지수의 화요일 일과이다.
> • 지수는 오전 11시부터 오후 4시까지 학교 수업이 있다.
> • 수업이 끝나고 학교 앞 프랜차이즈 카페에서 아르바이트를 3시간 동안 한다.
> • 아르바이트를 마친 후, NCS 공부를 하기 위해 스터디를 2시간 동안 한다.

① 비공식적이면서 소규모조직에서 3시간 있었다.
② 하루 중 공식조직에서 9시간 있었다.
③ 비영리조직이면서 대규모조직에서 5시간 있었다.
④ 영리조직에서 2시간 있었다.

35 다음에서 설명하는 의사결정 방법은?

> 조직에서 의사를 결정하는 대표적인 방법으로, 여러 명이 한 가지 문제를 놓고 비판 없이 아이디어를 제시하여 그중에서 최선책을 찾아내는 방법이다. 다른 사람이 아이디어를 제시할 때 비판하지 않고, 아이디어를 최대한 많이 공유하며 이를 결합하여 해결책을 마련하게 된다.

① 만장일치   ② 다수결
③ 브레인스토밍   ④ 의사결정나무

36 다음은 SWOT 분석에 대한 설명이다. 주어진 분석 결과에 대응하는 전략으로 가장 적절한 것은?

SWOT은 Strength(강점), Weakness(약점), Opportunity(기회), Threat(위협)의 머리글자를 따서 만든 단어로 경영 전략을 세우는 방법론이다. SWOT으로 도출된 조직의 내·외부 환경을 분석하고, 이 결과를 통해 대응전략을 구상하는 분석방법론이다.
'SO(강점 – 기회)전략'은 기회를 활용하기 위해 강점을 사용하는 전략이고, 'WO(약점 – 기회)전략'은 약점을 보완 또는 극복하여 시장의 기회를 활용하는 전략이다. 'ST(강점 – 위협)전략'은 위협요인을 피하기 위해 강점을 활용하는 방법이며, 'WT(약점 – 위협)전략'은 위협요인을 피하기 위해 약점을 보완하는 전략이다.

외부 \ 내부	강점(Strength)	약점(Weakness)
기회(Opportunity)	SO(강점 – 기회)전략	WO(약점 – 기회)전략
위협(Threat)	ST(강점 – 위협)전략	WT(약점 – 위협)전략

〈유기농 수제버거 전문점 M의 환경분석 결과〉

구분	환경분석
강점(Strength)	• 주변 외식업 상권 내 독창적 아이템 • 커스터마이징 고객 주문 서비스 • 주문 즉시 조리 시작
약점(Weakness)	• 높은 재료 단가로 인한 비싼 상품 가격 • 대기업 버거 회사에 비해 긴 조리 과정
기회(Opportunity)	• 웰빙을 추구하는 소비 행태 확산 • 치즈 제품을 선호하는 여성들의 니즈 반영
위협(Threat)	• 제품 특성상 테이크아웃 및 배달 서비스 불가

① SO전략 : 주변 상권의 프랜차이즈 샌드위치 전문업체의 제품을 벤치마킹해 샌드위치도 함께 판매한다.
② WO전략 : 유기농 채소와 유기농이 아닌 채소를 함께 사용하여 단가를 낮추고 가격을 내린다.
③ ST전략 : 테이크아웃이 가능하도록 버거의 사이즈를 조금 줄이고 사이드 메뉴를 서비스로 제공한다.
④ WT전략 : 조리과정을 단축시키기 위해 커스터마이징 형식의 고객 주문 서비스 방식을 없애고, 미리 조리해놓은 버거를 배달 제품으로 판매한다.

37 다음은 M사 신입직원 정기교육 내용의 일부이다. 다음 중 올바른 명함예절에 해당하지 않는 내용의 개수는?

〈명함예절〉

1. 협력사 및 관계기관 직원과 만나는 경우, 올바른 명함예절을 준수하도록 한다.
2. 명함은 명함 지갑에서 꺼내어 상대에게 건넨다.
3. 상대방이 명함을 건네면 정중하게 받아 즉시 명함 지갑에 넣는다.
4. 동시에 명함을 꺼낼 때에는 왼손으로 서로 교환하고, 받은 명함은 오른손으로 옮기도록 한다.
5. 윗사람과 만난다면 먼저 명함을 꺼내도록 한다.
6. 타인으로부터 받은 명함이나 자신의 명함은 구겨지지 않도록 보관한다.
7. 윗사람으로부터 명함을 받을 때는 오른손으로만 쥐고 건넨다.

① 1개   ② 2개
③ 3개   ④ 4개

38 다음 글에서 알 수 있는 A사원의 대인관계 양식 유형으로 가장 적절한 것은?

A사원은 대인관계에 있어 외향적이고 쾌활한 성격이어서 자주 주목이 되곤 한다. 다른 직원들과 대화하기를 좋아하고 주위 사람들로부터 인정받고 싶은 욕구도 가지고 있다. 하지만 혼자서 시간을 보내는 것을 어려워하며, 타인의 활동에 관심이 많아 간섭하는 경향이 있어 나쁘게 보는 직원들도 있다.

① 실리형   ② 순박형
③ 친화형   ④ 사교형

39 전통적 리더십과 비교한 서번트 리더십(Servant Leadership)에 대한 설명으로 옳은 것을 〈보기〉에서 모두 고르면?

─────〈보기〉─────

ㄱ. 서번트 리더십은 일 추진 시 필요한 지원과 코칭을 하며, 노력에 대한 평가를 한다.
ㄴ. 서번트 리더십은 내부경쟁이 치열하고, 리더를 중심으로 일을 수행한다.
ㄷ. 서번트 리더십은 개방적인 가치관과 긍정적 마인드를 가지고 있다.
ㄹ. 서번트 리더십은 생산에서 양적인 척도를 가지고 결과 중심의 사고를 한다.

① ㄱ, ㄴ   ② ㄱ, ㄷ
③ ㄴ, ㄷ   ④ ㄷ, ㄹ

40 다음 대화에서 직원들이 취한 설득 전략이 잘못 연결된 것은?

해외사업팀 정대리 : 이번 A사업은 해외시장에서 기대효과가 큰 만큼, 저희가 맡는 안으로 보고하는 것이 좋겠습니다. 이미 여러 논문에서 A사업과 동일한 유형의 사업은 해외에서 실시하는 것이 더 의의가 있다는 점을 밝힌 바 있습니다.
책임경영전략팀 박대리 : 하지만 최근 우리 기업도 사회적 책임을 다해야 한다는 목소리가 커지고 있기에, 수익성보다는 지역사회에 기여하도록 저희가 추진하는 것이 나아 보입니다. 특히 저희는 재작년부터 꾸준히 A사업과 같은 지역사업을 추진해 왔습니다.
해외사업팀 강주임 : 해외와 국내 지역에서 공동으로 추진하는 것은 어떨까요? 투 트랙으로 하면 위험도 분산할 수 있을 것 같습니다.
책임경영전략팀 최대리 : 서로 간에 구체적인 사업안을 만들어 공유하여 보면 협의가 더 용이할 것 같습니다.

① 정대리 – 권위 전략   ② 박대리 – 헌신과 일관성 전략
③ 강주임 – 반항심 극복 전략   ④ 최대리 – 상대방 이해 전략

합격의공식
시대
에듀

www.sdedu.co.kr

2권

제2회
MG새마을금고
지역본부 필기전형

〈문항 수 및 시험시간〉

영역		문항 수	시험시간	모바일 OMR 답안채점 / 성적분석
NCS 직업기초능력평가	의사소통능력 수리능력 문제해결능력 조직이해능력 대인관계능력	40문항	40분	

※ 문항 수 및 시험시간은 2024년 하반기 공고문을 참고하여 구성하였습니다.

※ 시험시간이 종료되고 OMR 답안카드에 마킹하거나 시험지를 넘기는 행동은 부정행위로 간주합니다.

제2회 모의고사

문항 수 : 40문항
시험시간 : 40분

01 다음 문단을 논리적 순서대로 바르게 나열한 것은?

(가) 그뿐 아니라 자신을 알아주는 이, 즉 지기자(知己者)를 위해서라면 기꺼이 자신의 전부를 버릴 수 있어야 하며, 은혜는 은혜대로, 원수는 원수대로 자신이 받은 만큼 되갚기 위해 진력하여야 한다.

(나) 무공이 높다고 하여 반드시 협객으로 인정되지 않는 이유는 바로 이런 원칙에 위배되는 경우가 심심치 않게 발생하기 때문이다. 요컨대 협이란 사생취의(捨生取義)의 정신에 입각하여 살신성명(殺身成名)의 의지를 실천하는 것, 또는 그러한 실천을 기꺼이 감수할 준비가 되어 있는 상태를 뜻한다고 할 수 있다.

(다) 협으로 인정받기 위해서는 무엇보다도 절개와 의리를 숭상하여야 하며, 개인의 존엄을 중시하고 간악함을 제거하기 위해 노력해야만 한다. 신의(信義)를 목숨보다 중히 여길 것도 강조되는데, 여기서의 신의란 상대방을 향한 것인 동시에 스스로 해당되는 것이기도 하다.

(라) '무(武)'와 더불어 보다 신중하게 다루어야 할 것이 '협(俠)'의 개념이다. 무협 소설에서 문제가 되는 협이란 무덕(武德), 즉 무인으로서의 덕망이나 인격과 관계되는 것으로, 이는 곧 무공 사용의 전제가 되는 기준 내지는 원칙이라고 할 수 있다.

① (나) - (다) - (가) - (라)
② (나) - (다) - (라) - (가)
③ (라) - (가) - (다) - (나)
④ (라) - (다) - (가) - (나)

02 다음 글을 읽고 이해한 내용으로 적절하지 않은 것은?

로봇은 일반적으로 센서 및 작동기가 중앙처리장치에 연결된 로봇 신경시스템으로 작동하지만, 이 경우 로봇의 형태에 구속받기 때문에 로봇이 유연하게 움직이는 데 제한이 있다. 로봇 공학자들은 여러 개의 유닛이 결합하는 '모듈러 로봇'이라는 개념을 고안해 이런 제약을 극복하려고 노력해 왔다. 벨기에 연구진은 로봇이 작업이나 작업 환경에 반응해 스스로 적당한 형태와 크기를 자동으로 선택하여 변경할 수 있는 모듈러 로봇을 개발했다. 이 로봇은 독립적인 로봇 형체를 갖추기 위해 스스로 쪼개지고 병합할 수 있으며, 감각 및 운동 능력을 제어하면서도 스스로 분리되고 새 형체로 병합하는 로봇 신경 시스템을 갖췄다.

연구진은 또한 외부 자극에 의한 반응으로 모듈러 로봇이 독립적으로 움직이도록 설계했다. 외부 자극으로는 녹색 LED를 이용하였는데 이를 통해 개별 모듈러 로봇을 자극하면 로봇은 이 자극에 반응해 움직였다. 자극을 주는 녹색 LED가 너무 가깝게 있으면 뒤로 물러서기도 했다. LED 자극에 따라 10개의 모듈러 로봇은 스스로 2개의 로봇으로 합쳐지기도 하고 1개의 로봇으로 결합하기도 했다.

특히 이 모듈러 로봇은 외부 자극에 대한 반응이 제대로 작동되지 않는 부분을 다른 모듈로 교체하거나 제거하는 작업을 스스로 진행하여 치유할 수 있는 것이 특징이다. 연구진은 후속 연구를 통해 이 로봇을 이용해 벽돌과 같은 물체를 감지하고 들어 올리거나 이동시키는 작업을 할 수 있도록 할 계획이다.

이들은 '미래 로봇은 특정 작업에만 국한돼 설계되거나 구축되지 않을 것'이라며 '이번에 개발한 기술과 시스템이 다양한 작업에 유연하게 대응할 수 있는 로봇을 생산하는 데 기여하게 될 것'이라고 말했다.

① 일반적으로 로봇은 중앙처리장치에 연결된 로봇 신경시스템을 통해 작동된다.
② 모듈러 로봇은 작업 환경에 반응하여 스스로 형태와 크기를 선택할 수 있다.
③ 모듈러 로봇의 신경 시스템은 로봇의 감각 및 운동능력을 제어하면서도 로봇 스스로 분리되도록 한다.
④ 모듈러 로봇이 외부 자극에 대해 제대로 반응하지 않을 경우 관리자는 고장난 부분을 다른 모듈로 교체하거나 제거해줘야 한다.

03 다음 글을 읽고 추론한 내용으로 적절하지 않은 것은?

인간 사유의 결정적이고도 독창적인 비약은 시각적인 표시의 코드 체계의 발명에 의해서 이루어졌다. 시각적인 표시의 코드 체계에 의해 인간은 정확한 말을 결정하여 텍스트를 마련하고, 또 이해할 수 있게 된 것이다. 이것이 바로 진정한 의미에서의 '쓰기(Writing)'이다.

이러한 '쓰기'에 의해 코드화된 시각적인 표시는 말을 사로잡게 되고, 그 결과 그때까지 소리 속에서 발전해 온 정밀하고 복잡한 구조나 지시 체계의 특수한 복잡성이 그대로 시각적으로 기록될 수 있게 되고, 나아가서는 그러한 시각적인 기록으로 인해 그보다 훨씬 정교한 구조나 지시 체계가 산출될 수 있게 된다. 그러한 정교함은 구술적인 발화가 지니는 잠재력으로써는 도저히 이룩할 수 없는 정도의 것이다. 이렇듯 '쓰기'는 인간의 모든 기술적 발명 속에서도 가장 영향력이 큰 것이었으며, 지금도 그러하다. 쓰기는 말하기에 단순히 첨가된 것이 아니다. 왜냐하면 쓰기는 말하기를 구술 – 청각의 세계에서 새로운 감각의 세계, 즉 시각의 세계로 이동시킴으로써 말하기와 사고를 함께 변화시키기 때문이다.

① 인간은 시각적 코드 체계를 사용함으로써 말하기를 한층 정교한 구조로 만들었다.
② 인간은 쓰기를 통해서 정확한 말을 사용한 텍스트의 생산과 소통이 가능하게 되었다.
③ 인간은 쓰기를 통해 지시 체계의 복잡성을 기록함으로써 말하기와 사고의 변화를 일으킨다.
④ 인간은 정밀하고 복잡한 지시 체계를 통해 시각적 코드를 발명하였다.

04 다음 글의 중심 내용으로 가장 적절한 것은?

발전된 산업 사회는 인간을 단순한 수단으로 지배하기 위한 새로운 수단을 발전시키고 있다. 여러 사회 과학들과 심층 심리학이 이를 위해서 동원되고 있다. 목적이나 이념의 문제를 배제하고 가치 판단으로부터의 중립을 표방하는 사회 과학들은 쉽게 인간 조종을 위한 기술적·합리적인 수단을 개발해서 대중 지배에 이바지한다. 마르쿠제는 발전된 산업 사회에 있어서의 이러한 도구화된 지성을 비판하면서 이것을 '현대인의 일차원적 사유'라고 불렀다. 비판과 초월을 모르는 도구화된 사유라는 것이다. 따라서 산업 사회에서의 합리화라는 것은 기술적인 수단의 합리화를 의미하는 데 지나지 않는다.

발전된 산업 사회는 이와 같이 사회 과학과 도구화된 지성을 동원해서 인간을 조종하고 대중을 지배할 뿐만 아니라 향상된 생산력을 통해서 인간을 매우 효율적으로 거의 완전하게 지배한다. 곧 발전된 산업 사회는 그의 높은 생산력을 통해서 늘 새로운 수요들을 창조하고 이러한 새로운 수요들을 광고와 매스컴과 모든 선전 수단을 동원해서 인간의 삶을 위한 불가결의 것으로 만든다. 그뿐만 아니라 사회 구조와 생활 조건을 변화시켜서 그러한 수요들을 필수적인 것으로 만들어서 인간으로 하여금 그것들을 지향하지 않을 수 없게 한다. 이렇게 산업 사회는 늘 새로운 수요의 창조와 그 공급을 통해서 인간의 삶을 거의 완전히 지배하고 그의 인격을 사로잡아 버릴 수 있게 되어가고 있다.

① 산업 사회에서 도구화된 지성의 문제점
② 산업 사회의 발전과 경제력 향상
③ 산업 사회의 특징과 문제점
④ 산업 사회의 대중 지배 양상

05 다음 제시된 문단을 읽고, 이어질 문단을 논리적 순서대로 바르게 나열한 것은?

'낙수 이론(Trickle Down Theory)'은 '낙수 효과(Trickle Down Effect)'에 의해서 경제 상황이 개선될 수 있다는 것을 골자로 하는 이론이다. 이 이론은 경제적 상위계층의 생산 혹은 소비 등의 전반적 경제활동에 따라 경제적 하위계층에게도 그 혜택이 돌아간다는 모델에 기반을 두고 있다.

(가) 한국에서 이 낙수 이론에 의한 경제구조의 변화를 실증적으로 나타내는 것이 바로 70년대 경제 발전기의 경제 발전 방식과 그 결과물이다. 한국은 대기업 중심의 경제 발전을 통해서 경제의 규모를 키웠고, 이는 기대 수명 증가 등 긍정적 결과로 나타났다.

(나) 그러나 낙수 이론에 기댄 경제정책이 실증적인 효과를 낸 전력이 있음에도 불구하고, 낙수 이론에 의한 경제발전모델이 과연 전체의 효용을 바람직하게 증가시켰는지에 대해서는 비판들이 있다.

(다) 사회적 측면에서는 계층 간 위화감 조성이라는 문제점 또한 제기된다. 결국 상류층이 돈을 푸는 것으로 인하여 하류층의 경제적 상황에 도움이 되는 것이므로, 상류층과 하류층의 소비력 차이가 여실히 드러나고, 이는 사회적으로 위화감을 조성한다는 것이다.

(라) 제일 많이 제기되는 비판은 경제적 상류계층이 경제활동을 할 때까지 기다려야 한다는 낙수 효과의 본질적인 문제점에서 연유한다. 결국 낙수 효과는 상류계층의 경제활동에 의해 이루어지는 것이므로, 당사자가 움직이지 않는다면 발생하지 않기 때문이다.

① (가) – (나) – (라) – (다)   ② (가) – (다) – (라) – (나)
③ (나) – (라) – (다) – (가)   ④ (다) – (가) – (라) – (나)

06 다음 글을 읽고 이해한 내용으로 적절하지 않은 것은?

대폭발 우주론에서는 우주가 약 137억 년 전 밀도와 온도가 매우 높은 상태의 대폭발로부터 시작하였다고 본다. 대폭발 초기 3분 동안 광자, 전자, 양성자(수소 원자핵) 및 헬륨 원자핵이 만들어졌다. 양(+)의 전하를 가지고 있는 양성자 및 헬륨 원자핵은 음(-)의 전하를 가지고 있는 전자와 결합하여 수소 원자와 헬륨 원자를 만들려고 하지만 온도가 높은 상태에서는 전자가 매우 빠른 속도로 움직이기 때문에 원자핵에 쉽게 붙들리지 않는다. 따라서 우주 탄생 초기에는 전자가 양성자에 붙들리지 않은 채 자유롭게 우주 공간을 움직여 다닐 수 있었다. 이후에 우주의 온도가 3,000K 이하로 내려가 자유 전자가 양성자 및 헬륨 원자핵에 붙들려 결합되면서 수소 원자와 헬륨 원자가 만들어졌다. 당시의 온도가 3,000K였던 우주는 팽창과 함께 계속 식어서 현재 2.7K까지 내려갔다.

① 양성자와 헬륨 원자핵은 양의 전하를 가지고 있다.
② 수소 원자와 헬륨 원자는 양성자와 헬륨 원자핵이 결합하여 만들어진다.
③ 온도가 높아질수록 수소 원자와 헬륨 원자는 만들어지지 않는다.
④ 자유 전자는 양성자에 붙들리지 않은 채 자유롭게 우주공간을 움직일 수 있는 전자이다.

동물이 스스로 소리를 내서 그것이 물체에 부딪쳐 돌아오는 반사음을 듣고 행동하는 것을 반향정위(反響定位)라고 한다. 반향정위를 하는 대표적인 육상 동물로는 박쥐를 꼽을 수 있다. 야간에 활동하는 박쥐가 시각에 의존하지 않고도 먹이를 손쉽게 포획하는 것을 보면 반향정위는 유용한 생존 전략이라고 할 수 있다.

박쥐는 성대에서 주파수가 40~50kHz인 초음파를 만들어 입이나 코로 방사하는데, 방사 횟수는 상황에 따라 달라진다. 먹이를 찾고 있을 때는 1초에 10번 정도의 간격으로 초음파를 발생시킨다. 그리고 먹이에 접근할 때는 보다 정밀한 정보 수집을 위해 1초에 120~200번 정도의 빠른 템포로 초음파를 발생시켜 먹이와의 거리나 먹이의 방향과 크기 등을 탐지한다.

박쥐는 되돌아오는 반사음을 세밀하게 포착하기 위해 얼굴의 반 이상을 차지할 만큼 크게 발달한 귀를 갖고 있다. 그리고 달팽이관의 감긴 횟수가 2.5~3.5회로 1.75회인 인간보다 더 많기 때문에 박쥐는 인간이 들을 수 없는 매우 넓은 범위의 초음파까지 들을 수 있다.

(가) ┌ 그렇다면 박쥐는 먹이의 위치나 이동 상황을 어떻게 알 수 있을까? 그것은 박쥐가 도플러 효과를 이용하기 때문에 가능하다. 도플러 효과란 파동을 발생시키는 파원과 그 파동을 관측하는 관측자 중 하나 이상이 운동하고 있을 때, 관측되는 파장의 길이에 변화가 나타나는 현상이다. 예를 들어 구급차가 다가오고 있을 때는 사이렌 소리의 파장이 짧아져 음이 높게 들리고 멀어져 갈 때는 소리의 파장이 길어져 음이 낮게 들리는데, 이것이 도플러 효과 때문이다. 박쥐는 도플러 효과를 이용해 수시로 바뀌는 반사음의 변화를 파악하여 먹이의 위치와 이동 상황을 포착(捕捉)한다. 만일 돌아오는 반사음의 높이가 낮아졌다면, 먹이는 박쥐에게서 멀어지고 있다는 └ 것을 의미한다.

박쥐는 주로 곤충을 먹고 산다. 그런데 어떤 곤충은 박쥐가 내는 초음파 소리를 들을 수 있기 때문에 박쥐의 접근을 눈치챌 수 있다. 예를 들어 박쥐의 주요 먹잇감인 나방은 초음파의 강약에 따라 박쥐와의 거리를 파악할 수 있고, 왼쪽과 오른쪽 귀에 들리는 초음파의 강약 차이에 따라 박쥐가 다가오는 좌우 수평 방향을 알 수 있다. 박쥐가 다가오는 방향의 반대쪽 귀는 자신의 몸이 초음파를 차단하고 있기 때문에 박쥐가 다가오는 쪽의 귀보다 초음파가 약하게 들린다. 또한 초음파의 강약 변화가 반복적으로 나타나는지 아닌지에 따라 박쥐가 다가오는 상하 수직 방향도 알 수 있다. 나방의 귀는 날개의 아래에 있기 때문에 날개를 내리면 귀가 날개에 덮여서 초음파를 잘 듣지 못하게 된다. 따라서 박쥐가 위쪽에 있을 때는 날개를 올리고 내릴 때마다 소리가 강해졌다 약해졌다를 반복하는 초음파를 듣게 된다. 반대로 박쥐가 아래쪽에 있을 때는 귀도 박쥐도 날개의 아래에 있기 때문에 날개의 퍼덕임과 상관없이 초음파가 거의 일정한 음량으로 들린다.

박쥐가 내는 초음파의 반사음은 움직이는 나방의 날개 각도나 퍼덕이는 속도에 따라서 그 파장이 다양하게 변한다. 때문에 나방은 위험에 처해 있을 때 급회전이나 급강하 또는 몸의 움직임을 멈추고 마치 죽은 듯이 그대로 자유 낙하하는 행동을 취해 박쥐에게 전달되는 초음파 정보를 교란시킨다. 만일 박쥐가 수시로 바뀌는 나방의 동선을 제대로 추적하지 못하면 먹이를 놓치고 만다. 박쥐와 나방은 초음파를 둘러싸고 쫓고 쫓기는 사투를 벌이고 있는 것이다.

07 윗글을 통해 추론할 수 있는 내용으로 가장 적절한 것은?

① 박쥐는 입이나 코에서 초음파를 만들어 낸다.

② 반향정위는 대부분의 육상 동물들이 갖고 있는 특징이다.

③ 달팽이관의 감긴 횟수는 초음파의 지각 능력과 관련 있다.

④ 박쥐의 초음파와 구급차 사이렌 소리의 주파수는 동일하다.

08 윗글의 (가)를 바탕으로 〈보기〉의 빈칸에 들어갈 내용을 추리한 것으로 가장 적절한 것은?

〈보기〉

관측자와 파원이 정지해 있다가 파원이 관측자 쪽으로 다가갔다면, _____

① 파장이 비연속적으로 관측되겠군.

② 파장이 반복적으로 길어졌다 짧아졌다 하겠군.

③ 관측되는 파장의 길이는 이전과 동일하겠군.

④ 이전보다 더 짧아진 파장이 관측되겠군.

09 다음 글의 필자가 주장하는 핵심 내용은?

현대 사회는 대중 매체의 영향을 많이 받는 사회이며, 그중에서도 텔레비전의 영향은 거의 절대적입니다. 언어 또한 텔레비전의 영향을 많이 받습니다. 그런데 텔레비전의 언어는 우리의 언어 습관을 부정적인 방향으로 흐르게 하고 있습니다.

텔레비전은 시청자들의 깊이 있는 사고보다는 감각적 자극에 호소하는 전달 방식을 사용하고 있습니다. 또 현대 자본주의 사회에서의 텔레비전 방송은 상업주의에 편승하여 대중을 붙잡기 위한 방편으로 쾌락과 흥미 위주의 언어를 무분별하게 사용합니다. 결국 텔레비전은 대중의 이성적 사고 과정을 마비시켜 오염된 언어 습관을 무비판적으로 수용하게 합니다. 그렇기 때문에 언어 사용을 통해 발전시킬 수 있는 상상적 사고를 기대하기 어렵게 하며, 창조적인 언어 습관보다는 단편적인 언어 습관을 갖게 만듭니다.

따라서 좋은 말 습관의 형성을 위해서는 또 다른 문화 매체가 필요합니다. 이러한 문제의 대안으로 문학 작품의 독서를 제시하려고 합니다. 문학은 작가적 현실을 언어를 매개로 형상화한 예술입니다. 작가적 현실을 작품으로 형상화하기 위해서는 작가의 복잡한 사고 과정을 거치듯이, 작품을 바르게 이해·해석·평가하기 위해서는 독자의 상상적 사고를 거치게 됩니다. 또한 문학은 아름다움을 지향하는 언어 예술로서 정제된 언어를 사용하므로 문학 작품의 감상을 통해 습득된 언어 습관은 아름답고 건전하리라 믿습니다.

① 쾌락과 흥미 위주의 언어 습관을 지양하고 사고 능력을 기를 수 있는 언어 습관을 길러야 한다.
② 사고 능력을 기르고 건전한 언어 습관을 길들이기 위해서 문학 작품의 독서가 필요하다.
③ 바른 언어 습관의 형성과 건전하고 창의적인 사고를 위해 텔레비전을 멀리 해야 한다.
④ 언어는 자신의 사상을 표현하는 매체일 뿐만 아니라 그것을 사용하는 사람의 인격을 가늠하는 척도이므로 바른 언어 습관이 중요하다.

10 다음 중 (가)와 (나)의 예시로 적절하지 않은 것은?

사회적 관계에 있어서 상호주의란 '행위자 갑이 을에게 베푼 바와 같이 을도 갑에게 똑같이 행하라.'라는 행위 준칙을 의미한다. 상호주의 원형은 '눈에는 눈, 이에는 이'로 표현되는 탈리오의 법칙에서 발견된다. 그것은 일견 피해자의 손실에 상응하는 가해자의 처벌을 정당화한다는 점에서 가혹하고 엄격한 성격을 드러낸다. 만약 상대방의 밥그릇을 빼앗았다면 자신의 밥그릇도 미련 없이 내주어야 하는 것이다. 그러나 탈리오 법칙은 온건하고도 합리적인 속성을 동시에 함축하고 있다. 왜냐하면 누가 자신의 밥그릇을 발로 찼을 경우 보복의 대상은 밥그릇으로 제한되어야지 밥상 전체를 뒤엎는 것으로 확대될 수 없기 때문이다. 이러한 일대일 방식의 상호주의를 (가) 대칭적 상호주의라 부른다. 하지만 엄밀한 의미의 대칭적 상호주의는 우리의 실제 일상생활에서 별로 흔하지 않다. 오히려 '되로 주고 말로 받거나, 말로 주고 되로 받는' 교환 관계가 더 일반적이다. 이를 대칭적 상호주의와 대비하여 (나) 비대칭적 상호주의라 일컫는다.

그렇다면 교환되는 내용이 양과 질의 측면에서 정확한 대등성을 결여하고 있음에도 불구하고, 교환에 참여하는 당사자들 사이에 비대칭적 상호주의가 성행하는 이유는 무엇인가? 그것은 셈에 밝은 이른바 '경제적 인간(Homo Economicus)'들에게 있어서 선호나 기호 및 자원이 다양하기 때문이다. 말하자면 교환에 임하는 행위자들이 각인각색인 까닭에 비대칭적 상호주의가 현실적으로 통용될 수밖에 없으며, 어떤 의미에서는 그것만이 그들에게 상호 이익을 보장할 수 있는 것이다.

① (가) : A국과 B국 군대는 접경지역에서 포로를 5명씩 맞교환했다.

② (가) : 동생이 내 발을 밟아서 나는 동생의 볼을 꼬집었다.

③ (나) : 필기노트를 빌려준 친구에게 고맙다고 밥을 샀다.

④ (나) : 옆집 사람이 우리 집 대문을 막고 차를 세웠기에 타이어에 펑크를 냈다.

11 다음 글과 〈보기〉를 읽은 독자의 반응으로 적절하지 않은 것은?

조선 전기에 물가 조절 정책을 시행하는 기관으로 상평창이 있었다. 상평창은 곡식의 가격이 하락하면 시가보다 비싸게 쌀을 구입하였다가 곡식의 가격이 상승하면 시가보다 싸게 방출하여 백성의 생활을 안정시키려고 설치한 물가 조절 기관이다. 이 기관에서 실시한 정책은 크게 채매(採買) 정책과 창저(倉儲) 정책으로 나눌 수 있다.

채매란 국가가 물가 조절에 필요한 상품을 시장으로부터 사들이는 것을 말한다. 이때에는 주로 당시에 실질적인 화폐의 역할을 하던 면포로 상품을 구입하였다. 연산군 8년, 지주제의 발전과 상품 경제의 발달에 따라 토지를 잃은 농민들이 일자리를 찾아 서울로 몰려들어 상공업 종사자의 수가 급격히 늘어나게 되어 서울의 쌀값이 지방에 비해 2배가 올랐다. 이에 따라 조정에서는 쌀값이 비교적 싼 전라도로부터 면포를 주고 쌀을 구입하여, 서울에 쌀을 풀어 쌀값을 낮추는 채매 정책을 실시하였다. 이는 면포를 기준으로 하여 쌀값이 싼 지방에서 쌀을 긴급하게 구입하여 들이는 조치로, 공간적 가격차를 이용한 것이다.

창저란 쌀을 상평창에 저장하는 것을 말한다. 세종 27년에는 풍년이 들어 면포 1필의 값이 쌀 15두였으나, 성종 1년에는 흉년이 들어 면포 1필의 값이 쌀 4 ~ 5두가 되어 쌀값이 비싸졌다. 이에 조정에서는 세종 27년에 싼 값에 쌀을 구매하여 창고에 보관하였다가 성종 1년에 시장의 가격보다 싸게 팔아 높아진 쌀의 값을 낮추는 창저 정책을 실시하였다. 또한 수해 등 자연 재해를 대비하여 평소에 지역 내의 쌀을 수매·저장해두는 것도 여기에 해당되며 시간적 가격차를 이용한 것이다.

채매와 창저는 농사의 풍·흉년에 따라 당시 화폐의 역할을 하였던 면포를 거두어들이거나 유통하여 쌀값을 안정시키고자 하는 상평창의 기능을 잘 보여주고 있다.

〈보기〉

정부는 국내 물가의 상승과 이로 인한 자국의 화폐가치 급락을 우려하고 있다. 이에 정부는 외국의 값싼 생필품을 수입하고, 저장해 놓았던 곡물을 싼 값에 유통시켜 물가 상승을 억제하는 정책을 펴고 있다. 또한 중앙은행을 통해 기준 금리를 높여 시중에 풀린 자본을 흡수하여 궁극적으로 물가 안정을 도모하고 있다.

① 상평창은 〈보기〉의 '중앙은행'과 유사한 역할을 하는군.
② 채매(採買) 정책은 〈보기〉에서 정부가 생필품을 수입하는 것에 해당하는군.
③ 창저(倉儲) 정책은 〈보기〉에서 기준 금리를 높이는 것과 그 목적이 비슷하군.
④ 풍년으로 인한 쌀값 하락과 〈보기〉의 물가 상승 모두 화폐가치를 떨어트리겠군.

12 가영, 민수, 철한이는 현재 각각 4,000원, 2,000원, 9,000원짜리 적금이 있다. 가영이는 매달 12,000원씩, 민수는 매달 2,000원씩, 철한이는 매달 1,000원씩 저축을 한다고 했을 때, 가영이가 모은 돈이 민수와 철한이가 모은 돈의 합의 3배가 넘는 시점은 몇 개월 후인가?(단, 개월 수는 소수점 둘째 자리에서 반올림한다)

① 8개월 후   ② 9개월 후

③ 10개월 후   ④ 11개월 후

13 농도를 알 수 없는 설탕물 500g에 농도 3%의 설탕물 200g을 온전히 섞었더니 섞은 설탕물의 농도는 7%가 되었다. 처음 500g의 설탕물에 녹아있던 설탕의 양은?

① 40g   ② 41g

③ 42g   ④ 43g

14 영민이가 연이율 2.4%인 3년 만기 월복리 적금 상품에 매월 초 100만 원씩 납입하여 만기 시 받는 금액보다 3년 만기 단리 예금 상품에 3,600만 원을 예치하고 만기 시 받는 금액이 더 많을 때, 단리 예금 상품의 연이율은 최소 몇 % 이상이어야 하는가?(단, $1.002^{36} = 1.075$로 계산하며, 이자 소득에 대한 세금은 고려하지 않는다)

① 약 1.1%   ② 약 1.2%

③ 약 1.4%   ④ 약 1.5%

15 연 실수령액을 다음과 같이 계산할 때, 연봉이 3,480만 원인 A씨의 실수령액은?(단, 십 원 단위 미만은 절사한다)

- (연 실수령액)=(월 실수령액)×12
- (월 실수령액)=(월 급여)−[(국민연금)+(건강보험료)+(고용보험료)+(장기요양보험료)+(소득세)+(지방세)]
- (국민연금)=(월 급여)×4.5%
- (건강보험료)=(월 급여)×3.12%
- (고용보험료)=(월 급여)×0.65%
- (장기요양보험료)=(건강보험료)×7.38%
- (소득세)=68,000원
- (지방세)=(소득세)×10%

① 30,944,400원   ② 31,078,000원
③ 31,203,200원   ④ 32,150,800원

16 M금고는 카드 이용 시 제공되는 할인 서비스에 대한 기존 고객의 선호도를 조사하여 신규 상품에 적용하고자 한다. M금고 이용 고객 2,000명을 대상으로 실시한 선호도 조사 결과가 다음과 같을 때, 이에 대한 설명으로 옳은 것을 〈보기〉에서 모두 고르면?

〈M금고 카드 할인 서비스에 대한 고객 선호도〉

(단위 : %)

할인 서비스	남성	여성	전체
주유	18	22	20
온라인 쇼핑	10	18	14
영화관	24	23	23.5
카페	8	13	10.5
제과점	22	17	19.5
편의점	18	7	12.5

※ 응답자들은 가장 선호하는 할인 서비스 항목 1개를 선택하였음

─── 〈보기〉 ───

ㄱ. 선호도 조사 응답자 2,000명의 남녀 비율은 동일하다.
ㄴ. 편의점 할인 서비스는 남성보다 여성 응답자가 더 선호한다.
ㄷ. 온라인 쇼핑 할인 서비스를 선택한 남성은 모두 130명이다.
ㄹ. 남성과 여성 응답자는 모두 영화관 할인 서비스를 가장 선호한다.

① ㄱ, ㄴ   ② ㄱ, ㄹ
③ ㄴ, ㄷ   ④ ㄴ, ㄹ

17 다음은 S사와 L사의 작년 전자제품별 매출액과 순이익을 분석한 자료이다. 이에 대한 설명으로 옳은 것은?

〈2024년 S사와 L사의 매출액·순이익 비교〉

(단위 : 억 원)

구분	S사 매출	순이익	L사 매출	순이익
TV	1,200	300	800	124
냉장고	55,200	15,456	76,000	19,152
에어컨	88,400	22,100	94,500	24,570
제습기	25,500	7,395	22,000	4,840
공기청정기	42,200	12,871	78,400	19,600

※ [순이익률(%)] $= \dfrac{(순이익)}{(매출액)} \times 100$

① S사의 공기청정기의 순이익률은 30%를 초과한다.
② L사 TV의 순이익률과 냉장고의 순이익률 차이는 10%p 이상이다.
③ S사가 L사보다 매출액이 높은 전자제품은 2가지지만, 순이익이 높은 제품은 1가지이다.
④ S사와 L사가 에어컨을 각각 200만 대, 210만 대 팔았다면 에어컨 하나의 단가는 S사가 더 높다.

18 약사인 L씨는 개인약국을 개업하기 위해 부동산을 통하여 시세를 알아보았다. 리모델링이 필요할 경우 100평당 5백만 원의 추가 비용이 들며, 개업 후 한 달 동안 입점해있는 병원 1곳당 초기 입점 비용의 3%의 이윤이 기대된다. A ~ D 4개 상가의 입점 조건이 다음과 같을 때, 어느 곳에 입점하는 것이 가장 이득인가?(단, 최종 비용은 초기 입점 비용과 한 달 간의 이윤을 고려하여 결정한다)

〈A ~ D상가 입점 조건〉

구분	매매가	중개 수수료율	평수	리모델링 필요 여부	병원 입점 수
A상가	9억 2천만 원	0.6%	200평	×	2곳
B상가	8억 8천만 원	0.7%	200평	○	3곳
C상가	9억 원	0.5%	180평	×	1곳
D상가	9억 5천만 원	0.6%	210평	×	1곳

※ (초기 입점 비용)=(매매가)+(중개 수수료)+(리모델링 비용)

① A상가
② B상가
③ C상가
④ D상가

19 A초등학교 1, 2학년 학생들에게 5가지 색깔 중 선호하는 색깔을 선택하게 했다. 1학년 전체 학생 중 빨강을 좋아하는 학생 수의 비율과 2학년 전체 학생 중 노랑을 좋아하는 학생 수의 비율을 바르게 나열한 것은?(단, 각 학년의 인원수는 250명이다)

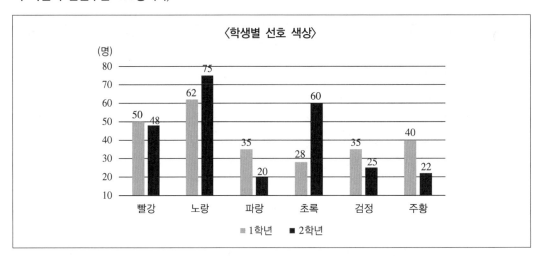

① 25%, 25%　　　　　② 20%, 30%

③ 30%, 30%　　　　　④ 20%, 25%

20 다음은 실업자 및 실업률 추이를 나타낸 그래프이다. 2024년 11월의 실업률은 2024년 2월 대비 얼마나 증감했는가?(단, 소수점 첫째 자리에서 반올림한다)

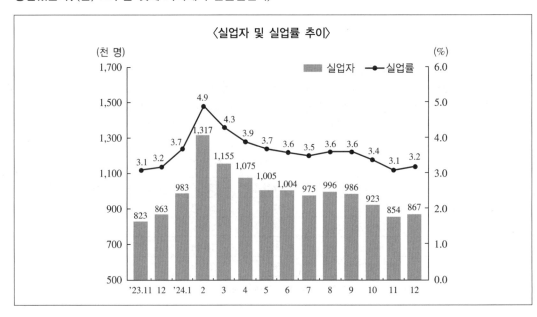

① − 37%　　　　　② − 36%

③ − 35%　　　　　④ + 37%

21 M사의 사원 A~D 4명은 다음 〈조건〉에 따라 야근을 한다. 이때 수요일에 야근하는 사람은?

〈조건〉
- 사장님이 출근할 때는 모든 사람이 야근을 한다.
- A가 야근할 때 C도 반드시 해야 한다.
- 수요일에는 1명만 야근을 한다.
- 사장님은 월요일과 목요일에 출근을 한다.
- 월요일부터 금요일까지 1명당 3번 야근한다.
- B는 금요일에 야근을 한다.
---

① A   ② B
③ C   ④ D

22 각 지역본부 대표 8명이 다음 〈조건〉에 따라 원탁에 앉아 회의를 진행한다고 할 때, 경인 지역본부 대표의 맞은편에 앉은 사람을 바르게 추론한 것은?

〈조건〉
- 서울, 부산, 대구, 광주, 대전, 경인, 춘천, 속초의 지역본부 대표가 참여하였다.
- 서울 대표는 12시 방향에 앉아 있다.
- 서울 대표의 오른쪽 두 번째 자리에는 대전 대표가 앉아 있다.
- 부산 대표는 경인 대표의 왼쪽에 앉는다.
- 광주 대표의 양 옆자리는 대전 대표와 부산 대표이다.
- 광주 대표와 대구 대표는 마주 보고 있다.
- 속초 대표의 양 옆자리는 서울 대표와 대전 대표이다.
---

① 대전 대표   ② 부산 대표
③ 대구 대표   ④ 속초 대표

23 M사는 조직을 개편함에 따라 기획 1 ~ 8팀의 사무실 위치를 변경하려 한다. 변경 조건에 따라 사무실 위치를 변경한다고 할 때, 변경된 사무실 위치에 대한 설명으로 옳은 것은?

창고	입구	계단
1호실		5호실
2호실	복도	6호실
3호실		7호실
4호실		8호실

〈변경 조건〉

• 외근이 잦은 1팀과 7팀은 입구와 가장 가깝게 위치한다.
• 2팀과 5팀은 업무 특성상 같은 라인에 인접해 나란히 위치한다.
• 3팀은 팀명과 동일한 호실에 위치한다.
• 8팀은 입구에서 가장 먼 쪽에 위치하며, 복도 맞은편에는 2팀이 위치한다.
• 4팀은 1팀과 5팀 사이에 위치한다.

① 기획 1팀의 사무실은 창고 뒤에 위치한다.
② 기획 2팀은 입구와 멀리 떨어진 4호실에 위치한다.
③ 기획 3팀은 기획 5팀과 앞뒤로 나란히 위치한다.
④ 기획 4팀과 기획 6팀은 복도를 사이에 두고 마주한다.

24 다음 중 BCG 매트릭스와 GE&맥킨지 매트릭스에 대한 설명으로 옳은 것을 〈보기〉에서 모두 고르면?

─〈보기〉─

ㄱ. BCG 매트릭스는 미국의 컨설팅업체인 맥킨지에서 개발한 사업포트폴리오 분석 기법이다.
ㄴ. BCG 매트릭스는 시장성장율과 상대적 시장점유율을 고려하여 사업의 형태를 4개 영역으로 나타낸다.
ㄷ. GE&맥킨지 매트릭스는 산업매력도와 사업경쟁력을 고려하여 사업의 형태를 6개 영역으로 나타낸다.
ㄹ. GE&맥킨지 매트릭스에서의 산업매력도는 시장규모, 경쟁구조, 시장 잠재력 등의 요인에 의해 결정된다.
ㅁ. GE&맥킨지 매트릭스는 BCG 매트릭스의 단점을 보완해준다.

① ㄱ, ㄴ, ㄷ   ② ㄴ, ㄷ, ㅁ
③ ㄴ, ㄹ, ㅁ   ④ ㄷ, ㄹ, ㅁ

25 다음은 M섬유 업체에 대한 SWOT 분석 자료이다. 이에 따른 대응 전략으로 적절한 것을 〈보기〉에서 모두 고르면?

• 첨단 신소재 관련 특허 다수 보유	• 신규 생산 설비 투자 미흡 • 브랜드의 인지도 부족
S 강점	**W 약점**
O 기회	**T 위협**
• 고기능성 제품에 대한 수요 증가 • 정부 주도의 문화 콘텐츠 사업 지원	• 중저가 의류용 제품의 공급 과잉 • 임금의 개발도상국과 경쟁 심화

〈보기〉

ㄱ. SO전략으로 첨단 신소재를 적용한 고기능성 제품을 개발한다.
ㄴ. ST전략으로 첨단 신소재 관련 특허를 개발도상국의 경쟁업체에 무상 이전한다.
ㄷ. WO전략으로 문화 콘텐츠와 디자인을 접목한 신규 브랜드 개발을 통해 적극적 마케팅을 한다.
ㄹ. WT전략으로 기존 설비에 대한 재투자를 통해 대량생산 체제로 전환한다.

① ㄱ, ㄷ
② ㄱ, ㄹ
③ ㄴ, ㄷ
④ ㄷ, ㄹ

26 문제해결절차의 문제 도출 단계에서 사용되는 방법을 나타낸 자료이다. 이에 나타난 문제해결 방법은?

• 주의사항
 – 전체 과제를 명확히 해야 한다.
 – 원인이 중복되거나 누락되지 않고 각각의 합이 전체를 포함해야 한다.

① So What 방법
② Logic Tree 방법
③ 피라미드 구조 방법
④ 3C 분석 방법

27 다음은 오피스텔 분양보증상품에 대한 자료이다. 대지비 부분 보증금액과 건축비 부분 보증금액이 모두 동일하게 10억 원인 경우, 신용등급별로 내는 보증료의 최댓값과 최솟값의 차이는?(단, 보증서 발급일부터 분양광고 안에 기재된 입주예정월의 다음 달 말일까지의 해당일수는 365일이라고 가정한다)

〈오피스텔 분양보증상품〉

■ (보증료)=(대지비 부분 보증료)+(건축비 부분 보증료)

1. 대지비 부분 보증료(연 0.138%)
   (대지비 부분 보증금액)×(대지비 부분 보증료율)×[(보증서 발급일부터 분양광고 안에 기재된 입주예정월의 다음 달 말일까지의 해당일수)÷365]

2. 건축비 부분 보증료(연 0.158% ~ 0.469%)
   (건축비 부분 보증금액)×(건축비 부분 보증료율)×[(보증서 발급일부터 분양광고 안에 기재된 입주예정월의 다음 달 말일까지의 해당일수)÷365]

〈신용평가등급별 보증료율〉

구분	대지비 부분	건축비 부분				
		1등급	2등급	3등급	4등급	5등급
AAA	0.138%	0.158%	0.163%	0.170%	0.180%	0.196%
AA		0.158%	0.163%	0.170%	0.180%	0.196%
A+		0.171%	0.183%	0.190%	0.200%	0.208%
A-		0.191%	0.199%	0.204%	0.214%	0.231%
BBB+		0.191%	0.199%	0.204%	0.214%	0.231%
BBB-		0.205%	0.219%	0.225%	0.236%	0.266%
BB+		0.224%	0.244%	0.261%	0.277%	0.296%
BB-		0.224%	0.244%	0.261%	0.277%	0.296%
B+		0.224%	0.244%	0.261%	0.277%	0.296%
B-		0.224%	0.244%	0.261%	0.277%	0.296%
CCC+		0.224%	0.244%	0.261%	0.277%	0.296%
CCC-		0.224%	0.244%	0.261%	0.277%	0.296%
CC		0.224%	0.244%	0.261%	0.277%	0.296%
C		0.357%	0.377%	0.408%	0.437%	0.468%
D		0.357%	0.377%	0.408%	0.437%	0.468%

① 300만 원
② 310만 원
③ 330만 원
④ 350만 원

28 다음은 영희가 4월 동안 사용한 M카드의 사용내역을 나타낸 자료이다. 현재 영희가 M카드 골드멤버일 때, 4월 동안 영희가 받은 M카드 멤버십 혜택의 총액은?

〈영희의 4월 M카드 사용내역〉

날짜	내용	금액
4.1	N미디어 이용	200,000원
4.3	B피자 구매	35,000원
4.7	Z마트 이용	72,000원
4.9	L영화관(VIP석) 이용	20,000원
4.11	자몽주스 1잔(P카페) 구매	6,000원
4.14	커피 2잔(E카페) 구매	10,000원
4.20	S마트 이용	53,000원
4.22	영화표 2매(C영화관) 구매	18,000원
4.25	도서(W교육) 구매	30,000원
4.28	동영상 과정(W교육) 구매	150,000원
4.30	D피자 구매	22,000원

〈M카드 멤버십 혜택〉

내용	구분	할인	내용	구분	할인
C영화관	전 고객	영화 1매당 2천 원 할인	D피자	VIP	전체 30% 할인
L영화관	VIP	영화 1매당 20% 할인		골드	전체 20% 할인
	골드	영화 1매당 15% 할인 (일반석만 해당)		실버	전체 15% 할인
	실버	영화 1매당 10% 할인 (일반석만 해당)	B피자	VIP	전체 20% 할인
Z마트	VIP	최대 10% 할인		골드	전체 10% 할인
	골드	최대 5% 할인		실버	전체 5% 할인
	실버	최대 5% 할인	A미디어	전 고객	30% 할인
S마트	VIP	천 원당 100원 할인	N미디어	VIP	20% 할인
	골드	천 원당 50원 할인		골드	15% 할인
	실버	천 원당 50원 할인	W교육	VIP	전체 50% 할인
P카페	전 고객	15% 할인(음료만 해당)		골드	50% 할인(동영상 과정만 해당)
E카페	VIP	전체 20% 할인	T교육	VIP	전체 30% 할인
	골드	전체 10% 할인		골드	전체 20% 할인
	실버	전체 10% 할인		실버	전체 10% 할인

① 125,050원　　　　② 126,050원
③ 127,050원　　　　④ 128,050원

29 M금고는 직원들의 여가를 위해 하반기 동안 다양한 프로그램을 운영하고자 한다. 운영할 프로그램은 수요도 조사 결과를 통해 결정되며, 다음 〈조건〉에 따라 프로그램을 선정한다. 운영될 프로그램들로 바르게 짝지어진 것은?

〈프로그램 후보별 수요도 조사 결과〉

분야	프로그램명	인기 점수	필요성 점수
운동	강변 자전거 타기	6	5
진로	나만의 책 쓰기	5	7
여가	자수 교실	4	2
운동	필라테스	7	6
교양	독서 토론	6	4
여가	볼링 모임	8	3

※ 수요도 조사에는 전 직원이 참여하였음

〈조건〉
• 수요도 점수는 인기 점수와 필요성 점수에 가점을 적용한 후, 2 : 1의 가중치에 따라 합산하여 판단한다.
• 각 프로그램의 인기 점수와 필요성 점수는 10점 만점으로 하여 전 직원이 부여한 점수의 평균값이다.
• 운영 분야에 하나의 프로그램만 있는 경우, 그 프로그램의 필요성 점수에 2점을 가산한다.
• 운영 분야에 복수의 프로그램이 있는 경우, 분야별로 필요성 점수가 가장 낮은 프로그램은 후보에서 탈락한다.
• 수요도 점수가 동점일 경우, 인기 점수가 높은 프로그램을 우선시한다.
• 수요도 점수가 가장 높은 2개의 프로그램을 선정한다.

① 강변 자전거 타기, 볼링 모임
② 나만의 책 쓰기, 필라테스
③ 자수 교실, 독서 토론
④ 필라테스, 볼링 모임

30 다음은 한국은행의 통화신용정책 운영의 일반원칙이다. 이에 따라 추론한 내용으로 적절하지 않은 것을 〈보기〉에서 모두 고르면?

〈통화신용정책 운영의 일반원칙〉

한국은행법은 통화신용정책의 목적으로 '물가안정을 도모함으로써 국민경제의 건전한 발전에 이바지'하며, '정책을 수행함에 있어 금융안정에 유의'하여야 함을 명시하고 있다. 한국은행은 이러한 목적에 부합하는 구체적인 목표와 기본방향 하에서 통화신용정책을 수행함으로써, 정책 투명성과 예측가능성 및 유효성을 제고하고자 한다.

- (물가안정목표제) 한국은행은 통화신용정책의 핵심 목적인 물가안정의 효율적 달성을 위해 신축적 물가안정목표제를 운영하며, 현재 물가안정목표는 소비자물가 상승률(전년 동기 대비) 기준 2.0%이다.
  - (중기적 운영 시계) 소비자물가 상승률은 통화신용정책 외에도 다양한 대내외 경제·금융 요인의 영향을 받으므로, 물가안정목표는 일시적·불규칙적 요인에 따른 물가변동과 통화신용정책의 파급시차 등을 고려하여 중기적 시계에서 달성하고자 하는 목표이다.
  - (미래지향적 운영) 물가상승률이 중기적 시계에서 목표수준에 안정적으로 수렴하도록 통화신용정책을 미래지향적으로 운영하되, 물가상승률이 목표수준을 지속적으로 상회하거나 하회할 위험을 균형있게 고려한다. 물가안정목표 수준으로의 수렴 가능성은 물가 및 성장 전망과 더불어 전망경로상의 불확실성과 위험요인 및 금융안정 상황 등에 대한 종합적인 평가에 기초하여 판단한다.
  - (신축적 운영) 중기적 시계에서의 물가안정목표 달성을 저해하지 않는 범위 내에서 실물경제의 성장이 뒷받침될 수 있도록 통화신용정책을 운영한다.

- (금융안정에 대한 고려) 한편 중기적 시계에서 물가안정목표를 달성함에 있어 통화신용정책 운영이 금융안정에 미치는 영향을 신중히 고려한다.
  - (물가안정목표제와의 관계) 지속적인 금융불균형은 궁극적으로 거시경제의 안정을 저해하는 위험요인이라는 점에서 통화신용정책을 운영함에 있어 금융안정에 유의하는 것은 신축적 물가안정목표제의 취지에 부합한다.
  - (금융안정 점검) 한국은행은 금융안정 상황을 정기적으로 점검·평가·공표하여 통화신용정책 운영이 금융불균형의 과도한 누적을 초래하지 않도록 유의한다.
  - (거시건전성 정책과의 조화) 경제 전반에 무차별적인 영향을 미치는 통화신용정책만으로 금융안정을 추구하는 데에는 한계가 있으므로, 금융불균형 누적 억제를 위해서는 통화신용정책과 거시건전성 정책이 조화롭게 운영되는 것이 필요하다.

〈보기〉

ㄱ. 통화신용정책 운영 시, 정책의 파급시차에 따라 예상치 못한 물가변동이 발생할 수 있다.
ㄴ. 물가안정목표의 중기적 달성을 위해 통화신용정책을 엄격히 운영하여 경제기조의 일관성을 강화하여야 한다.
ㄷ. 거시적인 금융불균형을 해소하기 위해서는 통화신용정책보다 거시건전성 정책을 강조하여야 한다.
ㄹ. 정기적인 금융안정 상황 공표는 금융불균형의 해소에 기여한다.

① ㄱ, ㄴ   ② ㄱ, ㄷ
③ ㄴ, ㄷ   ④ ㄴ, ㄹ

31 다음은 부당이득징수업무 처리규정의 일부이다. 이에 따른 설명으로 옳은 것을 〈보기〉에서 모두 고르면?

제3조(부당이득징수)

① 소속기관장은 보험급여 지급결정에 하자가 있는 것으로 확인되는 경우 직권으로 당초 처분을 취소 또는 변경하고 잘못 지급된 보험급여가 있는 경우 부당이득으로 징수하여야 한다.

② 소속기관장은 보험급여 수급권자가 다음 각호의 어느 하나에 해당하는 사유로 보험급여를 지급받은 경우에는 그 보험급여액에 해당하는 금액을 부당이득으로 징수하여야 한다.

  1. 각종 보험급여 청구서의 신고사항에 대하여 단순 기재누락으로 보험급여를 받은 경우

  2. 수급권 변경·소멸신고를 하지 아니하고 보험급여를 받은 경우

  3. 그 밖에 잘못 지급된 보험급여를 받은 경우

③ 소속기관장은 보험급여 수급권자가 별표 1에 해당하는 유형의 부당이득 수급자에 해당하면 보험급여액의 2배에 해당하는 금액을 부당이득으로 징수하여야 하며, 유형별 판단기준은 별표 1과 같다. 다만, 보험급여 수급권자(연대책임자를 포함한다)가 다음 각호의 어느 하나에 해당하는 날 이전에 부정수급 사실을 자진신고한 경우에는 신고한 자에 대하여 그 보험급여액에 해당하는 금액을 징수한다.

  1. 이사장이 부정수급 기획조사 계획을 수립한 날(내부결재일)

  2. 소속기관장이 인지사건에 대해 본부에 보고한 날

  3. 소속기관장이 부정수급 여부에 대해 조사를 시작한 날

(별표 1) 유형별 판단기준

구분	사례
1. 업무상 재해 유형	① 적용제외 사업장 소속 근로자를 적용사업장 소속 근로자로 조작하여 보험급여를 받은 경우 ② 근로자가 아닌 자를 근로자로 조작하여 보험급여를 받은 경우 ③ 업무 외 재해의 사실관계(재해경위 등)를 조작하여 업무상 재해로 보험급여를 받은 경우 ④ 자해행위를 업무상 재해로 조작하여 보험급여를 받은 경우
2. 급여청구 유형	① 업무상의 재해로 입은 상병을 고의로 악화(법 제83조에 따라 장해등급 등의 재판정 전에 고의로 장해상태를 악화시켜 장해급여 또는 진폐보상연금을 지급받은 경우를 포함한다)시켜 보험급여를 받은 경우 ② 의도적으로 취업 또는 자영업의 운영 사실을 숨긴 채 휴업급여를 받은 경우 ③ 중소기업사업주 보험가입자가 영업활동 사실을 숨긴 채 휴업급여를 받은 경우 ④ 각종 증명서 및 확인서 등을 위조하거나 허위로 증명하여 보험급여를 받은 경우 ⑤ 사망 또는 가족관계 변경 등 신고사항을 고의 또는 허위로 신고하여 보험급여를 받은 경우 ⑥ 보험가입자, 산재보험 의료기관 또는 직업훈련기관 등과 공모(종사자 포함)하여 부정하게 보험급여를 받은 경우 ⑦ 보험급여를 청구하거나 지급받는 과정에서 산재보험 업무와 관련한 사람에게 위계·기만·협박 등의 위력을 가하여 거짓 보고 또는 증명을 하게 하여 보험급여를 받은 경우

ㄱ. 자영업을 하는 A씨가 실제로 직원이 아닌 조카 B씨를 근로자로 조작하여 150만 원에 달하는 보험급여를 수급한 사실이 적발된 경우, A씨로부터 징수할 부당이득은 300만 원이다.

ㄴ. ○○은행에 근무하는 C사원이 휴업기간 동안 총 720만 원에 달하는 휴업급여를 수급하면서 동시에 자영업을 운영하였으나 ○○기관장이 C사원의 부정수급에 관해 조사를 시작하기 15일 전 부정수급 사실을 자진신고한 경우, C사원은 부당이득 징수로부터 면제된다.

ㄷ. □□공사에 근무하는 D대리가 병원진단서를 위조하여 6개월간 115만 원에 달하는 보험급여를 수급한 경우, 자진신고 전 적발 시 D대리로부터 징수할 부당이득은 230만 원이다.

ㄹ. △△은행에서 사내 보험관련 업무를 담당하는 E주임의 업무상 기재누락으로 인해 F주임에게 310만 원의 보험급여가 더 지급된 경우, △△은행장은 E주임으로부터 310만 원을 부당이득으로 징수한다.

① ㄱ, ㄴ   ② ㄱ, ㄷ

③ ㄴ, ㄷ   ④ ㄴ, ㄹ

32 다음은 기준을 통해 조직문화를 4가지 유형으로 구분한 자료이다. 빈칸 (가) ~ (라)에 대한 설명으로 적절하지 않은 것은?

	유연성, 자율성 강조 (Flexibility & Discretion)		
내부지향성, 통합 강조 (Internal Focus & Integration)	(가)	(나)	외부지향성, 차별 강조 (External Focus & Differentiation)
	(다)	(라)	
	안정, 통제 강조 (Stability & Control)		

① (가)는 조직구성원 간 인화단결, 협동, 팀워크, 공유가치, 사기, 의사결정과정에 참여 등을 중요시한다.

② (나)는 규칙과 법을 준수하고, 관행과 안정, 문서와 형식, 명확한 책임소재 등을 강조하는 관리적 문화의 특징을 가진다.

③ (다)는 조직내부의 통합과 안정성을 확보하고, 현상유지 차원에서 계층화되는 조직문화이다.

④ (라)는 실적을 중시하고, 직무에 몰입하며, 미래를 위한 계획을 수립하는 것을 강조한다.

33 다음 사례의 쟁점과 협상전략을 바르게 짝지은 것은?

> 대기업 영업부장인 김봉구씨는 기존 재고를 처리할 목적으로 업체 W사와 협상 중이다. 그러나 W사는 자금 부족을 이유로 이를 거절하고 있다. 하지만 김봉구씨는 자신의 회사에서 물품을 제공하지 않으면 W사가 매우 곤란한 지경에 빠진다는 사실을 알고 있다. 그래서 김봉구씨는 앞으로 W사와 거래하지 않을 것이라는 엄포를 놓았다.

① 자금 부족 – 협력전략
② 재고 처리 – 갈등전략
③ 재고 처리 – 경쟁전략(강압전략)
④ 정보 부족 – 양보전략(유화전략)

34 인사팀 채부장은 신입사원들을 대상으로 '조직'의 의미를 다음과 같이 설명하였다. 채부장의 설명에 근거할 때, '조직'으로 적절하지 않은 것은?

> 조직은 특정한 목적을 추구하기 위하여 의도적으로 구성된 사람들의 집합체로 외부 환경과 여러 가지 상호 작용을 하는 사회적 단위라고 말할 수 있지. 한데, 이러한 상호 작용이 유기적인 협력체제하에서 행해지면서 조직이 추구하는 목적을 달성하기 위해서는 내부적인 구조가 있어야만 해. 업무와 기능의 분배, 권한과 위임을 통해 어떤 특정한 조직 구성원들의 공통된 목표를 달성하기 위하여 여러 사람의 활동을 합리적으로 조정하는 것이야말로 조직의 정의를 가장 잘 나타내주는 말이라고 할 수 있다네.

① 영화 촬영을 위해 모인 스태프와 배우들
② 주말을 이용해 춘천까지 다녀오기 위해 모인 자전거 동호회원들
③ 열띤 응원을 펼치고 있는 야구장의 관중들
④ 야간자율학습을 하고 있는 M고등학교 3학년 2반 학생들

최근 서울 강서구에 있는 L전자제품 유통채널인 'B샵'에 한 손님이 찾아왔다. 이 손님은 건물 1 ~ 2층에 위치한 고객
체험형 가전공간과 연계한 인테리어 숍인숍, 3층 서비스센터 등 매장 곳곳을 살펴봤다. 이 손님은 힘든 시기임에도
제품 판매와 A/S, 배송 등 서비스 제공을 위해 최선을 다하는 직원들에게 감사를 표하고 매장을 떠났다. 이 손님은
바로 L그룹 대표였다. 그는 직원들 업무에 지장을 주지 않도록 B샵 담당 임원과 책임급 실무자 3 ~ 4명과 함께 이
매장을 찾았다. 당시 매장에는 고객들이 적지 않았지만, L그룹 회장의 방문을 눈치챈 사람은 한명도 없었던 것으로
알려졌다.

L그룹 대표는 불필요한 형식과 격식은 과감하게 없애고, 진심을 갖고 구성원과 이해관계자들을 대하면서 L그룹의
미래를 위한 새로운 변화를 이끌고 있다. L그룹 대표는 2018년 6월 29일 L그룹 대표이사 회장에 취임한 직후 임직
원들에게 '회장'이 아닌 '대표'로 불러 달라 당부했다. 또 문자나 이메일 등으로 임직원과 격의 없이 소통한다. L그룹
내에는 대표의 문자를 받고 깜짝 놀랐다는 임원이 적지 않은 것으로 알려졌다. 또한 올해부터 아예 온라인 시무식으
로 전환해 신년사를 담은 영상을 전 세계 25만 명의 임직원에게 이메일로 전달했다. 이뿐만 아니라 회의문화도 철저
히 실용적으로 변화시켰다.

35 윗글을 읽고 유추할 수 있는 L그룹의 경영전략으로 거리가 먼 것은?

① 대표는 실용성과 진정성 이 두 가지 리더십을 가지고 회사를 경영하고 있다.

② 회장이라는 직위보다는 지주회사 대표라는 직책이 갖는 의미를 강조하고 있다.

③ 1등 전략을 통해 국내 선도기업을 목표로 하고 있다.

④ 직원들과 격의 없이 소통하며 직원들을 동반자의 관계로 존중하고 있다.

36 조직문화에 가장 많은 영향을 주는 사람은 CEO이다. 다음의 〈조직문화를 구성하는 7요소〉 중 윗글의 사례
에 해당하는 것은?

〈조직문화를 구성하는 7요소〉

공유가치(Shared Value), 전략(Strategy), 조직구조(Structure), 제도(System), 구성원(Staff), 관리기술
(Skill), 리더십스타일(Style)

① 리더십스타일   ② 구성원

③ 제도   ④ 관리기술

37 M사에 근무하는 A씨는 최근 사내 윤리교육시간에 감정은행계좌에 대한 강의를 들었다. 강의 중 다음 내용과 같은 질문을 받았을 때, A씨의 답변으로 적절하지 않은 것은?

> M사 사원 분들, 안녕하십니까. 오늘 윤리교육시간에는 감정은행계좌에 대해 강의해볼까 합니다. 감정은행계좌는 금품이 아닌 우리의 감정을 예입하는 것입니다. 즉, 인간관계에서 구축하는 신뢰의 정도를 은유적으로 표현한 것이지요. 만약 우리가 다른 사람의 입장을 먼저 이해하고 배려하며, 친절하고 정직하게 약속을 지킨다면 우리는 감정을 저축하는 셈이 됩니다. 그렇다면 감정은행계좌를 적립하기 위한 예입 수단으로는 무엇이 있을까요?

① 나 자신보다 상대방의 입장을 이해하고 양보할 줄 알아야 합니다.
② 개인의 사생활을 위해 사소한 일에 관심 갖지 말아야 합니다.
③ 실수를 저지를 수는 있으나, 그것을 인정할 줄 알아야 합니다.
④ 작은 칭찬과 배려, 감사하는 마음을 항상 가지고 있어야 합니다.

38 다음은 M사 임원들이 직원들의 업무 태도를 평가하며 나눈 대화이다. 이를 참고할 때, 멤버십 유형 중 실무형에 해당하는 직원은?

> A임원 : 홍보팀 '갑'은 원래 그렇게 부정적인가요? 팀원의 기획안에 대해 계속 반대만 하고, 고집이 세 보입니다.
> B임원 : 네, 자신이 회사에서 인정을 받지 못한다고 생각하는 것 같습니다. 그와 반대로 지원팀 '을'은 지시받은 업무에 대해 별말 없이 진행을 합니다. 성과가 나오는 일을 하려고 하는 경향이 보이기도 합니다.
> C임원 : '을'은 회사의 판단을 믿고 일을 열심히 합니다만, 의견을 말하는 것을 거의 보지 못한 것 같습니다. 총무팀 '병'은 자신에게 도움이 된다 싶으면 의견도 말하고, 일에 대해 어느 정도 열의를 보이고 있습니다. 불만이 있어 보일 때도 있지만, 딱히 표출하지는 않는 것 같고요.
> D임원 : '병'이 규정을 어기는 것을 아직 본적이 없는 것 같기는 하네요. 같은 팀 '정'은 일일이 지시도 해야 하고, 그다지 눈에 보이는 성과도 없어요.

① 갑   ② 을
③ 병   ④ 정

39 코칭은 조직의 지속적인 성장과 성공을 만들어내는 리더의 능력이라고 할 수 있다. 다음 코칭의 기본 원칙에 따라 적절하지 않은 코칭방법을 고르면?

〈코칭의 기본 원칙〉

• 관리는 만병통치약이 아니다.
• 팀원들에게 권한을 위임한다.
• 훌륭한 코치는 뛰어난 경청자이다.
• 목표를 정하는 것이 가장 중요하다.

① 리더는 업무 수행과정에서 모든 결정을 스스로 결정하여 팀원들로 하여금 안정감을 갖도록 해야 한다.
② 서로 다른 기술과 능력을 가지고 있는 팀원들에게 어떤 목표를 정해줄 것인지 확실히 판단해야 한다.
③ 문제에 좀 더 가까이 있고 직접적으로 연관되어 있는 사람들은 팀원들임을 명심해야 한다.
④ 팀원들의 창조성과 통찰력을 간과하지 말고 주의깊게 살펴야 한다.

40 다음은 배스가 리더십 변혁 과정을 설명하기 위해 제시한 '리더십 전 범위 모델'로, 리더십을 단일선상의 연속체로 설명한다. 빈칸 ㉠ ~ ㉢에 해당하는 리더십이 바르게 연결된 것은?

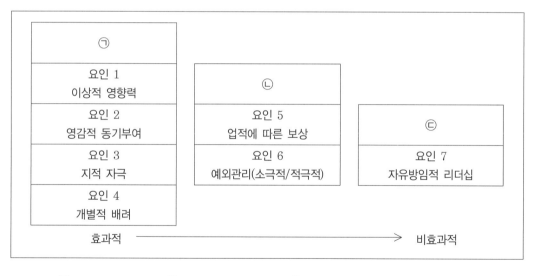

	㉠	㉡	㉢
①	변혁적 리더십	비거래적 · 비리더십	거래적 리더십
②	변혁적 리더십	거래적 리더십	비거래적 · 비리더십
③	거래적 리더십	변혁적 리더십	비거래적 · 비리더십
④	거래적 리더십	비거래적 · 비리더십	변혁적 리더십

3권

제3회
MG새마을금고
지역본부 필기전형

www.sdedu.co.kr

〈문항 수 및 시험시간〉

영역		문항 수	시험시간	모바일 OMR 답안채점 / 성적분석
NCS 직업기초능력평가	의사소통능력 수리능력 문제해결능력 조직이해능력 대인관계능력	40문항	40분	

※ 문항 수 및 시험시간은 2024년 하반기 공고문을 참고하여 구성하였습니다.

※ 시험시간이 종료되고 OMR 답안카드에 마킹하거나 시험지를 넘기는 행동은 부정행위로 간주합니다.

제3회 모의고사

문항 수 : 40문항	
시험시간 : 40분	

01 다음 글을 읽고 이해한 내용으로 가장 적절한 것은?

> 만우절의 탄생과 관련하여 많은 이야기가 있지만, 가장 많이 알려진 것은 16세기 프랑스 기원설이다. 16세기 이전부터 프랑스 사람들은 3월 25일부터 일주일 동안 축제를 벌였고, 축제의 마지막 날인 4월 1일에는 모두 함께 모여 축제를 즐겼다. 그러나 16세기 말 프랑스가 그레고리력을 받아들이면서 달력을 새롭게 개정했고, 이에 따라 이전의 3월 25일을 새해 첫날(New Year's Day)인 1월 1일로 맞추어야 했다. 결국 기존의 축제는 달력이 개정됨에 따라 사라지게 되었다. 그러나 몇몇 사람들은 이 사실을 잘 알지 못하거나 기억하지 못했다. 사람들은 그들을 가짜 파티에 초대하거나, 그들에게 조롱 섞인 선물을 하면서 놀리기 시작했다. 프랑스에서는 이렇게 놀림감이 된 사람들을 '4월의 물고기'라는 의미의 '푸아송 다브릴(Poisson d'Avril)'이라 불렀다. 갓 태어난 물고기처럼 쉽게 낚였기 때문이다. 18세기에 이르러 프랑스의 관습이 영국으로 전해지면서 영국에서는 이날을 '오래된 바보의 날(All Fool's Day*)'이라고 불렀다.
>
> *'All'은 'Old'를 뜻하는 'Auld'의 변형 형태(스코틀랜드)이다.

① 만우절은 프랑스에서 기원했다.

② 프랑스는 16세기 이전부터 그레고리력을 사용하였다.

③ 16세기 말 이전 프랑스에서는 3월 25일부터 4월 1일까지 축제가 열렸다.

④ 프랑스에서는 만우절을 '4월의 물고기'라고 불렀다.

02 다음 제시된 문장을 읽고 이어질 문단을 논리적 순서대로 바르게 나열한 것은?

> 청화백자란 초벌구이한 백자에 코발트 안료를 사용하여 장식한 후 백자 유약을 시유(施釉)하여 구운 그릇을 말한다.

(가) 원대에 제작된 청화백자는 잘 정제되고 투명한 색상을 보이며, 이슬람의 문양과 기형을 중국의 기술과 전통적인 도자(陶瓷) 양식에 결합시킨 전 세계인의 애호품이자 세계적인 무역품이었다. 이러한 청화백자는 이전까지 유행하던 백자 바탕에 청자 유약을 입혀 청백색을 낸 청백자를 밀어내고 중국 최고의 백자로 자리매김하였다.

(나) 조선시대 청화백자의 특징은 문양의 주제와 구도, 필치(筆致) 등에서 찾을 수 있다. 조선시대 청화백자는 19세기 이전까지 대부분 조선 최고의 도화서 화원들이 그림을 담당한 탓에 중국이나 일본과 비교할 때 높은 회화성을 유지할 수 있었다. 또한 여백을 중시한 구도와 농담(濃淡) 표현이 자연스러운 놀라운 필치 그리고 여러 상징 의미를 재현한 문양 주제들도 볼 수 있었다. 청화백자에 사용된 문양들은 단지 장식적인 효과를 고려하여 삽입된 것도 있지만 대부분은 그 상징 의미를 고려한 경우가 많았다.

(다) 청화백자가 우리나라에서 제작된 것은 조선시대부터였다. 전세계적인 도자(陶瓷) 상품인 청화백자에 대한 정보와 실제 작품이 유입되자, 그 소유와 제작의 열망이 점차 커지게 되었고, 이후 제작에도 성공하게 되었다. 청화백자의 유입 시기는 세종과 세조 연간에 집중되었으며, 본격적으로 코발트 안료를 찾기 위한 탐색을 시작하였고, 그 이후 수입된 청화 안료로 도자(陶瓷) 장인과 화원들의 손을 거쳐 결국 조선에서도 청화백자 제작이 이루어지게 되었다.

(라) 청화백자의 기원은 멀리 9세기 중동의 이란 지역에서 비롯되는데, 이때는 자기(瓷器)가 아닌 굽는 온도가 낮은 하얀 도기(陶器) 위에 코발트를 사용하여 채색을 시도하였다. 이러한 시도가 백자 위에 결실을 맺은 것은 14세기 원대에 들어서의 일이다. 이전 당·송대에도 여러 차례 시도는 있었지만 오늘날과 같은 1,250도 이상 높은 온도의 백자가 아닌 1,000도 이하의 낮은 온도의 채색 도기여서 일반적으로 이야기하는 청화백자로 보기에는 부족함이 많았다.

① (다) – (나) – (라) – (가)
② (다) – (라) – (가) – (나)
③ (라) – (가) – (다) – (나)
④ (라) – (다) – (가) – (나)

03 다음 글에 대한 반론으로 가장 적절한 것은?

세계경제포럼의 일자리 미래 보고서는 기술이 발전함에 따라 향후 5년간 500만 개 이상의 일자리가 사라질 것으로 경고했다. 실업률이 증가하면 사회적으로 경제적 취약 계층인 저소득층도 늘어나게 되는데, 지금까지는 '최저소득보장제'가 저소득층을 보호하는 역할을 담당해 왔다.

최저소득보장제는 경제적 취약 계층에게 일정 생계비를 보장해 주는 제도로 이를 실시할 경우 국가는 가구별 총소득에 따라 지원 가구를 선정하고 동일한 최저생계비를 보장해 준다. 가령 최저생계비를 80만 원까지 보장해 주는 국가라면, 총소득이 50만 원인 가구는 국가로부터 30만 원을 지원받아 80만 원을 보장받는 것이다. 국가에서는 이러한 최저생계비의 재원을 마련하기 위해 일정 소득을 넘어선 어느 지점부터 총소득에 대한 세금을 부과하게 된다. 이때 세금이 부과되는 기준 소득을 '면세점'이라고 하는데, 총소득이 면세점을 넘는 경우 총소득 전체에 대해 세금이 부과되어 순소득이 총소득보다 줄어들게 된다.

① 저소득층은 실업률과 양의 상관관계를 보인다.
② 저소득층은 최저소득보장제를 통해 생계유지가 가능하다.
③ 소득이 면세점을 넘게 되면 세금으로 인해 순소득이 기존의 소득보다 줄어들 수 있다.
④ 국가에서 최저생계비를 보장할 경우 저소득층은 소득을 올리는 것보다 최저생계비를 보장받는 것이 더 유리하다고 판단할 수 있다.

04 다음 글의 주제로 가장 적절한 것은?

1920년대 세계 대공황의 발생으로 애덤 스미스 중심의 고전학파 경제학자들의 '보이지 않는 손'에 대한 신뢰가 무너지게 되자 경제를 보는 새로운 시각이 요구되었다. 당시 고전학파 경제학자들은 국가의 개입을 철저히 배제하고 '공급이 수요를 창출한다.'는 세이의 법칙을 믿고 있었다. 그러나 이러한 믿음으로는 세계 대공황을 설명할 수 없었다. 이때 새롭게 등장한 것이 케인스의 '유효수요이론'이다. 유효수요이론이란 공급이 수요를 창출하는 것이 아니라, 유효수요, 즉 물건을 살 수 있는 확실한 구매력이 뒷받침되는 수요가 공급 및 고용을 결정한다는 이론이다. 케인스는 세계 대공황의 원인이 이 유효수요의 부족에 있다고 보았다. 유효수요가 부족해지면 기업은 생산량을 줄이고, 이것은 노동자의 감원으로 이어지며 구매력을 감소시켜 경제의 악순환을 발생시킨다는 것이다. 케인스는 불황을 해결하기 위해서는 가계와 기업이 소비 및 투자를 충분히 해야 한다고 주장했다. 그는 소비가 없는 생산은 공급 과다 및 실업을 일으키며 궁극적으로는 경기 침체와 공황을 가져온다고 하였다. 절약은 분명 권장되어야 할 미덕이지만 소비가 위축되어 경기 침체와 공황을 불러올 경우, 절약은 오히려 악덕이 될 수도 있다는 것이다.

① 고전학파 경제학자들이 주장한 '보이지 않는 손'
② 세계 대공황의 원인과 해결책
③ '유효수요이론'의 영향
④ '유효수요이론'의 정의

05 다음 글의 뒤에 이어질 결론으로 가장 적절한 것은?

우리는 인권이 신장되고 있는 다른 한편에서 세계 인구의 1/4이 절대 빈곤 속에서 고통받고 있다는 사실을 잊어서는 안 됩니다. 빈곤은 인간 존엄과 인권 신장을 저해하며, 그 속에서는 독재와 분쟁의 싹이 쉽게 자라날 수 있습니다. 따라서 빈곤 퇴치는 인권 신장을 위한 UN의 핵심적인 목표가 되어야 할 것입니다.

인권 신장은 시민 사회의 압력과 후원에 힘입은 바가 큽니다. 각국 정부와 UN이 NGO, 연구 기관 및 여론 단체들과의 긴밀한 협력을 추구하는 21세기에는 더욱 그러할 것입니다. 다음 달에는 NGO 세계 대회가 개최됩니다. 이 대회가 21세기에 있어 NGO의 역량을 개발하고 UN과 시민사회의 협조를 더욱 긴밀히 하는 계기가 되기를 바랍니다.

끝으로 동티모르 사태에 대해 말씀드리고자 합니다. 우리 정부는 동티모르의 장래를 주민들 스스로가 결정하도록 한 인도네시아 정부의 조치를 높이 평가합니다. 우리는 동티모르의 평화가 조속히 회복되고, 인도네시아 정부 및 UN의 일치된 노력으로 주민들의 독립 의지가 완전히 실현되기를 희망합니다.

① 동북아 지역은 4강의 이해가 교차하는 곳으로서 경제적 역동성이 넘쳐흐르는 동시에 세계 평화와 안정에 중요한 요충지입니다.

② 우리 정부와 국민을 대표하여 UN이 세계 평화와 번영을 위한 고귀한 사명을 수행하는 데 아낌없는 지지를 약속하는 바입니다.

③ 21세기를 세계 평화와 안정, 모든 인류의 복지와 번영의 세기로 만들기 위하여 선결 과제를 정하고 이를 해결하는 방안을 모색해 나가야 할 것입니다.

④ 세계화 경제하에서의 위기는 어느 한 나라만의 문제가 아니며, 개별 국가의 노력만으로 그러한 위기를 예방하거나 극복하는 것은 어렵다고 생각합니다.

※ 다음 글을 읽고 이어지는 질문에 답하시오. [6~7]

'인문적'이라는 말은 '인간다운(humane)'이라는 뜻으로 해석할 수 있는데, 유교 문화는 이런 관점에서 인문적이다. 유교의 핵심적 본질은 '인간다운' 삶의 탐구이며, 인간을 인간답게 만드는 덕목을 제시하는 데 있다. '인간다운 것'은 인간을 다른 모든 동물과 차별할 수 있는, 오직 인간에게서만 발견할 수 있는 이상적 본질과 속성을 말한다.

이러한 의도와 노력은 서양에서도 있었다. 그러나 그 본질과 속성을 규정하는 동서의 관점은 다르다. 그 속성은 그리스적 서양에서는 '이성(理性)'으로, 유교적 동양에서는 '인(仁)'으로 각기 달리 규정된다. 이성이 지적 속성인 데 비해서 인은 도덕적 속성이다. 인은 인간으로서 지녀야 할 가장 중요한 덕목이며 근본적 가치이다.

'인(仁)'이라는 말은 다양하게 정의되며, 그런 정의에 대한 여러 논의가 있을 수 있기는 하다. 하지만 '인(仁)'의 핵심적 의미는 어쩌면 놀랄 만큼 단순하고 명료하다. 그것은 '사람다운 심성'을 가리키고, 사람다운 심성이란 '남을 측은히 여기고 그의 인격을 존중하여 자신의 욕망과 충동을 자연스럽게 억제하는 착한 마음씨'이다. 이때 '남'은 인간만이 아닌 자연의 모든 생명체로 확대된다. 그러므로 '인'이라는 심성은 곧 "낚시질은 하되 그물질은 안 하고, 주살을 쏘되 잠든 새는 잡지 않는다[釣而不網, 弋不射宿]."에서 그 분명한 예를 찾을 수 있다.

유교 문화가 이런 뜻에서 '인문적'이라는 것은 유교 문화가 가치관의 측면에서 외형적이고 물질적이기에 앞서 내면적이고 정신적이며, 태도의 시각에서 자연 정복적이 아니라 자연 친화적인, 윤리적인 시각에서 인간 중심적이 아니라 생태 중심적인 것임을 말해준다.

여기서 질문이 나올 수 있다. 근대화 이전이라면 어떨지 몰라도 현재의 동양 문화를 위와 같은 뜻에서 정말 '인문적'이라 할 수 있는가?

나의 대답은 부정적이다. 적어도 지난 한 세기 동양의 역사는 스스로 선택한 서양화(西洋化)라는 혼란스러운 격동의 역사였다. 서양화는 그리스적 철학, 기독교적 종교, 근대 민주주의적 정치이념 등으로 나타난 이질적 서양 문화, 특히 너무나 경이로운 근대 과학 기술 문명의 도입과 소화를 의미했다. 이러한 서양화가 전통 문화, 즉 자신의 정체성의 포기 내지는 변모를 뜻하는 만큼, 심리적으로 고통스러운 것이었음에도 불구하고, 동양은 서양화가 '발전적·진보적'이라는 것을 의심하지 않았다. 모든 것이 급속히 세계화되어가고 있는 오늘의 동양은 문명과 문화의 면에서 많은 점이 서양과 구별될 수 없을 만큼 서양화되었다. 어느 점에서 오늘의 동양은 서양보다도 더 물질적 가치에 빠져 있으며, 경제적·기술적 문제에 관심을 쏟고 있다.

하지만 그런 가운데에서도 동양인의 감성과 사고의 가장 심층에 깔려 있는 것은 역시 동양적·유교적, 즉 '인문적'이라고 볼 수 있다. 그만큼 유교는 동양 문화가 한 세기는 물론 몇 세기 그리고 밀레니엄의 거센 비바람으로 변모를 하면서도, 근본적으로 바뀌지 않고 쉽게 흔들리지 않을 만큼 깊고 넓게 그 뿌리를 박고 있는 토양이다. 지난 한 세기 이상 '근대화', '발전'이라는 이름으로 서양의 과학 문화를 어느 정도 성공적으로 추진해 온 동양이 그런 서양화에 어딘가 불편과 갈등을 느끼는 중요한 이유의 하나는 바로 이러한 사실에서 찾을 수 있다.

06 윗글을 읽고 이해한 내용으로 적절하지 않은 것은?

① 동양 문화는 서양화를 통해 성공적으로 발전했다.

② 유교 문화는 내면적이고 정신적이며 자연친화적이다.

③ 유교는 동양인의 감성과 사고의 밑바탕에 깔려 있다.

④ '인'은 사람다운 심성으로, 그 대상이 모든 생명체로 확대된다.

07 윗글의 서술 방법으로 적절한 것을 〈보기〉에서 모두 고르면?

〈보기〉

ㄱ. 개념을 밝혀 논점을 드러낸다.

ㄴ. 주장을 유사한 이론들과 비교한다.

ㄷ. 문제점을 지적한 후 견해를 제시한다.

ㄹ. 여러 각도에서 문제를 분석하여 논지를 강화한다.

① ㄱ, ㄴ 　　　　　　　　② ㄱ, ㄷ

③ ㄴ, ㄷ 　　　　　　　　④ ㄴ, ㄹ

08 다음 글을 읽고 추론한 내용으로 가장 적절한 것은?

> 세계대전이 끝난 후 미국의 비행기 산업이 급속도로 성장하기 시작하자 영국과 프랑스 정부는 미국을 견제하기 위해 초음속 여객기인 콩코드를 함께 개발하기로 결정했다. 양국의 지원을 받으며 탄생한 콩코드는 일반 비행기보다 2배 빠른 마하 2의 속도로 비행하면서 평균 8시간 걸리는 파리 ~ 뉴욕 구간을 3시간대에 주파할 수 있게 되었다. 그러나 콩코드의 낮은 수익성이 문제가 되었다. 콩코드는 일반 비행기에 비해 많은 연료가 필요했고, 몸체가 좁고 길어 좌석 수도 적었다. 일반 비행기에 300명 정도를 태울 수 있었다면 콩코드는 100명 정도만 태울 수 있었다. 연료 소비량은 많은데 태울 수 있는 승객 수는 적으니 당연히 항공권 가격은 비싸질 수밖에 없었다. 좁은 좌석임에도 불구하고 가격은 일반 항공편의 퍼스트클래스보다 3배 이상 비쌌고 이코노미석 가격의 15배에 달했다. 게다가 2000년 7월 파리발 뉴욕행 콩코드가 폭발하여 100명의 승객과 9명의 승무원 전원이 사망하면서 큰 위기가 찾아왔다. 수많은 고위층과 부자들이 한날한시에 유명을 달리함으로써 세계 언론의 관심이 쏠렸고 콩코드의 안정성에 대한 부정적인 시각이 팽창했다. 이후 어렵게 운항을 재개했지만, 승객 수는 좀처럼 늘지 않았다. 결국 유지비를 감당하지 못한 영국과 프랑스의 항공사는 27년 만에 운항을 중단하게 되었다.

① 콩코드의 탑승객 수가 늘어날수록 많은 연료가 필요했겠군.
② 콩코드는 주로 돈이 많은 고위층이나 시간이 부족한 부유층이 이용했겠군.
③ 영국과 프랑스는 전쟁에서 사용하기 위해 초음속 여객기 콩코드를 개발했군.
④ 일반 비행기가 파리 ~ 뉴욕 구간을 1번 왕복하는 동안 콩코드는 최대 4번 왕복할 수 있겠군.

09 다음 문장을 논리적 순서대로 바르게 나열한 것은?

> (가) 그렇기 때문에 사람들은 자신의 투자 성향에 따라 각기 다른 금융 상품을 선호한다.
> (나) 그중 주식은 예금에 비해 큰 수익을 얻을 수 있지만 손실의 가능성이 크고, 예금은 상대적으로 적은 수익을 얻지만 손실의 가능성이 적다.
> (다) 그렇다면 금융 회사가 고객들의 투자 성향을 판단하는 기준은 무엇일까?
> (라) 금융 상품에는 주식, 예금, 채권 등 다양한 유형의 투자 상품이 있다.
> (마) 금융 회사는 이러한 고객의 성향을 고려하여 고객에게 최적의 투자 상품을 추천한다.
> (바) 금융 회사는 투자의 기대 효용에 대한 고객들의 태도 차이를 기준으로 고객들을 위험 추구형, 위험 회피형 등으로 분류한다.

① (라) – (나) – (가) – (마) – (다) – (바)
② (라) – (나) – (다) – (바) – (가) – (마)
③ (바) – (마) – (가) – (다) – (라) – (나)
④ (바) – (마) – (다) – (가) – (라) – (나)

10 다음 중 옵트인 방식을 도입하자는 주장에 대한 근거로 사용하기에 적절하지 않은 것은?

> 스팸 메일 규제와 관련한 논의는 스팸 메일 발송자의 표현의 자유와 수신자의 인격권 중 어느 것을 우위에 둘 것인가를 중심으로 전개되어 왔다. 스팸 메일의 규제 방식은 옵트인(Opt-in) 방식과 옵트아웃(Opt-out) 방식으로 구분된다. 전자는 광고성 메일을 금지하지는 않되 수신자의 동의를 받아야만 발송할 수 있게 하는 방식으로, 영국 등 EU 국가들에서 시행하고 있다. 그러나 이 방식은 수신 동의 과정에서 발송자와 수신자 양자에게 모두 비용이 발생하며, 시행 이후에도 스팸 메일이 줄지 않았다는 조사 결과도 나오고 있어 규제 효과가 크지 않을 수 있다.
>
> 반면 옵트아웃 방식은 일단 스팸 메일을 발송할 수 있게 하되 수신자가 이를 거부하면 이후에는 메일을 재발송할 수 없도록 하는 방식으로, 미국에서 시행되고 있다. 그런데 이러한 방식은 스팸 메일과 일반적 광고 메일의 선별이 어렵고, 수신자가 수신 거부를 하는 데 따르는 불편과 비용을 초래하며 불법적으로 재발송되는 메일을 통제하기 힘들다. 또한 육체적·정신적으로 취약한 청소년들이 스팸 메일에 무차별적으로 노출되어 피해를 입을 수 있다.

① 옵트아웃 방식을 사용한다면 수신자가 수신 거부를 하는 것이 더 불편해질 것이다.
② 옵트인 방식은 수신에 동의하는 데 따르는 수신자의 경제적 손실을 막을 수 있다.
③ 옵트아웃 방식을 사용한다면 재발송 방지가 효과적으로 이루어지지 않을 것이다.
④ 옵트인 방식은 수신자 인격권 보호에 효과적이다.

가격의 변화가 인간의 주관성에 좌우되지 않고 객관적인 근거를 갖는다는 가설이 정통 경제 이론의 핵심이다. 이러한 정통 경제 이론의 입장에서 증권시장을 설명하는 기본 모델은 주가가 기업의 내재적 가치를 반영한다는 가설로부터 출발한다. 기본 모델에서는 기업이 존재하는 동안 이익을 창출할 수 있는 역량, 즉 기업의 내재적 가치를 자본의 가격으로 본다. 기업가는 이 내재적 가치를 보고 투자를 결정한다. 그런데 투자를 통해 거두어들일 수 있는 총 이익, 즉 기본 가치를 측정하는 일은 매우 어렵다. 따라서 이익의 크기를 예측할 때 신뢰할 만한 계산과 정확한 판단이 중요하다.

증권시장은 바로 이 기본 가치에 대해 믿을 만한 예측을 제시할 수 있기 때문에 사회적 유용성을 갖는다. 증권시장은 주가를 통해 경제계에 필요한 정보를 제공하며 자본의 효율적인 배분을 가능하게 한다. 즉, 투자를 유익한 방향으로 유도해 자본이라는 소중한 자원을 낭비하지 않도록 만들어 경제 전체의 효율성까지 높여 준다. 이런 측면에서 볼 때 증권시장은 실물경제의 충실한 반영일 뿐 어떤 자율성도 갖지 않는다.

이러한 기본 모델의 관점은 대단히 논리적이지만 증권시장을 효율적으로 운영하는 방법에 대한 적절한 분석까지 제공하지는 못한다. 증권시장에서 주식의 가격과 그 기업의 기본 가치가 현격하게 차이가 나는 '투기적 거품 현상'이 발생하는 것을 볼 수 있는데, 이러한 현상은 기본 모델로는 설명할 수 없다. 실제로 증권시장에 종사하는 관계자들은 기본 모델이 이러한 가격 변화를 설명해 주지 못하기 때문에 무엇보다 증권시장 자체에 관심을 기울이고 증권시장을 절대적인 기준으로 삼는다.

여기에서 우리는 자기참조 모델을 생각해 볼 수 있다. 자기참조 모델의 중심 내용은 '사람들은 기업의 미래 가치를 읽을 목적으로 실물경제보다 증권시장에 주목하며 증권시장의 여론 변화를 예측하는 데 초점을 맞춘다.'는 것이다. 기본 모델에서 가격은 증권시장 밖의 객관적인 기준인 기본 가치를 근거로 하여 결정되지만, 자기참조 모델에서 가격은 증권시장에 참여한 사람들의 여론에 의해 결정된다. 따라서 투자자들은 증권시장 밖의 객관적인 기준을 분석하기보다는 다른 사람들의 생각을 꿰뚫어 보려고 안간힘을 다할 뿐이다. 기본 가치를 분석했을 때는 주가가 상승할 객관적인 근거가 없어도 투자자들은 증권시장의 여론에 따라 주식을 사는 것이 합리적이라고 생각한다. 이러한 이상한 합리성을 '모방'이라고 한다. 이런 모방 때문에 주가가 변덕스러운 등락을 보이기 쉽다.

그런데 하나의 의견이 투자자 전체의 관심을 꾸준히 끌 수 있는 기준적 해석으로 부각되면 이 '모방'도 안정을 유지할 수 있다. 모방을 통해서 합리적이라고 인정되는 다수의 비전인 '묵계'가 제시되어 객관적 기준의 결여라는 단점을 극복한다.

따라서 사람들은 묵계를 통해 미래를 예측하고, 증권시장은 이러한 묵계를 조성하고 유지해 가면서 단순한 실물경제의 반영이 아닌 경제를 자율적으로 평가할 힘을 가질 수 있다.

11 다음 중 윗글의 내용으로 적절하지 않은 것은?

① 증권시장은 객관적인 기준이 인간의 주관성보다 합리적임을 입증한다.

② 정통 경제 이론에서는 가격의 변화가 객관적인 근거를 갖는다고 본다.

③ 기본 모델의 관점은 주가가 자본의 효율적인 배분을 가능하게 한다고 본다.

④ 증권시장의 여론을 모방하려는 경향으로 인해 주가가 변덕스러운 등락을 보이기도 한다.

12 윗글을 바탕으로 할 때, 다음 중 빈칸에 들어갈 내용으로 가장 적절한 것은?

> 자기참조 모델에 따르면 증권시장은 _____

① 합리성과 효율성이라는 경제의 원리가 구현되는 공간이다.

② 기본 가치에 대해 객관적인 평가를 제공하는 금융시장이다.

③ 객관적인 미래 예측 정보를 적극적으로 활용하는 금융시장이다.

④ 투자자들이 묵계를 통해 자본의 가격을 산출해 내는 제도적 장치이다.

13 지영이는 이달 초 250만 원짜리 카메라를 샀다. 10만 원을 먼저 내고 나머지 금액은 이달 말부터 일정한 금액으로 6개월에 걸쳐 갚기로 했을 때, 매달 갚아야 하는 금액은?(단, $1.01^6 = 1.06$, 월이율은 1%, 1개월마다 복리로 계산한다)

① 318,000원   ② 400,000원

③ 416,000원   ④ 424,000원

14 출입국관리사무소에서는 우리나라에 입국한 외국인을 조사하고 있다. 당일 조사한 결과 외국인 100명 중 중국인은 30%였고, 관광을 목적으로 온 외국인은 20%였다. 중국인을 제외한 외국인 중 관광을 목적으로 온 사람은 20%였다. 임의로 중국인 1명을 조사할 때 관광을 목적으로 온 사람일 확률은?

① $\dfrac{1}{2}$ ② $\dfrac{1}{3}$

③ $\dfrac{1}{4}$ ④ $\dfrac{1}{5}$

15 A ~ G 7개 팀이 토너먼트로 시합을 하려고 한다. 한 팀만 부전승으로 올라가 경기를 진행한다고 할 때, 대진표를 작성하는 경우의 수는?

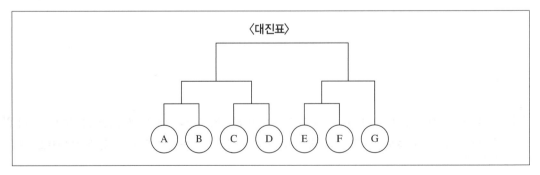

〈대진표〉

A B C D E F G

① 300가지   ② 315가지

③ 340가지   ④ 380가지

16 다음은 카페 방문자를 대상으로 카페에서의 개인컵 사용률을 조사한 자료이다. 이에 대한 설명으로 옳은 것은?

〈카페에서 개인컵 사용률 조사 결과〉

구분		조사대상자 수	개인컵 사용률
성별	남성	11,000명	10%
	여성	9,000명	22%
연령대별	20대 미만	4,200명	17%
	20대	5,800명	29%
	30대	6,400명	26%
	40대	3,600명	24%
지역별	수도권	11,500명	37%
	수도권 외	8,500명	23%

※ 항목별 조사대상자 수는 20,000명으로 동일하며, 조사대상자는 각기 다름

① 조사대상자 중 20·30대는 65% 이상이다.
② 조사대상자 중 개인컵 사용자 수는 남성이 여성의 1.8배이다.
③ 개인컵 사용률이 가장 높은 연령대는 조사대상자 중 개인컵 사용자 수도 가장 많다.
④ 40대 조사대상자에서 개인컵 사용자 수 중 288명이 남성이라면, 여성의 수는 남성의 2.5배이다.

17 다음은 2024년 9 ~ 12월의 원/100엔 환율 변동에 대한 자료이다. 이에 대한 설명으로 옳지 않은 것은?

① 원/100엔 환율이 가장 큰 달은 2024년 12월이다.
② 원/100엔 환율이 가장 작은 달은 2024년 11월이다.
③ 원/100엔 환율이 가장 큰 폭으로 증가한 시기는 2024년 9월과 2024년 10월 사이이다.
④ 원/100엔 환율이 가장 큰 폭으로 감소한 시기는 2024년 10월과 2024년 11월 사이이다.

18 다음은 2024년 우리나라의 LPCD(Liter Per Capita Day)에 대한 자료이다. 1인 1일 사용량에서 영업용 사용량이 차지하는 비중과 1인 1일 가정용 사용량의 하위 두 항목이 차지하는 비중을 순서대로 나열한 것은?(단, 소수점 셋째 자리에서 반올림한다)

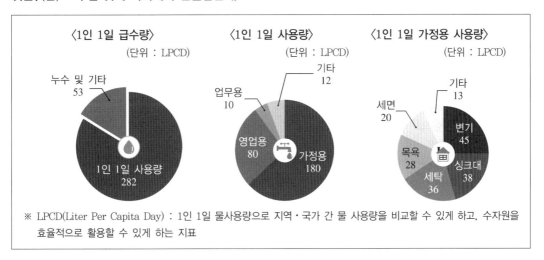

① 27.57%, 16.25%
② 27.57%, 19.24%
③ 28.37%, 18.33%
④ 28.37%, 19.24%

19 M사는 최근 미세먼지와 황사로 인해 실내 공기질이 많이 안 좋아졌다는 건의가 들어와 내부 검토 후 예산 400만 원으로 공기청정기 40대를 구매하기로 하였다. 다음 두 업체 중 어느 곳에서 공기청정기를 구매하는 것이 유리하며 얼마나 더 저렴한가?

<공기청정기 판매 정보>

업체	할인 정보	가격
S전자	• 8대 구매 시, 2대 무료 증정 • 구매 금액 100만 원당 2만 원 할인	8만 원/대
B마트	• 20대 이상 구매 : 2% 할인 • 30대 이상 구매 : 5% 할인 • 40대 이상 구매 : 7% 할인 • 50대 이상 구매 : 10% 할인	9만 원/대
※ 1,000원 단위 이하는 절사함		

① S전자, 82만 원
② S전자, 148만 원
③ B마트, 12만 원
④ B마트, 20만 원

20 다음은 국내 금융기관에 대한 SWOT 분석 자료이다. 이를 바탕으로 SWOT 전략을 세운다고 할 때, 분석 결과에 대응하는 전략과 그 내용이 바르게 연결된 것을 〈보기〉에서 모두 고르면?

국내 대부분의 예금과 대출을 국내 은행이 차지하고 있을 정도로 국내 금융기관에 대한 우리나라 국민들의 충성도는 높은 편이다. 또한 국내 금융기관은 철저한 신용 리스크 관리로 해외 금융기관과 비교해 자산건전성 지표가 매우 우수한 편이다. 시장 리스크 관리도 해외 선진 금융기관 수준에 도달한 것으로 평가받는다. 국내 금융기관은 외환위기와 글로벌 금융위기 등을 거치며 꾸준히 자산건전성을 강화해왔기 때문이다.

그러나 은행과 이자 이익에 수익이 편중돼 있다는 점은 국내 금융기관의 가장 큰 약점이 된다. 대부분 예금과 대출 거래 중심의 영업구조로 되어 있기 때문이다. 취약한 해외 비즈니스도 문제로 들 수 있다. 최근 동남아 시장을 중심으로 해외 진출에 박차를 가하고 있지만, 아직 눈에 띄는 성과가 많지 않은 상황이다.

많은 어려움에도 불구하고 국내 금융기관의 발전 가능성은 아직 무궁무진하다. 우선 해외 시장으로 눈을 돌리면 다양한 기회가 열려있다. 전 세계 신용·단기 자금 확대, 글로벌 무역 회복세로 국내 금융기관의 해외 진출 여건은 양호한 편이다. 따라서 해외 시장 개척을 통해 어떻게 신규 수익원을 확보하느냐가 성장의 새로운 기회로 작용할 전망이다. IT 기술 발달에 따른 핀테크의 등장도 새로운 기회가 될 수 있다. 국내의 발달된 인터넷과 모바일뱅킹 서비스, IT 인프라를 활용한 새로운 수익 창출 가능성이 열려 있는 것이다.

역설적으로 핀테크의 등장은 오히려 국내 금융기관의 발목을 잡을 수 있다. 블록체인 기술에 기반한 암호화 폐, 간편결제와 송금, 로보어드바이저, 인터넷 은행, P2P 대출 등 다양한 핀테크 분야의 새로운 서비스들이 기존 금융 서비스의 대체재로서 출현하고 있기 때문이다. 금융시장 개방에 따른 글로벌 금융기관과의 경쟁 심화도 넘어야 할 산이다. 특히 중국 은행을 비롯한 중국 금융이 급성장하고 있어 이에 대한 대비책 마련이 시급하다.

〈보기〉

ㄱ. SO전략 : 높은 국내 시장점유율을 기반으로 국내 핀테크 사업에 진출한다.
ㄴ. WO전략 : 위기관리 역량을 강화하여 해외 금융시장에 진출한다.
ㄷ. ST전략 : 해외 금융기관과 비교해 우수한 자산건전성을 강조하여 글로벌 금융기관과의 경쟁에서 우위를 차지한다.
ㄹ. WT전략 : 해외 비즈니스 역량을 강화하여 해외 금융시장에 진출한다.

① ㄱ, ㄴ
② ㄱ, ㄷ
③ ㄴ, ㄷ
④ ㄷ, ㄹ

21 갑 ~ 기 6명은 올해 M사에 입사한 신입 직원이다. 신입 직원들에 대한 정보와 이들이 배치될 부서에 대한 정보가 다음과 같을 때, 신입 직원과 배치될 부서가 바르게 연결되지 않은 것은?

- 각 신입 직원은 서로 다른 부서에 배치되며, 배치되지 않는 신입 직원은 없다.
- 각 신입 직원은 각자의 정보가 부서별 요구사항을 충족하는 부서에만 배치된다.
- 각 신입 직원에 대한 정보는 다음과 같다.

구분	전공	학위	인턴 경험	업무역량		
				데이터분석	재무분석	제2외국어
갑	경영	학사	1	×	×	○
을	인문	석사	–	○	×	×
병	공학	학사	1	×	○	×
정	사회	학사	2	×	○	○
무	공학	학사	–	○	×	×
기	경영	박사	–	×	○	×

- 부서별 신입직원 요구사항은 다음과 같다.

구분	요구사항
총무부	경영 전공자, 인턴 경험 보유
투자전략부	재무분석 가능, 석사 이상
인사부	인턴 등 조직 경험 1회 이상
대외협력부	제2외국어 가능자
품질관리부	석사 이상, 데이터분석 역량 보유
기술개발부	데이터분석 가능자

	부서	신입 직원
①	투자전략부	기
②	대외협력부	갑
③	품질관리부	을
④	기술개발부	무

22 다음은 고객 A와 B에 대한 정보이다. 이를 고려하여 추천할 최적의 보험이 바르게 연결된 것은?

〈고객 정보〉

- A는 만 62세로, 2년 전 당뇨 진단을 받은 이력이 있다. 암 보장형 상품을 가장 선호하며, 납입주기가 월납인 보험을 가입하고자 한다. 세제혜택 가능 여부에 대하여는 관심이 없으나 납입한 보험료를 전액 돌려받을 수 있는 상품 가입을 선호하며, 보험료 인상이 되도록 없는 상품에 가입하고자 한다.
- B는 만 48세로, 현재까지 특별한 병력은 없으나 평소 건강에 대한 염려로 인해 건강검진을 자주 받고자 한다. 보험상품이 필요한 기간만 가입하는 것을 선호하고, 정기적인 보험료 납입보다 단발성 납입을 선호한다.

〈보험상품 정보〉

구분	(가)보험	(나)보험	(다)보험
상품특징	• 보험료 인상 없이 주요 질환 110세까지 보장 • 기납입 보험료 최대 80% 환급	• 보장기간 100세까지 보험료 인상 없이 보장 • 유병자 / 고령자도 가입 가능 (간편가입형) • 납입한 보험료 100% 환급	• 건강검진에서 자주 발견되는 종양, 폴립 즉시 보장 • 간경변증, 당뇨 진단과 성인특정 질환 수술급여금 보장
납입주기	• 월납, 연납, 일시납	• 월납	• 일시납
가입나이	• 만 15세 ~ 최고 65세	• (일반가입) 만 15 ~ 60세 • (간편가입) 만 40 ~ 70세	• 만 20 ~ 60세
보험기간	• 80세 만기, 110세 만기	• 100세	• 1년, 3년
가입한도	–	–	• 100만 원
가입형태	• 암보장형, 3대 질병 보장형	• 암보장형, 3대 질병 보장형	• 단일플랜
세제혜택	• 보장성보험 세액공제 적용 가능	–	–

	A	B
①	(가)보험	(나)보험
②	(가)보험	(다)보험
③	(나)보험	(가)보험
④	(나)보험	(다)보험

23 김대리는 회사의 새로운 사무실을 임대계약하기 위해 K지역의 지리를 파악하고 있다. 〈조건〉에 따라 건물이 배치되어 있을 때, 다음 중 학교와 병원의 위치가 바르게 연결된 것은?

〈K지역 지도〉

7번 도로		
대형마트	E	주차장

12번 도로

미술관	A	교회
공터	카페	B

13번 도로

9번 도로

7번 도로	
공터	D

12번 도로

C	영화관
식료품점	공터

13번 도로

※ 건물들의 면적 및 도로들의 폭은 각각 동일하다고 가정함

〈조건〉

- 두 건물의 사이에 도로나 다른 건물이 없을 때, '두 건물이 이웃한다'라고 표현한다. 도로와 건물 간의 이웃 여부도 동일한 기준에 따라 표현한다.
- A ~ E는 각각 학교, 놀이터, 병원, 학원, 공원 중 서로 다른 하나에 해당한다.
- 학교는 병원보다 주차장으로부터의 직선거리가 더 가까운 곳에 있다.
- 학원은 공터와 이웃하고 있다.
- 13번 도로와 이웃하고 있는 곳은 공원뿐이다.
- 놀이터와 학원은 모두 동일한 두 개의 도로에 이웃하고 있다.

	학교	병원
①	A	C
②	A	E
③	B	C
④	B	D

24 올해 리모델링하는 M호텔에서 근무하는 K실장은 호텔 비품 구매를 담당하게 되었다. 제조사별 소파 특징을 알아본 K실장은 이탈리아제의 천, 쿠션재에 패더를 사용한 소파를 구매하기로 했다. 쿠션재는 패더와 우레탄뿐이며 이 소파는 침대 겸용은 아니지만 리클라이닝이 가능하고 '조립'이라고 표시되어 있었으며, 커버는 교환할 수 없다. K실장이 구매하려는 소파의 제조사는?

<제조사별 소파 특징>

구분	특징
A사	• 쿠션재에 스프링을 사용하지 않는 경우에는 이탈리아제의 천을 사용하지 않는다. • 국내산 천을 사용하는 경우에는 커버를 교환 가능하게 하지 않는다.
B사	• 쿠션재에 우레탄을 사용하는 경우에는 국내산 천을 사용한다. • 리클라이닝이 가능하지 않으면 이탈리아제 천을 사용하지 않는다.
C사	• 쿠션재에 패더를 사용하지 않는 경우에는 국내산 천을 사용한다. • 침대 겸용 소파의 경우에는 쿠션재에 패더를 사용하지 않는다.
D사	• 쿠션재에 패더를 사용하는 경우에는 이탈리아제의 천을 사용한다. • 조립이라고 표시된 소파의 경우에는 쿠션재에 우레탄을 사용한다.

① A사 또는 B사   ② A사 또는 C사

③ B사 또는 C사   ④ B사 또는 D사

25 국제영화제 행사에 참석한 H는 A ~ F 6개의 영화를 다음 <조건>에 맞춰 5월 1일부터 5월 6일까지 하루에 한 편씩 보려고 한다. 다음 중 항상 옳은 것은?

―〈조건〉―
• F영화는 3일과 4일 중 하루만 상영된다.
• D영화는 C영화가 상영된 날 이틀 후에 상영된다.
• B영화는 C, D영화보다 먼저 상영된다.
• 첫째 날 B영화를 본다면, 5일에 반드시 A영화를 본다.

① A영화는 C영화보다 먼저 상영될 수 없다.

② C영화는 E영화보다 먼저 상영된다.

③ D영화는 5일이나 폐막작으로 상영될 수 없다.

④ B영화는 1일 또는 2일에 상영된다.

26 A ~ C 세 분야에서 연구 중인 8명의 연구원은 2개의 팀으로 나누어 프로젝트를 진행하려고 한다. 다음 〈조건〉에 따라 팀을 구성한다고 할 때, 항상 옳은 것은?

〈조건〉

- 분야별 인원 구성
  - A분야 : a(남자), b(남자), c(여자)
  - B분야 : 가(남자), 나(여자)
  - C분야 : 갑(남자), 을(여자), 병(여자)
- 4명씩 나누어 총 2팀(1팀, 2팀)으로 구성한다.
- 같은 분야의 같은 성별인 사람은 같은 팀으로 구성될 수 없다.
- 각 팀에는 분야별로 적어도 1명 이상이 포함되어야 한다.
- 한 분야의 모든 사람이 한 팀으로 구성될 수 없다.

① 갑과 을이 한 팀이 된다면, 가와 나도 한 팀이 될 수 있다.
② 4명으로 나뉜 두 팀에는 남녀가 각각 2명씩 구성된다.
③ a가 1팀에 포함된다면, c는 2팀에 포함된다.
④ 가와 나는 한 팀이 될 수 없다.

27 M금고의 주택담보대출에 가입한 고객이 중도상환을 하고 대출금액을 정산하려고 한다. 고객이 가입한 상품 정보가 다음과 같을 때 고객에게 안내해야 할 중도상환수수료는?[단, 중도상환수수료는 (중도상환금액)×(중도상환수수료율)×(잔여기간÷대출기간)이고, 주어진 정보 외의 것은 무시한다]

〈상품 정보〉

- 상품특징 : 금리상승기에 고객의 이자부담 완화와 안정적인 부채상환을 위해 일정시점까지 대출금리가 고정되는 주택담보대출
- 대출금액 : 1억 원
- 중도상환금액 : 5천만 원
- 대출기간 : 5년
- 가입기간 : 3년
- 대출이율 : 4%
- 중도상환수수료율 : 2%

① 200,000원　　　　　　　　　② 300,000원
③ 400,000원　　　　　　　　　④ 500,000원

28 A고객은 3일 후 떠날 3주간의 제주도 여행에 대비하여 가족 모두 여행자 보험에 가입하고자 M금고에 방문하였다. 이에 K사원이 A고객에게 여행자 보험 상품을 추천하고자 할 때, K사원의 설명으로 적절하지 않은 것은?(단, A고객 가족의 나이는 만 14세, 17세, 45세, 51세, 75세이다)

〈M금고 여행자 보험〉

- 가입연령 : 만 1 ~ 79세(인터넷 가입 만 19 ~ 70세)
- 납입방법 : 일시납
- 납입기간 : 일시납
- 보험기간 : 2일 ~ 최대 1개월
- 보장내용

구분	보험금 지급사유	지급금액
상해사망 및 후유장해	여행 중 사고로 상해를 입고 그 직접적인 결과로 사망하거나 후유장해상태가 되었을 때	− 사망 시 가입금액 전액 지급 − 후유장해 시 장해정도에 따라 가입금액의 30 ~ 100% 지급
질병사망	여행 중 발생한 질병으로 사망 또는 장해지급률 80% 이상의 후유장해가 남았을 경우	가입금액 전액 지급
휴대품 손해	여행 중 우연한 사고로 휴대품이 도난 또는 파손되어 손해를 입은 경우	가입금액 한도 내에서 보상하되 휴대품 1개 또는 1쌍에 대하여 20만 원 한도로 보상(단, 자기부담금 1만 원 공제)

- 유의사항
  - 보험계약 체결일 기준 만 15세 미만자의 경우 사망은 보장하지 않음
  - 보장금액과 상해, 질병 의료실비에 관한 보장내용은 홈페이지 참조

---

① 가족 모두 가입하시려면 반드시 M금고에 방문해주셔야 합니다.
② 후유장해 시 보험금은 장해정도에 따라 차등지급됩니다.
③ 만 14세 자녀의 경우 본 상품에 가입하셔도 사망보험금은 지급되지 않습니다.
④ 여행 도중 휴대폰 손해에 대하여 휴대폰 분실 수량과 관계없이 최대 20만 원까지 보상해드립니다.

※ A씨는 다음과 같은 M금고 신용대출 상품에 가입하려고 한다. 이어지는 질문에 답하시오. [29~30]

〈M금고 신용대출 상품〉

- 개요 : M금고 주거래고객이면 소득서류 제출 없이 신청 가능한 신용대출 상품
- 특징 : 소득이 없는 가정주부도 M금고의 주거래고객이면 신청 가능
- 대출한도금액 : 최소 3백만 원 ~ 최대 1천만 원
- 기간 : 2년
- 기본금리
  - 기준금리 : 3개월 KORIBOR 금리
  - 가산금리 : 영업점 취급 시 연 2.8%, 비대면 취급 시 : 연 2.6%
- 우대금리 : 최대 연 1%p
  - 신용카드 사용 : 연 0.4%p
  - 매월 납입하는 적립식 상품 : 연 0.3%p
  - 제세공과금 / 관리비 자동이체 : 연 0.5%p
- 상환방법 : 만기일시상환 / 원금균등상환
- 고객부담비용 : 없음
- 중도상환해약금
  - 대출취급 후 1년 초과 상환 시 : 면제
  - 대출취급 후 1년 이내 상환 시 : (중도상환금액)×0.7%×[(만기까지 남아있는 기간)÷(대출기간)]
  ※ 단, 대출 만기일 1개월 이내에 상환할 경우 중도상환해약금 면제
- 유의사항 : 대출금의 상환 또는 이자납입일이 지연될 경우 연체이율이 적용되며, 신용정보관리대상 등재, 예금 등 채권과의 상계 및 법적절차 등 불이익을 받을 수 있음

29 다음과 같은 A씨의 요구조건을 모두 수용하였을 때 총대출이자는?(단, 3개월 KORIBOR 금리는 연 1.4%이며, A씨는 전화로 신청하고 있다)

> 저는 M금고가 주거래 은행이고 이 상품을 신청하고 싶어요. 대출은 한도금액까지 할 거고요. M금고의 신용카드도 사용하고 있어요. M금고 적금을 들어 매달 20만 원씩 넣고 있고, 아파트 관리비도 M금고 계좌에 자동이체해 두었어요. 대출금은 만기 때 한 번에 상환하겠습니다.

① 250,000원
② 450,000원
③ 600,000원
④ 775,000원

30 A씨가 갑자기 목돈이 생겨서 대출취급 후 1년이 되던 날 대출금을 모두 상환하려 한다. 중도상환해약금은 얼마인가?

① 0원
② 17,500원
③ 25,000원
④ 35,000원

〈특수건물 풍수재위험담보 특별약관〉

제1조(보상하는 손해)

회사는 보통약관 제3조(보상하는 손해) 외에 화재로 인한 재해보상과 보험가입에 관한 법률 제2조 제3호와 동법 시행령 제2조 제1항에서 정하는 특수건물(동산은 제외합니다. 이하 「특수건물」이라 합니다)에 대하여는 아래의 위험으로 인하여 보험의 목적에 생긴 손해를 보상하여 드립니다.

- 태풍, 회오리바람, 폭풍, 폭풍우, 홍수, 해일, 범람 및 이와 비슷한 풍재 또는 수재

제2조(보상하지 않는 손해)

회사는 아래와 같은 손해는 보상하여 드리지 않습니다.

1. 보험의 목적에 생긴 분실 또는 도난 손해
2. 지진 또는 분화로 생긴 손해
3. 풍재 또는 수재와 관계없이 댐 또는 제방이 터지거나 무너져 생긴 손해
4. 바람, 비, 눈, 우박 또는 모래, 먼지가 들어옴으로써 생긴 손해. 그러나 보험의 목적인 건물이 풍재 또는 수재로 직접 파손되어 보험의 목적에 생긴 손해는 보상하여 드립니다.
5. 추위, 서리, 얼음, 눈으로 생긴 손해
6. 풍재의 직접, 간접에 관계없이 보험의 목적인 네온사인 장치에 전기적 사고로 생긴 손해 및 건식 전구의 필라멘트에(만) 생긴 손해

제3조(지급보험금의 계산)

회사가 특수건물에 생긴 손해에 대하여 지급할 보험금은 아래에 따라 계산합니다.

1. 보험가입금액이 보험가액의 80% 해당액과 같거나 클 때 : 보험가입금액을 한도로 손해액 전액을 지급합니다(단, 보험가입금액이 보험가액보다 많을 때에는 보험가액을 한도로 합니다).
2. 보험가입금액이 보험가액의 80% 해당액보다 작을 때 : 보험가입금액을 한도로 아래의 금액을 지급합니다.

$$\text{(손해액)} \times \frac{\text{(보험가입금액)}}{\text{(보험가액의 80\% 해당액)}}$$

3. 동일한 계약의 목적과 동일한 사고에 관하여 보험금을 지급하는 다른 계약(공제계약을 포함합니다)이 있는 경우에는 제1항 내지 제2항에 추가하여 보통약관 제9조(지급보험금의 계산) 제2항의 계산방식을 따릅니다.

제4조(준용규정)

이 특별약관에 정하지 않은 사항은 보통약관을 따릅니다.

<table>
<thead>
<tr><th colspan="5">〈2024년 8월 폭우로 인한 농가 A ~ D 피해 산정액〉</th></tr>
</thead>
<tbody>
<tr><td></td><td></td><td></td><td></td><td>(단위 : 백만 원)</td></tr>
</tbody>
</table>

구분	A	B	C	D
손해액	20	24	5	25
보험가액	500	400	800	300
보험가입금액	450	300	600	500

31 농가 A ~ D 중 지급받는 보험금액이 가장 큰 농가는?

① A ② B
③ C ④ D

32 농가 A ~ D 중 보험료율이 가장 큰 농가는?(단, 보험료율은 보험가입금액에 대한 보험지급액의 백분율이다)

① A ② B
③ C ④ D

33 경영이 어떻게 이루어지냐에 따라 조직의 생사가 결정된다고 할 만큼 경영은 조직에 있어서 핵심이다. 다음 중 경영전략을 추진하는 과정에 대한 설명으로 옳지 않은 것은?

① 환경분석을 할 때는 조직의 내부환경뿐만 아니라 외부환경에 대한 분석도 필수이다.
② 전략목표는 비전과 미션으로 구분되는데, 둘 다 있어야 한다.
③ '환경분석 → 전략목표 설정 → 경영전략 도출 → 경영전략 실행 → 평가 및 피드백'의 과정을 거쳐 이루어진다.
④ 경영전략이 실행됨으로써 세웠던 목표에 대한 결과가 나오는데, 그것의 평가 및 피드백 과정도 생략되어서는 안 된다.

34 다음 상황에서 M사가 해외 시장 개척을 앞두고 기존의 조직구조를 개편할 경우, M사가 추가해야 할 조직으로 보기 어려운 것은?

> M사는 몇 년 전부터 자체 기술로 개발한 제품의 판매 호조로 인해 기대 이상의 수익을 창출하게 되었다. 경쟁 업체들이 모방할 수 없는 독보적인 기술력을 앞세워 국내 시장을 공략한 결과, 이미 더 이상의 국내 시장 경쟁자들은 없다고 할 만큼 탄탄한 시장 점유율을 확보하였다. M사의 최사장은 올 초부터 해외 시장 진출의 꿈을 갖고 필요한 자료를 수집하기 시작했다. 충분한 자금력을 확보한 M사는 우선 해외 부품 공장을 인수한 후 현지에 생산 기지를 건설하여 국내에서 생산되는 물량의 절반 정도를 현지로 이전하여 생산하고, 이를 통한 물류비 절감으로 주변국들부터 시장을 넓혀가겠다는 야심찬 계획을 가지고 있다. 한국 본사에서는 내년까지 4~5곳의 해외 거래처를 더 확보하여 지속적인 해외 시장 개척에 매진한다는 중장기 목표를 대내외에 천명해 둔 상태다.

① 해외관리팀　　　　　　　　　　② 기업회계팀
③ 외환업무팀　　　　　　　　　　④ 국제법무팀

35 다음은 예금에 가입하려는 고객과 상담을 진행하는 행원의 대화 내용이다. 빈칸에 들어갈 말로 적절하지 않은 것은?

> 행원 : 안녕하세요. 고객님. 무엇을 도와드릴까요?
> 고객 : 네, ○○예금을 들려고 합니다.
> 행원 : 네, ○○예금 개설을 도와드리겠습니다.
> … 중략 …
> 행원 : 긴 시간 동안 협조해주셔서 감사합니다. 고객님 명의로 ○○예금 개설이 완료되었습니다. 해당 예금 상품과 더불어 사용할 수 있는 스마트폰뱅킹 서비스가 있는데, 함께 진행해드릴까요?
> 고객 : 아니요. 잘 사용하지도 않을 것 같은데, 괜찮습니다.
> 행원 : _____

① 필요하실 때 다시 내점하기 번거로우시니 나오셨을 때 같이 신청해 드리겠습니다.
② 이용 방법이 어려우시다면, 신청 후 제가 로그인과 이용 방법을 안내해 드리겠습니다.
③ 서비스 신청을 하시면 예금 및 대출 만기일 등 각종 정보를 실시간으로 편하게 스마트폰으로 받아 보실 수 있습니다.
④ 해당 서비스를 가입하면 입출금 거래내역 문자서비스가 무료로 제공되는 반면, 그렇지 않으면 이용료가 발생하는 등 불이익이 발생됩니다.

36 다음은 접경도로 개선에 대하여 조정합의가 이루어진 사례에 대한 내용이다. A시에서 취한 방법으로 가장 적절한 것은?

A시와 B시의 경계 부근에 위치한 C중소기업의 사장이 민원을 제기하였다. A시와 B시의 접경지역에는 8개의 중소기업 및 인근 경작지 300,000m²의 통행을 위한 농로가 존재하였으나, 도로폭이 좁아서 차량사고의 위험이 높고, 기업 운영에 애로가 크니 이에 대한 대책을 마련해 달라는 내용이었다.

A시 위원회에서는 3차례의 현지 조사를 통해 8개 중소기업의 기업 활동에 애로가 많다고 판단하고 문제의 해결을 위해 A시에서 도로 정비 및 개선에 필요한 부지를 B시와 2분의 1씩 나누어 부담, A시에서는 도로 정비 및 개선에 필요한 설계 및 확장·포장 공사를 맡아서 진행하기로 했다. B시는 이에 대해 공사비 60% 부담하는 것을 대안으로 제시하였으며, 이후 수십 차례 문제해결 방안을 협의하고, 세 차례의 업무 회의 등을 거쳐 피신청기관의 의견을 계속적으로 조율하였다. 그 결과 A시 위원회가 작성한 조정서의 내용대로 접경도로 개선을 추진하기로 의견이 모아졌고, A시 위원회가 현지조정회의를 개최하여 조정서를 작성하고 조정 합의하였다.

① 나는 지고 너는 이기는 방법(I Lose – You Win)
② 갈등상황을 회피하면서 위협적인 상황을 피하는 데 사용하는 방법(I Lose – You Lose)
③ 서로 간에 정보를 교환하면서 모두의 목표를 달성할 수 있는 방법(Win – Win)
④ 서로가 받아들일 수 있는 결정을 하기 위하여 타협적으로 주고받는 방식(Give and Take)

37 다음 팀원들의 대화에서 팀원 간 갈등 관계에 있는 사람은 모두 몇 명인가?

박팀장 : 오늘은 그동안 논의해 온 의견을 종합하여 기존 제품을 계속 판매할지 아니면 기존 제품을 철수하고 새로운 상품을 출시할지를 결정해야 해.
김대리 : 조주임이 이야기했던 신제품 사업안은 현실성이 떨어집니다. 신제품 부문도 이미 과잉경쟁 상태라 수익을 내기 어렵습니다. 더군다나 얼마 전에 징계를 받은 사람이 완성도 높은 사업안을 구상하기란 쉽지 않습니다.
변주임 : 신제품 사업안은 초기비용 측면에서 추진이 무척 어렵습니다. 특히나 소비가 침체되어 있는 상황에서 자칫하면 기존 사업과 신사업 모두 잃을 수도 있습니다.
안주임 : 신제품 사업안은 단순히 시장을 옮겨가는 것이 아니라, 새로운 시장을 개척하는 것입니다. 김대리 님은 새로운 사업안의 핵심을 모르고 계시네요.
최대리 : 변주임이야 김대리의 동문이니 신제품 사업안에 반대하겠지만, 저는 가능성이 무궁무진한 사업이라고 생각합니다.
조주임 : 기존 시장에서의 수익성이 점점 하락하고 있습니다. 수익성을 상실하기 전에 새로운 제품으로의 도전을 시작해야 합니다.

① 2명
② 3명
③ 4명
④ 5명

38 M금고 마포영업점에는 L과장, J대리, I주임, K사원, H사원이 가계대출 창구에서 근무하고 있다. 오늘 마포 영업점에서는 영업을 시작하기 1시간 전에 주간 업무 회의가 있을 예정이며, 오전 중으로 CS교육과 상품교육이 1시간씩 차례로 진행될 예정이다. 한편, 빠른 창구에 고객이 붐비는 11시에는 교육이 진행되지 않으며, 가계대출 창구에는 2명의 직원이 업무 지원을 나가야 한다. 다음 〈조건〉을 참고할 때, J대리가 오전 중 해야 할 업무로 적절하지 않은 것은?

――――――――――――〈조건〉――――――――――――

- 주간 업무 회의에는 주임급 이상이 참석한다.
- 영업시간(09:00 ~ 16:00)에는 2명 이상의 직원이 창구에서 대출 상담 업무를 수행해야 한다.
- I주임과 K사원은 영업시간 시작 시 안내 방송과 함께 대출 상담 업무를 수행한다.
- 사원은 빠른 창구 업무를 지원할 수 없으며, 과장 역시 업무 지원자에서 제외된다.
- 사원 및 주임, 대리는 반드시 하나 이상의 교육에 참석해야 하며, 교육 담당자인 과장은 반드시 모든 교육에 참석해야 한다.

① 대출 상담

② CS교육 참석

③ 상품교육 참석

④ 주간 업무 회의 참석

39 다음 (가) ~ (라)의 사례에 대하여 효과적인 동기부여 방법을 제시한다고 할 때, 적절하지 않은 방법은?

> (가) K팀원은 부서에서 최고의 성과를 올리는 영업사원으로 명성이 자자하지만, 서류 작업을 정시에 마친 적이 한 번도 없다. 그가 서류 작업을 지체하기 때문에 팀 전체의 생산성에 차질이 빚어지고 있다.
>
> (나) 팀의 프로젝트 진행에 문제가 생겨서 일정이 지연되고 있다. S팀원은 프로젝트를 일정 안에 끝내기 위해 밤늦게까지 일에 매진하고 있다. 그는 조금도 불평하지 않은 채, 최선을 다해 프로젝트를 수행하고 있다. 그의 노력에 힘입어 프로젝트는 예정된 일정대로 무사히 마무리되었고, 기대 이상의 좋은 결과도 얻었다.
>
> (다) A팀원의 업무 속도가 점점 나빠지고 있다. 그는 업무에 눈곱만큼도 관심이 없는 것 같고, 업무 자체를 지겨워하는 것처럼 보인다.
>
> (라) B팀원은 2년간 T부장의 부하직원으로 일했는데, 업무능력이 대단히 뛰어났다. 최근 들어 T부장은 그에게 회사 뉴스레터를 새로 디자인하라고 지시했는데, 결과물은 의외로 좋지 않았다. B팀원이 레이아웃 프로그램을 익숙하게 다루지 못해 뉴스레터에서 아마추어 분위기가 심하게 난 것이다.

① (가) : K팀원에게 서류 작업을 지체함으로써 팀 전체의 생산성에 어떠한 차질을 빚고 있는지를 자세히 설명하고, 이 문제와 관련해 최소한 두 가지 정도의 해결책을 스스로 찾아내도록 격려한다.

② (나) : S팀원에게 프로젝트를 뛰어나게 수행했다는 점과 그에 대해 높이 평가하고 있다는 점을 알려, 그의 태도를 훌륭한 본보기로 삼아 팀원들에게 동기부여를 하도록 한다.

③ (다) : A팀원에게 현재의 행동이 징계의 원인이 될 수 있다는 점과 새로운 직원이 채용될 수 있다는 점을 알려, 업무 속도를 스스로 변화시킬 수 있도록 유도한다.

④ (라) : B팀원이 레이아웃 프로그램을 익숙하게 다루지 못해 일어난 일이므로 프로그램을 능숙하게 다루는 직원을 B팀원과 함께 일하게 하거나, B팀원이 프로그램을 능숙하게 다룰 수 있도록 지원한다.

40 다음 중 감정은행계좌에 대한 설명으로 적절하지 않은 것은?

〈감정은행계좌〉

• 감정은행계좌란?
  인간관계에서 구축하는 신뢰의 정도를 은유적으로 표현한 것으로, 만약 우리가 다른 사람에 대해 공손하고 친절하며 정직하고 약속을 지킨다면 우리는 감정을 저축하는 것이 되고, 무례하고 불친절한 행동 등을 한다면 감정을 인출하는 것이 된다.
• 감정은행계좌 주요 예입수단

내용	사례
상대방에 대한 이해심	여섯 살 아이는 벌레를 좋아했지만, 아이의 행동을 이해하지 못한 부모는 벌레를 잡아 내쫓았다. 결국 아이는 크게 울고 말았다.
사소한 일에 대한 관심	두 아들과 여행을 간 아버지는 막내아들이 추워하자 입고 있던 자신의 코트를 벗어 막내아들에게 입혔다. 여행에서 돌아온 뒤 표정이 좋지 않은 큰아들과 이야기를 나누어보니 동생만 챙긴다고 서운해하고 있었다.
약속의 이행	A군은 B군과 오전에 만나기로 약속하였으나, B군은 오후가 다 되어서야 약속장소에 나왔다. A군은 앞으로 B군과 만나기로 약속할 경우 약속 시간보다 늦게 나가야겠다고 생각하였다.
기대의 명확화	이번에 결혼한 신혼부부는 결혼생활에 대한 막연한 기대감을 품고 있었다. 그러나 결혼 후의 생활이 각자 생각하던 것과 달라 둘 모두 서로에게 실망하였다.
언행일치	야구선수 C는 이번 시즌에서 20개 이상의 홈런과 도루를 성공하겠다고 이야기하였다. 실제 이번 시즌에서 C가 그 이상을 해내자 사람들은 C의 능력을 확실히 믿게 되었다.
진지한 사과	D사원은 작업 수행 중 실수가 발생하면 자신의 잘못을 인정하고 사과하였다. 처음에는 상사도 이를 이해하고 진행하였으나, 같은 실수와 사과가 반복되자 이제 D사원을 신뢰하지 않게 되었다.

① 상대방을 제대로 이해하지 못하면 감정이 인출될 수 있다.
② 분명한 기대치를 제시하지 않아 오해가 생기면 감정이 인출될 수 있다.
③ 말과 행동을 일치시키거나 약속을 지키면 신뢰의 감정이 저축된다.
④ 잘못한 것에 대해 사과를 하면 항상 신뢰의 감정이 저축된다.

www.sdedu.co.kr

4권

제4회
MG새마을금고
지역본부 필기전형

www.sdedu.co.kr

〈문항 수 및 시험시간〉

영역		문항 수	시험시간	모바일 OMR 답안채점 / 성적분석
NCS 직업기초능력평가	의사소통능력 수리능력 문제해결능력 조직이해능력 대인관계능력	40문항	40분	

※ 문항 수 및 시험시간은 2024년 하반기 공고문을 참고하여 구성하였습니다.

※ 시험시간이 종료되고 OMR 답안카드에 마킹하거나 시험지를 넘기는 행동은 부정행위로 간주합니다.

제4회 모의고사

문항 수 : 40문항
시험시간 : 40분

01 다음 글의 제목으로 가장 적절한 것은?

우리는 비극을 즐긴다. 비극적인 희곡과 소설을 즐기고, 비극적인 그림과 영화 그리고 비극적인 음악과 유행가도 즐긴다. 슬픔, 애절, 우수의 심연에 빠질 것을 알면서도 소포클레스의 「안티고네」, 셰익스피어의 「햄릿」을 찾고, 베토벤의 「운명」, 차이코프스키의 「비창」, 피카소의 「우는 연인」을 즐긴다. 아니면 멜로드라마를 보고 값싼 눈물이라도 흘린다. 이를 동정과 측은과 충격에 의한 '카타르시스', 즉 마음의 세척으로 설명한 아리스토텔레스의 주장은 유명하다. 그것은 마치 눈물로 불안, 고민, 고통을 씻어내는 역할을 한다는 것이다.

니체는 좀 더 심각한 견해를 갖는다. 그는 "비극은 언제나 삶에 아주 긴요한 기능을 가지고 있다. 비극은 사람들에게 그들을 싸고도는 생명 파멸의 비운을 똑바로 인식해야 할 부담을 덜어주고, 동시에 비극 자체의 암울하고 음침한 원류에서 벗어나게 하여 그들의 삶의 흥취를 다시 돋우어 준다."라고 하였다. 그런 비운을 직접 목격하는 일, 또 더구나 스스로 직접 그것을 겪는 일은 너무나 끔찍한 일이기에, 그것을 간접경험으로 희석한 비극을 봄으로써 '비운'이란 그런 것이라는 이해와 측은지심을 갖게 되고, 동시에 실제 비극이 아닌 그 가상적인 환영(幻影) 속에서 비극에 대한 어떤 안도감도 맛보게 된다.

① 비극의 현대적 의의
② 비극에 반영된 삶
③ 비극의 기원과 역사
④ 비극을 즐기는 이유

02 다음 글을 읽고 이해한 내용으로 적절하지 않은 것은?

저작권이란 저작물을 보호하기 위해 저작자에게 부여된 독점적 권리를 말한다. 저작권은 소유한 물건을 자기 마음대로 이용하거나 처분할 수 있는 권리인 소유권과는 구별된다. 소설책을 구매한 사람은 책에 대한 소유권은 획득했지만, 그렇다고 소설에 대한 저작권을 획득한 것은 아니다. 따라서 구매자는 다른 사람에게 책을 빌려줄 수는 있으나, 저작자의 허락 없이 그 소설을 상업적 목적으로 변형하거나 가공하여 유통할 수는 없다. 이는 책에 대해서는 물건에 대한 소유권인 물권법이, 소설에 대해서는 저작권법이 각각 적용되기 때문이다. 저작권법에서 보호하는 저작물은 남의 것을 베낀 것이 아니라 저작자 자신의 것이어야 한다. 그리고 저작물의 수준이 높아야 할 필요는 없지만, 저작권법에 의한 보호를 받을 가치가 있는 정도로 최소한의 창작성을 지니고 있어야 한다.

저작자란 사실상의 저작 행위를 하여 저작물을 생산해 낸 사람을 가리킨다. 직업적인 문인뿐만 아니라 저작 행위를 하면 누구든지 저작자가 될 수 있다. 자연인으로서의 개인뿐만 아니라 법인도 저작자가 될 수 있다. 그리고 저작물에는 1차적 저작물뿐만 아니라 2차적 저작물도 포함되므로 2차적 저작물의 작성자도 저작자가 될 수 있다. 그러나 저작을 하는 동안 옆에서 도와주었거나 자료를 제공한 사람 등은 저작자가 될 수 없다. 저작자에게 저작권이라는 권리를 부여하여 보호하는 이유는 저작물이 곧 문화 발전의 원동력이 되기 때문이다. 저작물이 많이 나와야 그 사회가 문화적으로 풍요로워질 수 있다. 또 다른 이유는 저작자의 창작 노력에 대해 적절한 보상을 해 줌으로써 창작 행위를 계속할 수 있는 동기를 제공하는 데 있다.

① 남의 것을 베끼더라도 최소한의 창작성을 지닌 저작물이라면 저작권법에 의해 보호받을 수 있다.

② 소설책을 구매한 사람이 다른 사람에게 책을 빌려줄 수 있는 이유는 책에 대해 물권법이 적용되기 때문이다.

③ 저작권은 저작자에게 부여된 독점적 권리로 소유권과 구별된다.

④ 2차적 저작물의 작성자도 저작자가 될 수 있지만, 저작의 과정에서 자료를 제공한 사람은 저작자가 될 수 없다.

03 다음 중 (가) ~ (라)의 문단별 주제로 적절하지 않은 것은?

(가) 건강보험제도는 질병이나 부상으로 인해 발생한 고액의 진료비로 가계에 과도한 부담이 되는 것을 방지하기 위하여, 국민들이 평소에 보험료를 내고 보험자인 국민건강보험공단이 이를 관리·운영하다가 필요할 때 보험급여를 제공함으로써 국민 상호 간 위험을 분담하고 필요한 의료서비스를 받을 수 있도록 하는 사회보장제도이다.

(나) 의료보장제도는 일반적으로 사회보험과 국민보건서비스 2가지로 대별된다. 사회보험은 국가가 기본적으로 의료보장에 대한 책임을 지지만, 의료비에 대한 국민의 자기 책임을 일정부분 인정하는 체계이다. 반면, 국민보건서비스는 국민의 의료문제는 국가가 모두 책임져야 한다는 관점에서 정부가 일반조세로 재원을 마련하고 모든 국민에게 무상으로 의료를 제공하여 국가가 직접적으로 의료를 관장하는 방식이다. 건강보험은 사회보험과 마찬가지로 사회 연대성을 기반으로 보험의 원리를 도입한 의료보장체계이지만, 다수 보험자를 통해 운영되는 전통적인 사회보험 방식과 달리 단일한 보험자가 국가 전체의 건강보험을 관리·운영한다.

(다) 건강보험은 피보험대상자 모두에게 필요한 기본적 의료를 적정한 수준까지 보장함으로써 그들의 의료문제를 해결하고 누구에게나 균등하게 적정수준의 급여를 제공한다. 사회보험으로써 건강에 대한 사회 공동의 책임을 강조하여 비용(보험료)부담은 소득과 능력에 따라 부담하고 가입자 모두에게 균등한 급여를 제공함으로써 사회적 연대를 강화하고 사회통합을 이루는 기능도 가지고 있다.

(라) 민간보험은 보장의 범위, 질병 위험의 정도, 계약의 내용 등에 따라 보험료를 부담하는 데 비해 사회보험방식으로 운영되는 건강보험은 사회적 연대를 기초로 의료비 문제를 해결하는 것을 목적으로 하므로 소득수준 등 보험료 부담능력에 따라서 보험료를 부과한다. 또한 민간보험은 보험료 수준과 계약 내용에 따라 개인별로 다르게 보장되지만, 사회보험인 건강보험은 보험료 부담 수준과 관계없이 관계 법령에 의하여 균등하게 보험급여가 이루어진다.

① (가) : 건강보험제도의 의의
② (나) : 건강보험제도의 목적
③ (다) : 건강보험제도의 기능
④ (라) : 건강보험제도의 특성

04 다음 글의 주제로 가장 적절한 것은?

일반적으로 소비자들은 합리적인 경제 행위를 추구하기 때문에 최소 비용으로 최대 효과를 얻으려 한다는 것이 소비의 기본 원칙이다. 그들은 '보이지 않는 손'이라고 일컬어지는 시장 원리 아래에서 생산자와 만난다. 그러나 이러한 일차적 의미의 합리적 소비가 언제나 유효한 것은 아니다. 생산보다는 소비가 화두가 된 소비 자본주의 시대에 소비는 단순히 필요한 재화 그리고 경제학적으로 유리한 재화를 구매하는 행위에 머물지 않는다. 최대 효과 자체에 정서적이고 사회 심리학적인 요인이 개입하면서, 이제 소비는 개인이 세계와 만나는 다분히 심리적인 방법이 되어버린 것이다. 곧 인간의 기본적인 생존 욕구를 충족시켜 주는 합리적 소비 수준에 머물지 않고, 자신을 표현하는 상징적 행위가 된 것이다. 이처럼 오늘날의 소비문화는 물질적 소비 차원이 아닌 심리적 소비 형태를 띠게 된다.

소비 자본주의의 화두는 과소비가 아니라 '과시 소비'로 넘어간 것이다. 과시 소비의 중심에는 신분의 논리가 있다. 신분의 논리는 유용성의 논리, 나아가 시장의 논리로 설명되지 않는 것들을 설명해 준다. 혈통으로 이어지던 폐쇄적 계층 사회는 소비 행위에 대해 계급에 근거한 제한을 부여했다. 먼 옛날 부족 사회에서 수장들만이 걸칠 수 있었던 장신구에서부터, 아무리 권문세가의 정승이라도 아흔아홉 칸을 넘을 수 없던 집이 좋은 예이다. 권력을 가진 자는 힘을 통해 자기의 취향을 주위 사람들과 분리시킴으로써 경외감을 강요하고, 그렇게 자기 취향을 과시함으로써 잠재적 경쟁자들을 통제한 것이다.

가시적 신분 제도가 사라진 현대 사회에서도 이러한 신분의 논리는 여전히 유효하다. 이제 개인은 소비를 통해 자신의 물질적 부를 표현함으로써 신분을 과시하려 한다.

① '보이지 않는 손'에 의한 합리적 소비의 필요성
② 소득을 고려하지 않은 무분별한 과소비의 폐해
③ 소비가 곧 신분이 되는 과시 소비의 원리
④ 신분사회에서 의복 소비와 계층의 관계

05 다음 문단을 논리적 순서대로 바르게 나열한 것은?

(가) 그러나 캐넌과 바드는 신체 반응 이후 정서가 나타난다는 제임스와 랑에의 이론에 대해 다른 의견을 제시한다. 첫째, 그들은 정서와 신체 반응은 거의 동시에 나타난다고 주장한다. 즉, 정서를 일으키는 외부 자극이 대뇌에 입력되는 것과 동시에 우리 몸의 신경계가 자극되므로, 정서와 신체 반응은 거의 동시에 발생한다는 것이다.

(나) 둘째, 특정한 신체 반응에 하나의 정서가 일대일로 대응되어 연결되는 것이 아니라고 주장한다. 즉, 특정한 신체 반응이 여러 가지 정서들에 대응되기도 한다는 것이다. 따라서 특정한 신체 반응 이후에 특정한 정서가 유발된다고 한 제임스와 랑에의 이론은 한계가 있다고 본 것이다.

(다) 이 이론에 따르면 외부자극은 인간의 신체 내부에 자율신경계의 반응을 일으키고, 정서는 이러한 신체 반응의 결과로 나타난다는 것이다. 이는 만약 우리가 인위적으로 신체 반응을 유발할 수 있다면 정서를 바꿀 수도 있다는 것을 시사해 주기도 한다.

(라) 인간의 신체 반응은 정서에 의해 유발되는 것일까? 이에 대해 제임스와 랑에는 정서에 의해 신체 반응이 유발되는 것이 아니라, 신체 반응이 오히려 정서보다 앞서 나타난다고 주장한다. 즉, 웃으니까 기쁜 감정이 생기고, 우니까 슬픈 감정이 생긴다는 것이다. 이는 외부자극에 대한 자율 신경계의 반응으로 신체의 변화가 먼저 일어나고, 이러한 변화에 대한 자각을 한 이후 공포감이나 놀라움이라는 정서를 느끼게 되었음을 보여준다.

---

① (나) – (가) – (다) – (라)   ② (라) – (가) – (다) – (나)

③ (라) – (다) – (가) – (나)   ④ (라) – (다) – (나) – (가)

※ 다음 글을 읽고 이어지는 질문에 답하시오. [6~7]

독일의 발명가 루돌프 디젤이 새로운 엔진에 대한 아이디어를 내고 특허를 얻은 것은 1892년의 일이었다. 1876년 오토가 발명한 가솔린 엔진의 효율은 당시에 무척 떨어졌으며, 널리 사용된 증기 기관의 효율 역시 10%에 불과했고, 가동 비용도 많이 드는 단점이 있었다. 디젤의 목표는 고효율의 엔진을 만드는 것이었고, 그의 아이디어는 훨씬 더 높은 압축 비율로 연료를 연소시키는 것이었다.

일반적으로 가솔린 엔진은 기화기에서 공기와 연료를 먼저 혼합하고, 그 혼합 기체를 실린더 안으로 흡입하여 압축한 후, 점화 플러그로 스파크를 일으켜 동력을 얻는다. 이러한 과정에서 문제는 압축 정도가 제한된다는 것이다. 만일 기화된 가솔린에 너무 큰 압력을 가하면 멋대로 점화되어 버리는데, 이것이 엔진의 노킹 현상이다.

공기를 압축하면 뜨거워진다는 것은 알려져 있던 사실이다. 디젤 엔진의 기본 원리는 실린더 안으로 공기만을 흡입하여 피스톤으로 강하게 압축시킨 다음, 그 압축 공기에 연료를 분사하여 저절로 점화가 되도록 하는 것이다. 따라서 디젤 엔진에는 점화 플러그가 필요 없는 대신, 연료 분사기가 장착되어 있다. 또 압축 과정에서 공기와 연료가 혼합되지 않기 때문에 디젤 엔진은 최대 12 : 1의 압축 비율을 갖는 가솔린 엔진보다 훨씬 더 높은 25 : 1 정도의 압축 비율을 갖는다. 압축 비율이 높다는 것은 그만큼 효율이 높다는 것을 의미한다.

사용하는 연료의 특성도 다르다. 디젤 연료인 경유는 가솔린보다 훨씬 무겁고 점성이 강하며 증발하는 속도도 느리다. 왜냐하면 경유는 가솔린보다 훨씬 더 많은 탄소 원자가 길게 연결되어 있기 때문이다. 일반적으로 가솔린은 5 ~ 10개, 경유는 16 ~ 20개의 탄소를 가진 탄화수소들의 혼합물이다. 탄소가 많이 연결된 탄화수소물에 고온의 열을 가하면 탄소 수가 적은 탄화수소물로 분해된다. 한편, 경유는 가솔린보다 에너지 밀도가 높다. 1갤런의 경유는 약 1억 5,500만 줄의 에너지를 가지고 있지만, 가솔린은 1억 3,200만 줄을 가지고 있다. 이러한 연료의 특성들이 디젤 엔진의 높은 효율과 결합되면서, 디젤 엔진은 가솔린 엔진보다 좋은 연비를 내게 되는 것이다.

발명가 디젤은 디젤 엔진이 작고 경제적인 엔진이 되어야 한다고 생각했지만, 그의 생전에는 크고 육중한 것만 만들어졌다. 하지만 그 후 디젤의 기술적 유산은 이 발명가가 꿈꾼 대로 널리 보급되었다. 디젤 엔진은 원리상 가솔린 엔진보다 더 튼튼하고 고장도 덜 난다. 디젤 엔진은 연료의 품질에 민감하지 않고 연료의 소비 면에서도 경제성이 뛰어나 오늘날 자동차 엔진용으로 확고한 자리를 잡았다. 환경론자들이 걱정하는 디젤 엔진의 분진 배출 문제도 필터 기술이 나아지면서 점차 극복되고 있다.

06 윗글을 읽고 추론한 내용으로 가장 적절한 것은?

① 손으로 만지면 경유보다는 가솔린이 더 끈적끈적할 것이다.
② 가솔린과 경유를 섞으면 가솔린이 경유 아래로 가라앉을 것이다.
③ 원유에 가하는 열의 정도에 따라 원유를 경유와 가솔린으로 변화시킬 수 있을 것이다.
④ 주유할 때 차체에 연료가 묻으면 경유가 가솔린보다 더 빨리 증발할 것이다.

07 윗글을 읽고 이해한 내용으로 가장 적절한 것은?

① 디젤 엔진은 가솔린 엔진보다 내구성이 뛰어나다.
② 디젤 엔진은 가솔린 엔진보다 먼저 개발되었다.
③ 가솔린 엔진은 디젤 엔진보다 분진을 많이 배출한다.
④ 디젤 엔진은 가솔린 엔진보다 연료의 품질에 민감하다.

08 다음 글을 읽고 이해한 내용으로 적절하지 않은 것은?

> 신혼부부 가구의 주거안정을 위해서는 우선적으로 육아·보육지원 정책의 확대·강화가 필요한 것으로 나타났다. 신혼부부 가구는 주택 마련 지원 정책보다 육아수당, 육아보조금, 탁아시설 확충과 같은 육아·보육지원 정책의 확대·강화가 더 필요하다고 생각하고 있으며 특히, 믿고 안심할 수 있는 육아·탁아시설의 확대가 필요한 것으로 나타났다. 이는 최근 부각된 보육기관에서의 아동학대문제 등 사회적 분위기의 영향과 맞벌이 가구의 경우, 안정적인 자녀 보육환경이 전제되어야만 안심하고 경제활동을 할 수 있기 때문인 것으로 보인다.
>
> 신혼부부 가구 중 아내의 경제활동 비율은 평균 38.3%이며 맞벌이 비율은 평균 37.2%로 나타났으나, 일반적으로 자녀 출산 시기로 볼 수 있는 혼인 3년 차에서의 맞벌이 비율은 30% 수준까지 낮아지는 경향을 보인다. 또한, 외벌이 가구의 81.5%가 자녀의 육아·보육을 위해 맞벌이를 하지 않는다고 하였으며 이는 결혼 여성의 경제활동 지원을 위해서는 무엇보다 육아를 위한 보육시설의 확대가 필요하다는 것을 시사한다.
>
> 맞벌이의 주된 목적이 주택비용 마련임을 고려할 때, 보육시설의 확대는 결혼 여성에게 경제활동의 기회를 제공하여 신혼부부 가구의 경제력을 높이고, 내 집 마련 시기를 앞당길 수 있다는 점에서 중요성을 갖는다. 특히, 신혼부부 가구가 계획하고 있는 총자녀수는 1.83명이나, 자녀 양육 환경문제 등으로 추가적인 자녀계획을 포기하는 경우가 나타날 수 있으므로 실제로는 이보다 낮은 자녀수를 보일 것으로 예상된다. 따라서 출산장려를 위해서도 결혼 여성의 경제활동을 지원하기 위한 강화된 국가적 차원의 배려와 관심이 필요하다고 할 수 있다.

① 육아·보육지원은 신혼부부의 주거안정을 위한 정책이다.

② 자녀의 보육환경이 개선되면 맞벌이 비율이 상승할 것이다.

③ 경제활동에 참여하는 여성이 많아질수록 출산율은 낮아질 것이다.

④ 신혼부부들은 육아수당, 육아보조금 등이 주택 마련 지원보다 더 필요하다고 생각한다.

09 다음 빈칸에 들어갈 문장으로 가장 적절한 것은?

오늘날 인류가 왼손보다 오른손을 선호하는 경향은 어디서 비롯되었을까? 오른손을 귀하게 여기고 왼손을 천대하는 현상은 어쩌면 산업화 이전 사회에서 배변 후 사용할 휴지가 없었다는 사실과 관련이 있을 법하다. 맨손으로 배변 뒤처리를 하는 것은 불쾌할 뿐더러 병균을 옮길 위험을 수반하는 일이었다. 이런 위험성을 낮추는 간단한 방법은 음식을 먹거나 인사할 때 다른 손을 사용하는 것이었다. 기술 발달 이전의 사회는 대개 왼손을 배변 뒤처리에, 오른손을 먹고 인사하는 일에 사용했다.

나는 이런 배경이 인간 사회에 널리 나타나는 '오른쪽'에 대한 긍정과 '왼쪽'에 대한 반감을 어느 정도 설명해 줄 수 있으리라고 생각했다. 그러나 이 설명은 왜 애초에 오른손이 먹는 일에, 그리고 왼손이 배변 처리에 사용되었는지 설명해주지 못한다. _____ 따라서 근본적인 설명은 다른 곳에서 찾아야 할 것 같다.

한쪽 손을 주로 쓰는 경향은 뇌의 좌우반구의 기능 분화와 관련되어 있는 것으로 보인다. 보고된 증거에 따르면, 왼손잡이는 읽기와 쓰기, 개념적·논리적 사고 같은 좌반구 기능에서 오른손잡이보다 상대적으로 미약한 대신 상상력, 패턴 인식, 창의력 등 전형적인 우반구 기능에서는 상대적으로 기민한 경우가 많다.

나는 이성 대 직관의 힘겨루기, 뇌의 두 반구 사이의 힘겨루기가 오른손과 왼손의 힘겨루기로 표면화된 것이 아닐까 생각한다. 즉 오른손이 원래 왼손보다 더 능숙했기 때문이 아니라 뇌의 좌반구가 인간의 행동을 지배하는 권력을 갖게 되었기 때문에 오른손 선호에 이르렀다는 생각이다.

① 동서양을 막론하고 왼손잡이 사회는 확인된 바 없기 때문이다.
② 기능적으로 왼손이 오른손보다 섬세하기 때문이다.
③ 모든 사람들이 오른쪽을 선호하는 것이 아니기 때문이다.
④ 양손의 기능을 분담시키지 않는 사람이 존재할 수도 있기 때문이다.

10 다음 글을 읽고 추론한 내용으로 적절하지 않은 것은?

국민 5명 중 1명 이상이 노인이 되는 초고령 사회에 진입할 것으로 예측됨에 따라 노인 돌봄 서비스에 대한 중요성이 커지고 있다. 이에 따라 정부는 노인들의 불안을 해소하고, 평소 거주하던 곳에서 계속 살아갈 수 있기를 원하는 국민의 욕구를 충족하기 위해 '지역사회 통합 돌봄(커뮤니티케어) 기본 계획'을 발표하였다.

커뮤니티케어(Community Care)란 돌봄을 필요로 하는 노인들이 살던 곳에서 개개인의 욕구에 맞는 서비스를 누리고, 지역사회와 함께 살아갈 수 있도록 주거, 보건의료, 돌봄 등의 지원이 통합적으로 확보되는 지역 주도형 사회서비스 정책을 말한다. 즉, 의료기관이나 요양시설 중심의 돌봄에서 벗어나 지역사회가 함께 노인을 돌보는 서비스로, 돌봄이 필요한 사람이 자신이 살던 곳에서 어울려 살아갈 수 있도록 돕겠다는 취지의 서비스이다.

우선 정부는 노인이 사는 곳에서 건강관리를 받고 각종 돌봄 서비스를 누릴 수 있는 맞춤형 '케어안심주택'을 확대할 계획으로, 노인 공공임대주택 약 4만 호가 케어안심주택으로 추진될 예정이다. 또한 정부는 고령화로 인해 마을이 사라지는 것을 방지하기 위해 지역주민의 참여를 기반으로 의료·복지 등의 돌봄 서비스를 제공하는 '커뮤니티케어형 도시재생뉴딜사업'을 시작하며, 건강 상태가 우려되는 노인의 집으로 직접 찾아가 혈압 등을 확인하고 생활습관을 관리해주는 방문건강 서비스도 확대된다. 모든 시·군·구에 '주민건강센터'를 구축할 예정이며, 올해는 의사와 간호사 등이 노인의 집으로 찾아가는 방문 의료 시범사업이 실시된다.

① 노인 돌봄 서비스에 대한 중요성은 앞으로 계속해서 더 커지겠어.
② 의료기관에서 의료 서비스를 제공하므로 병원의 비중이 높아지겠어.
③ 고령화 현상의 심화로 농·어촌의 작은 마을들이 사라지고 있군.
④ 지역주민의 참여가 정부의 정책 실현에 큰 힘이 되겠군.

11 다음 글의 글쓴이가 가장 중요하게 생각하는 것은?

> 사람은 타고난 용모가 추한 것을 바꾸어 곱게 할 수도 없고, 또 타고난 힘이 약한 것을 바꾸어 강하게도 할 수 없으며, 키가 작은 것을 바꾸어 크게 할 수도 없다. 이것은 왜 그런 것일까? 그것은 사람은 저마다 이미 정해진 분수가 있어서 그것을 고치지 못하기 때문이다.
>
> 그러나 오직 한 가지 변할 수 있는 것이 있으니, 그것은 마음과 뜻이다. 이 마음과 뜻은 어리석은 것을 바꾸어 지혜롭게 할 수가 있고, 모진 것을 바꾸어 어질게 만들 수도 있다. 그것은 무슨 까닭인가? 그것은 사람의 마음이란 비어 있고 차 있고 한 것이 본래 타고난 것에 구애되지 않기 때문이다. 그렇다. 사람에게 지혜로운 것보다 더 아름다운 것은 없다. 어진 것보다 더 귀한 것이 없다. 그런데 어째서 나는 어질고 지혜 있는 사람이 되지 못하고 하늘에서 타고난 본성을 깎아 낸단 말인가? 사람마다 이런 뜻을 마음속에 두고 이것을 견고하게 가져서 조금도 물러서지 않는다면 누구나 거의 올바른 사람의 지경에 들어갈 수가 있다.
>
> 그러나 사람들은 혼자서 자칭 내가 뜻을 세웠노라고 하면서도, 이것을 가지고 애써 앞으로 나아가려 하지 않고, 그대로 우두커니 서서 어떤 효력이 나타나기만을 기다린다. 이것은 명목으로는 뜻을 세웠노라고 말하지만, 그 실상은 학문을 하려는 정성이 없기 때문이다. 그렇지 않고 만일 내 뜻의 정성이 정말로 학문에 있다고 하면 어진 사람이 될 것은 정한 이치이고, 또 내가 하고자 하는 올바른 일을 행하면 그 효력이 나타날 것인데, 왜 이것을 남에게서 구하고 다음에 하자고 기다린단 말인가?

① 자연의 순리대로 살아가는 일
② 천하의 영재를 얻어 교육하는 일
③ 뜻을 세우고 그것을 실천하는 일
④ 세상과 적절히 타협하며 살아가는 삶

12 농도 11%의 소금물 100g에 농도 5%의 소금물을 섞어 농도 10%의 소금물을 만들려고 한다. 이때 농도 5%의 소금물의 양은?

① 10g
③ 30g

② 20g
④ 40g

13 어느 영화관에서 50명에게 A, B영화 관람 여부를 조사한 결과, 두 영화를 모두 관람한 사람은 20명이고, 영화를 하나도 보지 않은 사람은 15명이었다. A영화를 관람한 사람이 28명일 때, 50명 중 1명을 택할 경우 그 관객이 B영화만 관람한 사람일 확률은?

① $\dfrac{3}{50}$

② $\dfrac{7}{50}$

③ $\dfrac{9}{50}$

④ $\dfrac{13}{50}$

14 직장인 K씨는 어느 해 12월 31일에 현찰 1,000달러를 A은행에 팔고 계좌에 입금한 다음, 2일 후 A은행에서 1,000달러를 지인에게 송금하려고 한다. 다음의 환율 현황을 참고할 때 추가로 필요한 금액은?(단, '전일 대비'란 매매기준율을 기준으로 한 값이며, 1월 1일은 공휴일이므로 전일 대비 산입일에 포함하지 않는다. 계산할 때 환율은 소수점 이하에서 버림한다)

〈환율 현황〉

(단위 : 원/달러)

날짜	매매기준율	전일 대비	현찰		송금	
			살 때	팔 때	보낼 때	받을 때
12월 31일	( )	−1.20	1,236.00	1,106.00	1,226.00	1,116.00
1월 2일	1,222.50	+6.50	1,242.50	1,092.50	1,222.50	1,112.50

※ K씨는 환율 우대로 50% 환전 수수료 할인을 받음
※ 환율 우대는 환전 수수료에만 적용됨
※ 살 때의 환율은 매매기준율에 환전 수수료를 더하는 반면, 팔 때의 환율은 그만큼 뺌

① 61,000원 ② 62,000원
③ 71,000원 ④ 72,000원

15 다음은 M펀드의 투자신탁 관련 보수에 대한 자료이다. 갑이 클래스별로 1,000만 원을 투자한 경우, 클래스별 1년 차에 지불할 보수비용의 값이 바르게 짝지어진 것은?

〈투자신탁의 보수비용〉

구분	연간 지급비율				
	집합 투자업자 보수	판매회사 보수	신탁업자 보수	일반사무 관리회사 보수	기타 비용
A클래스	0.30%	0.06%	0.03%	−	0.225%
Ae클래스	0.30%	0.03%	0.03%	−	0.225%
C클래스	0.30%	1.00%	0.03%	−	0.2256%
Ce클래스	0.30%	0.50%	0.03%	−	0.2249%

※ (보수비용)=(투자비용)×(항목별 지급비율의 합)

① A클래스 : 62,500원 ② Ae클래스 : 59,500원
③ C클래스 : 155,560원 ④ Ce클래스 : 111,490원

16 다음은 국가별 연구비에 대한 부담원과 사용 조직을 나타낸 자료이다. 이에 대한 설명으로 옳은 것은?

〈국가별 연구비 부담원 및 사용 조직〉

(단위 : 억 엔)

부담원	사용조직 \ 국가	일본	미국	독일	프랑스	영국
정부	정부	8,827	33,400	6,590	7,227	4,278
	산업	1,028	71,300	4,526	3,646	3,888
	대학	10,921	28,860	7,115	4,424	4,222
산업	정부	707	0	393	52	472
	산업	81,161	145,000	34,771	11,867	16,799
	대학	458	2,300	575	58	322

① 독일 정부가 부담하는 연구비는 미국 정부가 부담하는 연구비의 약 절반이다.
② 정부 부담 연구비 중에서 산업의 사용 비율이 가장 높은 나라는 프랑스이다.
③ 산업이 부담하는 연구비를 산업 조직이 가장 높은 비율로 사용하는 나라는 프랑스이다.
④ 미국의 대학이 사용하는 연구비는 일본의 대학이 사용하는 연구비의 두 배 미만이다.

17 다음은 은행별 고객만족도 조사 결과를 나타낸 자료이다. 이에 대한 설명으로 옳은 것은?

〈A ~ H은행 고객만족도 조사 결과〉

(단위 : 점 / 5점 만점 기준)

구분	시설 및 직원 서비스	금융상품 다양성	지점 · ATM 이용 편리성	이자율 · 수수료	서비스 호감도
A은행	3.73	3.29	3.53	3.57	3.58
B은행	3.71	3.28	3.56	3.56	3.57
C은행	3.67	3.22	3.55	3.48	3.56
D은행	3.67	3.28	3.59	3.52	3.55
E은행	3.63	3.22	3.57	3.51	3.56
F은행	3.64	3.23	3.50	3.55	3.53
G은행	3.67	3.19	3.53	3.51	3.51
H은행	3.60	3.21	3.46	3.54	3.51

① A은행은 평가항목 중 3개 부분에서 가장 높은 점수를 보이고 있다.
② 금융상품 다양성 부분의 경우, A ~ H은행의 평균점수보다 점수가 높은 은행은 2개이다.
③ 지점 · ATM 이용 편리성 부분에서 가장 높은 점수의 은행은 이자율 · 수수료 부분의 점수도 가장 높다.
④ 시설 및 직원 서비스 부분에서 가장 낮은 점수의 은행은 지점 · ATM 이용 편리성 부분의 점수도 가장 낮다.

18 다음은 우리나라가 중국에 수출하고 있는 간식에 대한 자료이다. 이에 대한 설명으로 옳은 것을 〈보기〉에서 모두 고르면?(단, 비율은 소수점 둘째 자리에서 반올림하며, 금액은 억 원 미만을 버림한다)

〈연간 간식별 매출액 비율〉

(단위 : %)

구분	2020년	2021년	2022년	2023년	2024년
캔디·초콜릿	31.8	33.2	32.1	22.5	18.4
비스킷	29.7	30.1	35.4	19.4	16.5
베이커리	18.6	17.5	14.9	15.1	15.3
견과류	8.7	9.1	11.4	36.5	41.2
기타	11.2	10.1	6.2	6.5	8.6

〈우리나라 간식의 중국 연간매출액〉

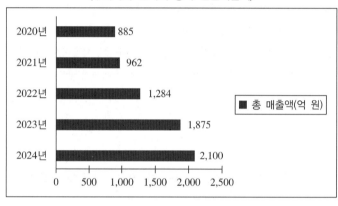

〈보기〉

ㄱ. 캔디·초콜릿, 비스킷, 베이커리의 매출액 비율의 순위는 매년 동일하다.

ㄴ. 2021년부터 2024년까지 비스킷과 베이커리의 전년 대비 매출액 비율의 증감방향은 동일하다.

ㄷ. 우리나라 간식의 중국 연간매출액은 2022년 대비 2023년 증가율이 2020년 대비 2021년 증가율의 5배 이상이다.

ㄹ. 2020년 견과류 매출액과 2024년 견과류 매출액의 차이는 780억 원 이상이다.

① ㄱ, ㄴ
② ㄱ, ㄷ
③ ㄴ, ㄹ
④ ㄷ, ㄹ

19 M기업은 N브랜드 의류를 생산하여 수출하는 기업이다. 최근 해외에서 N브랜드의 인지도가 높아짐에 따라 수출량도 함께 증가하여 상당한 매출을 달성하고 있다. 다음은 M기업의 지난 2024년 2월의 수출입거래 현황과 주요국 통화 환율 추이이다. M기업의 주거래은행에서 관리하고 있는 당좌계좌의 잔액이 2월 1일 기준 1천만 원이었다면, 다음의 자료를 참고하여 2월 23일 기준 당좌계좌 잔액은 얼마인가?(단, 환전은 결제일 당일 기준환율에 의해 이루어지며, 기타 비용은 발생하지 않는다)

■ M기업의 2024년 2월 수출입거래 현황
- 2/1 미국 A사와 N브랜드 의류 수출계약
  - 수출물량 : 1,000box
  - 단가 : 1pcs당 10달러(1box＝10pcs)
  - 인도일 : 2/14
  - 결제일 : 인도일＋3
- 2/3 일본 C사와 P원단 수입계약
  - 수입물량 : 1,000rolls
  - 단가 : 1m당 50엔(1roll＝50m)
  - 인수일 : 2/9
  - 결제일 : 인수일＋12

■ 2024년 2월 주요국 통화 환율 추이(휴일 제외)

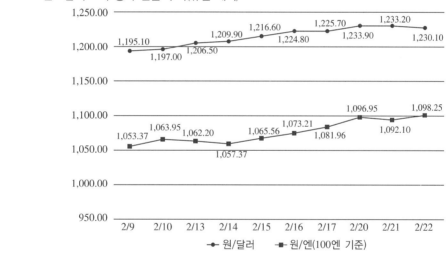

① 9,100,500원
② 102,734,375원
③ 104,087,500원
④ 105,267,500원

※ A는 2024년 10월 5일에 내맘대로적금에 가입하였다. 다음은 A가 가입한 M금고의 내맘대로적금 상품에 대한 자료이다. 이어지는 질문에 답하시오. 【20~21】

<내맘대로적금>

○ 가입대상 : 실명의 개인
○ 계약기간 : 6개월 이상 36개월 이하(월 단위)
○ 정액적립식 : 신규 약정 시 약정한 월 1만 원 이상의 저축금액을 매월 약정일에 동일하게 저축
○ 세금 : 비과세혜택 적용
○ 이자지급방식 : 만기일시지급식, 단리식
○ 기본금리

구분	6개월 이상 12개월 미만	12개월 이상 24개월 미만	24개월 이상 36개월 미만	36개월
금리	1.4%	1.8%	2.0%	2.2%

※ 만기 전 해지 시 1.1%의 금리가 적용됨

○ 우대금리
다음 각 우대사항에 따른 우대금리는 0.2%p로 동일함

구분	우대조건
자동이체 저축	이 적금의 계약기간에 해당하는 개월 수 이상 회차를 납입한 계좌 중 총납입회차의 2/3 이상을 자동이체를 이용하여 입금한 경우
장기거래	이 적금의 신규 시에 예금주의 M금고 거래기간이 5년 이상인 경우
첫 거래	이 적금의 신규 시에 M금고의 예적금(청약 관련상품 제외) 상품을 보유하지 않은 경우
주택청약종합저축	이 적금의 신규일로부터 3개월이 속한 달의 말일을 기준으로 주택청약종합저축을 보유한 경우

20 A는 26개월 동안 매월 100,000원씩 납입하고자 한다. A가 우대금리의 적용을 받는 항목이 없다고 할 때, 만기일 도래 시 A가 받을 환급금액은?

① 2,425,500원   ② 2,625,000원

③ 2,658,500원   ④ 2,814,500원

21 A는 20개월 동안 매월 100,000원씩 납입하고자 한다. A가 다음 〈조건〉에 따라 우대금리의 적용을 받을 때, 만기일 도래 시에 A가 받을 적용금리와 만기환급금액이 바르게 연결된 것은?

〈조건〉

- A는 2024년 11월 납입분부터 2025년 10월 납입분까지를 자동이체로 납입한다.
- A는 2025년 3월 납입분부터 2025년 10월 납입분까지를 인터넷뱅킹으로 납입한다.
- A는 2018년부터 M금고를 이용해 거래하였다.
- A는 2024년 12월 9일에 M금고를 통해 주택청약종합저축에 가입하였다.
- A는 2023년 1월에 계약기간이 12개월인 M금고의 K적금상품에 가입하였다.

	적용금리	만기 환급금액		적용금리	만기 환급금액
①	2.2%	2,020,000원	②	2.2%	2,021,000원
③	2.4%	2,035,000원	④	2.4%	2,042,000원

22 A ~ D 4명이 다음 〈조건〉에 따라 구두를 샀다고 할 때, A는 주황색 구두를 포함하여 어떤 색의 구두를 샀는가?(단, 빨간색 – 초록색, 주황색 – 파란색, 노란색 – 남색은 보색 관계이다)

〈조건〉
- 세일하는 품목은 빨간색, 주황색, 노란색, 초록색, 파란색, 남색, 보라색으로 한 켤레씩 남았다.
- A는 주황색을 포함하여 두 켤레를 샀다.
- C는 빨간색 구두를 샀다.
- B, D는 파란색을 좋아하지 않는다.
- C, D는 같은 수의 구두를 샀다.
- B는 C가 산 구두와 보색 관계인 구두를 샀다.
- D는 B가 산 구두와 보색 관계인 구두를 샀다.
- 모두 한 켤레 이상씩 샀으며, 4명은 세일품목을 모두 샀다.

① 노란색   ② 초록색
③ 보라색   ④ 파란색

23 다음 〈조건〉을 바탕으로 사무실의 위치를 파악할 때, 5층에 있는 부서는?(단, 한 층에 한 부서씩 있다)

〈조건〉
- 기획조정실의 층수에서 경영지원실의 층수를 빼면 3이다.
- 보험급여실은 경영지원실 바로 위층에 있다.
- 급여관리실은 빅데이터운영실보다는 아래층에 있다.
- 빅데이터운영실과 보험급여실 사이에는 두 층이 있다.
- 경영지원실은 가장 아래층이다.

① 빅데이터운영실   ② 보험급여실
③ 급여관리실   ④ 기획조정실

24 다음은 국민연금법의 일부 조항이다. 다음을 읽은 후의 반응으로 적절하지 않은 것은?

> **제89조(연금보험료의 납부 기한 등)**
> ① 연금보험료는 납부 의무자가 다음 달 10일까지 내야 한다. 다만, 대통령령으로 정하는 농업·임업·축산업 또는 수산업을 경영하거나 이에 종사하는 자(이하 "농어업인"이라 한다)는 본인의 신청에 의하여 분기별 연금보험료를 해당 분기의 다음 달 10일까지 낼 수 있다.
> ② 연금보험료를 납부 기한의 1개월 이전에 미리 낸 경우에는 그 전달의 연금보험료 납부 기한이 속하는 날의 다음 날에 낸 것으로 본다.
> ③ 납부 의무자가 연금보험료를 미리 낼 경우 그 기간과 감액(減額)할 금액 등은 대통령령으로 정한다.
> ④ 납부 의무자가 연금보험료를 계좌 또는 신용카드 자동이체의 방법으로 낼 경우에는 대통령령으로 정하는 바에 따라 연금보험료를 감액하거나 재산상의 이익을 제공할 수 있다.
> ⑤ 건강보험공단은 제1항에도 불구하고 고지서의 송달 지연 등 보건복지부령으로 정하는 사유에 해당하는 경우에는 제1항에 따른 납부 기한으로부터 1개월 범위에서 납부 기한을 연장할 수 있다.
> ⑥ 제5항에 따라 납부 기한을 연장받으려면 보건복지부령으로 정하는 바에 따라 건강보험공단에 납부 기한의 연장을 신청하여야 한다.

① 연금보험료 자동이체를 신청했더니 보험료 감액 혜택이 있더라.
② 농업에 종사하시는 우리 부모님은 연금보험료를 분기별로 납부하시더라.
③ 납부 기한 연장은 대통령령으로 정하는 바에 따라 시청에 신청을 하면 된대.
④ 이번 달 연금보험료 고지서를 아직 받지 못했어. 연금보험료 납부 기한 연장 신청을 해야겠어.

25 M공단 안전본부 사고분석 개선처에 근무하는 B대리는 혁신우수 연구대회에 출전하여 첨단장비를 활용한 차종별 보행자사고 모형개발 자료를 발표했다. 연구 추진방향을 도출하기 위해 SWOT 분석을 한 결과가 다음과 같을 때, 분석 결과에 대응하는 전략과 그 내용이 바르게 짝지어지지 않은 것은?

〈차종별 보행자사고 모형개발 자료 SWOT 분석 결과〉	
강점(Strength)	**약점(Weakness)**
10년 이상 지속적인 교육과 연구로 신기술 개발을 위한 인프라 구축	보행자사고 모형개발을 위한 예산 및 실차 실험을 위한 연구소 부재
기회(Opportunity)	**위협(Threat)**
첨단 과학장비(3D스캐너, MADYMO) 도입으로 정밀 시뮬레이션 분석 가능	교통사고에 대한 국민의 관심과 분석수준 향상으로 공단의 사고분석 질적 제고 필요

① WO전략 : 실차 실험 대신 과학장비를 통한 시뮬레이션 연구로 모형개발
② WT전략 : 신기술 개발을 위한 연구대회를 개최해 인프라를 더욱 탄탄히 구축
③ ST전략 : 지속적 교육과 연구로 쌓아온 데이터를 바탕으로 사고분석 프로그램 신기술 개발을 통해 사고분석 질적 향상에 기여
④ SO전략 : 과학장비를 통한 정밀 시뮬레이션 분석을 토대로 국내 차량의 전면부 형상을 취득하고 보행자사고를 분석해 신기술 개발에 도움

26 M사에 다니는 J사원은 상사로부터 다음과 같은 내용의 사내메일을 받았다. J사원이 선택할 조사 방법으로 적절한 것은?

수신 : J사원
발신 : K과장
제목 : 설문조사를 실시하세요.
내용 : J씨, 다음 달인 7월부터 8월까지 두 달간 전국 1급 국립박물관의 관장을 대상으로 설문조사를 실시하세요. 설문문항은 설문시간이 60분이 되도록 맞춰야 하며 조사결과는 모두 회수해야 합니다. 주의사항은 질문이 유출되어서는 안 된다는 것입니다. 조사 시 조사대상자별로 공통설문문항 외에 우리 회사에 대한 인식이나 사용하고 있는 제품이 있으면 상품평을 간단하게 물어봤으면 합니다.

〈설문조사 방법〉

구분	장점	단점
면접조사	• 응답률이 높음 • 응답자의 오해를 최소화할 수 있음 • 본인에게서 응답을 얻을 수 있음 • 구체적으로 질문할 수 있음	• 조사원의 개인차에 의한 편견과 부정의 소지가 있음 • 시간이 오래 걸림
전자조사	• 비용이 적음 • 발송 / 회신이 빠름	• 회신율 보장 못 함 • 특정 계층에 집중될 수 있음 • 보안이 약함
우편조사	• 비용이 비교적 적음 • 넓은 지역에 유리	• 회신율이 낮음 • 응답자가 설문을 잘 이해하지 못할 수 있음
전화조사	• 응답률이 높음 • 신속하고 쉽게 할 수 있음 • 응답자의 오해를 최소화할 수 있음 • 응답자의 얼굴이 보이지 않으므로 자유롭게 생각을 말할 가능성이 높음	• 보안 유지가 어려움 • 물건판매로 오해하여 응답에 비협조적일 수 있음 • 번호가 정확하지 않을 수 있음 • 시간제한이 있음
집합조사	• 응답률 높음 • 조사의 설명이나 조건 등이 모든 응답자에게 평등함 • 비용이 적음 • 조사원의 수가 적음	• 응답자를 동일 장소에 모으기 어려움

① 면접조사
② 전자조사
③ 우편조사
④ 전화조사

27 공무원인 A씨는 5월을 맞이하여 공무원 및 유관기관 임직원들을 대상으로 하는 교육을 들으려고 한다. 교육과정과 A씨의 한 달 일정이 아래와 같을 때, A씨가 이수할 수 있는 교육의 수는?(단, 결석 없이 모두 참석해야 이수로 인정받을 수 있다)

〈5월 교육과정 안내〉

구분	교육일정	계획인원(명)	교육내용
세계농업유산의 이해	5. 10 ~ 5. 12	35	국가농업유산의 정책방향, 농업유산의 제도 및 규정, 농업유산 등재 사례 등
벌과 꿀의 세계	5. 15 ~ 5. 17	35	양봉산업 현황과 방향, 꿀벌의 생태, 관리 방법, 양봉견학 및 현장실습 등
농촌관광상품 개발 및 활성화	5. 15 ~ 5. 19	35	농촌관광 정책방향 및 지역관광자원 연계방안 이해, 운영사례 및 현장체험 등
디지털 사진촬영 및 편집	5. 15 ~ 5. 19	30	주제별 사진촬영기법 실습, 스마트폰 촬영방법 실습 등
미디어 홍보역량 강화	5. 17 ~ 5. 19	20	보도자료 작성법, 어문 규정에 따른 보도자료 작성법, 우수 미흡 사례
농업의 6차 산업화	5. 22 ~ 5. 24	30	농업의 6차 산업화 개념 및 정책 방향, 마케팅 전략, 해외 성공 사례, 우수업체 현장방문 등
첨단과수·시설 원예산업육성	5. 22 ~ 5. 24	30	과수·시설원예 정책방향, 기술 수준, 한국형 스마트팜, 통합 마케팅 사례 및 유통 현장견학
엑셀중급 (데이터분석)	5. 22 ~ 5. 26	30	엑셀2010의 데이터 관리기법, 피벗 활용 및 함수 활용 실습
외식산업과 농업 연계전략	5. 29 ~ 6. 1	30	식품·외식산업 정책방향, 외식산업과 농업 연계전략, 외식콘텐츠 개발 계획 등
종자·생명 산업	5. 29 ~ 6. 2	30	종자·생명 산업 정책방향, 농식품바이오 기술 융복합, 식물·동물 자원 유전체 기술 및 글로벌 트렌드 등
귀농·귀촌 길잡이	5. 29 ~ 6. 2	35	귀농·귀촌 현황과 전망, 주민과 갈등해소 및 소통 방법, 농지이용 가이드, 주택 구입방법, 창업아이템 분석 등
농지관리제도 실무	5. 29 ~ 6. 2	30	농지정책방향, 농지법, 농지은행제도, 농지민원사례, 농지정보시스템, 농지제도 발전방향 등

〈A씨의 한 달 일정〉

• 5월 3 ~ 5일 : 농식품부 관련 세종시 출장
• 5월 9일 : 출장 관련 보고서 작성 및 발표
• 5월 15일 : 학회 세미나 출석
• 5월 24 ~ 25일 : 취미 활동인 기타 동아리 정기 공연 참가
• 6월 1일 : 여름 장마철 예방 대책 회의 참석

① 1개 ② 2개
③ 3개 ④ 4개

28 다음은 M은행의 전세자금대출 관련 설명서의 일부이다. 홈페이지의 Q&A 담당인 A사원이 게시판에 올라온 질문에 답변한 내용 중 적절하지 않은 것은?

◆ **대출대상자**

부동산중개업소를 통해 임대차계약(임차보증금이 있는 월세계약 포함)을 체결하고 5% 이상의 계약금을 지급한 임차인으로 다음 요건을 모두 충족하는 고객 [임대인이 주택사업자(법인 임대사업자 포함)인 경우에는 부동산중개업소를 통하지 않은 자체계약서 인정 가능]
- 대출신청일 현재 만 19세 이상인 고객
- 대출신청일 현재 임대차계약기간이 1년 이상 남은 고객
- 임차보증금이 수도권(서울특별시 포함) 4억 원, 그 외 지역의 경우 3억 원 이하여야 함[단, 임대인이 주택사업자(법인 임대사업자 포함)인 경우 임차보증금 제한 없음]
- 임차권의 대항력 및 우선변제권을 확보한 고객 또는 확보할 수 있는 고객
- 외국인 및 재외국민이 아닌 고객

◆ **대상주택**

전 지역 소재 주택으로서 다음의 조건을 모두 갖추어야 함
- 임대인에 따라 다음 주택을 대상으로 함
  - 임대인이 개인인 경우 : 아파트(주상복합아파트 포함), 연립주택, 다세대주택, 단독주택, 다가구주택, 주거용 오피스텔
  - 임대인이 주택사업자(법인 임대사업자 포함)인 경우 : 아파트(주상복합아파트 포함), 연립주택, 주거용 오피스텔
- 소유권에 대한 권리침해 사항(경매신청, 압류, 가압류, 가처분, 가등기 등)이 없어야 함
- 전입세대열람내역 확인 시 타 세대의 전입내역이 없을 것(단, 단독주택 및 다가구주택은 여러 세대가 공동 거주하므로 다른 세대의 전입내역이 있는 경우에도 취급 가능)
- 미등기 건물 또는 건축물대장상 위반건축물이 아닌 경우
- 선순위채권이 존재하는 경우 주택가격의 60% 이내일 것
- 임대인이 외국인, 해외거주자인 경우 취급할 수 없음

---

① Q : 다음 달이 전세계약 만기라 대출을 받고 싶습니다.
　 A : 대출 신청일 현재 임대차계약기간이 1년 이상 남아야 합니다.
② Q : 필리핀에서 한국으로 귀화한 지 2년이 지났습니다. 다른 조건을 만족하면 대출이 가능한가요?
　 A : 외국인인 경우 대출이 불가합니다.
③ Q : 내년에 입주 예정인 만 18세 예비 대학생입니다. 올해 대출을 받아 내년에 입주하고 싶은데, 가능한가요?
　 A : 대출신청일 현재 만 19세 이상이어야 합니다.
④ Q : 아직 계약금을 내지 않았는데, 전세자금대출을 받아 계약금을 먼저 내고 싶습니다.
　 A : 부동산중개업소를 통해 임대차계약(임차보증금이 있는 월세계약 포함)을 체결하고 5% 이상의 계약금을 지급하여야만 대출을 진행할 수 있습니다.

29 A, B 두 여행팀은 다음 정보에 따라 자신의 효용을 극대화하는 방향으로 관광지 이동을 결정한다고 할 때, 각 여행팀은 어떤 결정을 할 것이며 그때 두 여행팀의 총효용은 얼마인가?

〈여행팀의 효용정보〉

- A여행팀과 B여행팀이 동시에 오면 각각 10, 15의 효용을 얻는다.
- A여행팀은 왔으나, B여행팀이 안 온다면 각각 15, 10의 효용을 얻는다.
- A여행팀은 안 오고, B여행팀만 왔을 때는 각각 25, 20의 효용을 얻는다.
- A, B여행팀이 모두 오지 않았을 때는 각각 35, 15의 효용을 얻는다.

〈결정방법〉

A, B여행팀 모두 결정할 때 효용의 총합은 신경 쓰지 않는다. 상대방이 어떤 선택을 했는지는 알 수 없고 서로 상의하지 않는다. 각 팀은 자신의 선택에 따른 다른 팀의 효용이 얼마인지는 알 수 있다. 이때 다른 팀의 선택을 예상해서 자신의 효용을 극대화하는 선택을 한다.

	A여행팀	B여행팀	총효용
①	관광지에 간다	관광지에 간다	25
②	관광지에 가지 않는다	관광지에 간다	45
③	관광지에 간다	관광지에 가지 않는다	25
④	관광지에 가지 않는다	관광지에 가지 않는다	50

30 M사 인사팀 직원인 K씨는 사내 설문조사를 통해 요즘 사람들이 연봉보다는 일과 삶의 균형을 더 중요시하고 직무의 전문성을 높이고 싶어 한다는 결과를 도출했다. 설문조사 결과와 M사 임직원의 근무여건에 대한 다음 자료를 참고하여 인사제도를 합리적으로 변경한 것은?

〈임직원 근무여건〉

구분	주당 근로 일수(평균)	주당 근로시간(평균)	직무교육여부	퇴사율
정규직	6일	52시간 이상	○	17%
비정규직 1	5일	40시간 이상	○	12%
비정규직 2	5일	20시간 이상	×	25%

① 정규직의 연봉을 7% 인상한다.
② 정규직을 비정규직으로 전환한다.
③ 비정규직 1의 직무교육을 비정규직 2와 같이 조정한다.
④ 정규직의 주당 근로시간을 비정규직 1과 같이 조정하고 비정규직 2의 직무교육을 시행한다.

31 조직을 이루는 구성원 사이에서 공유된 생활양식이나 가치를 '조직문화'라고 한다. 다음 중 조직문화가 갖는 특징으로 옳지 않은 것은?

① 구성 요소에는 리더십 스타일, 제도 및 절차, 구성원, 구조 등이 있다.

② 조직 구성원들에게 일체감과 정체성을 준다.

③ 조직의 안정성을 유지하는 데 기여한다.

④ 구성원들 개개인의 다양성을 강화해준다.

32 K팀장의 설명을 바탕으로 할 때, 신입사원이 서류를 제출해야 할 장소는?

> K팀장 : ○○씨, 9층 입구로 들어가시면 기둥이 있습니다. 그 왼쪽으로 가시면 방이 두 개 있을 거예요. 그 중 왼쪽 방에서 서류를 찾으셔서 제가 있는 방으로 가져다주세요. 제가 있는 곳은 창문을 등지고 앞으로 쭉 오셔서 기둥을 지나 왼쪽으로 돌았을 때 오른쪽에 보이는 방입니다.

① A

② B

③ C

④ D

협상에 사용될 협상전략의 형태는 다양하다. 당사자는 자신의 목적과 상대방의 목적 그리고 상황적 요인에 따라서 다양하게 협상전략을 구사할 수 있다. 협상전략의 형태로는 협력전략, 유화전략, 회피전략, 강압전략이 있다. 협력전략은 협상 참여자들이 협동과 통합으로 문제를 해결하고자 하는 협력적 문제해결전략이다. 유화전략은 상대방이 제시하는 것을 일방적으로 수용하여 협상의 가능성을 높이려는 전략이다. 회피전략은 협상을 피하거나 잠정적으로 중단 및 철수하는 전략이다. 강압전략은 자신이 상대방보다 힘에 있어서 우위를 점유하고 있을 때 자신의 이익을 극대화하기 위한 공격적 전략이다. 아래의 사례를 살펴보자.

〈사례〉

최근 전통시장 현대화 건물 입주를 둘러싸고 전통시장 상인들과 G중앙회 간에 갈등이 깊어지고 있다. 전통시장은 1980년 시장이 건축된 이후 한 번도 재개발을 하지 않아 시설이 많이 노후화되어 있다. 이에 따라 현대화의 필요성이 제기되었고 정부의 노력을 통해 10년 만에 현대화 건물이 완공되었다. 하지만 이전 상인들은 판매자리가 좁아지고 임대료 가격이 2배 이상 올랐기 때문에 입주를 하지 않으려고 한다. 그에 따라 기존 입주 기간보다 2개월 정도 늦어지게 되었고 상인들과 G중앙회는 끝내 합의점을 찾지 못했다.

이러한 문제를 해결하기 위해 G중앙회의 임원들은 협상 전략을 세우기로 한다. 문제를 해결하는 합의에 이르기 위해 협상 당사자들이 서로 협력하는 문제해결 전략으로써, 나도 잘되고 상대방도 잘되어 모두가 잘되는 전략이다. 이 전략을 사용하려면 협상 참여자들이 신뢰에 기반을 두고 있어야 한다.

33 윗글의 사례에 해당하는 협상전략에 대한 설명으로 가장 적절한 것은?

① 협상으로 인해 돌아올 결과보다는 상대방과의 우호관계 중시가 우선시 될 때 활용한다.

② 협상을 중단하고자하여 상대방에게 심리적 압박감을 주어 필요한 양보를 얻어내고자 할 때 사용한다.

③ 협상 당사자들은 자신들의 목적이나 우선순위에 대한 정보를 서로 교환하고 통합하여 문제를 해결하고자 노력한다.

④ 일방적인 의사소통으로 일방적인 양보를 받아낸다.

34 윗글에 제시된 〈사례〉의 협상 의미로 적절하지 않은 것은?

① 지식과 노력 차원　　　　　　② 갈등해결 차원

③ 의사소통 차원　　　　　　　　④ 교섭 차원

35 김팀장은 이대리에게 다음과 같은 업무지시를 내렸고, 이대리는 김팀장의 업무 지시에 따라 자신의 업무 일정을 정리하였다. 다음 중 이대리의 업무에 대한 설명으로 적절하지 않은 것은?

이대리, 오늘 월요일 정기회의 진행에 앞서 이번 주 업무에 대해서 미리 전달할게요. 먼저, 이번 주 금요일에 진행되는 회사 창립 기념일 행사 준비는 잘 되고 있나요? 행사 진행 전에 확인해야 할 사항들에 대해 체크리스트를 작성해서 수요일 오전까지 저에게 제출해 주세요. 그리고 행사가 끝난 후에는 총무팀 회식을 할 예정입니다. 이대리가 적당한 장소를 결정하고, 목요일 퇴근 전까지 예약이 완료될 수 있도록 해 주세요. 아! 그리고 내일 오후 3시에 진행되는 신입사원 면접과 관련해서 오늘 퇴근 전까지 면접 지원자에게 다시 한 번 유선으로 참여 여부를 확인하고, 정확한 시간과 준비사항 등의 안내를 부탁할게요. 마지막으로 지난주 영업팀이 신청한 비품도 주문해야 합니다. 오늘 오후 2시 이전에 발주하여야 영업팀이 요청한 수요일 전에 배송받을 수 있다는 점 기억하세요. 자, 그럼 바로 회의 진행하도록 합시다. 그리고 오늘 회의 내용은 이대리가 작성해서 회의가 끝난 후 바로 사내 인트라넷 게시판에 공유해 주세요.

〈첫째 주 업무 일정〉

㉠ 회의록 작성 및 사내 게시판 게시
㉡ 신입사원 면접 참여 여부 확인 및 관련사항 안내
㉢ 영업팀 신청 비품 주문
㉣ 회사 창립 기념일 행사 준비 관련 체크리스트 작성
㉤ 총무팀 회식 장소 예약

---

① 이대리가 가장 먼저 처리해야 할 업무는 ㉠이다.
② 이대리는 ㉡보다 ㉢을 우선 처리하는 것이 좋다.
③ ㉠, ㉡, ㉢은 월요일 내에 모두 처리해야 한다.
④ ㉤은 회사 창립 기념일 행사가 끝나기 전까지 처리해야 한다.

36 다음 중 갈등의 두 가지 쟁점 중 감정적 문제로 옳지 않은 것은?

① 통제나 권력 확보를 위한 싸움
② 질투와 분노
③ 자존심에 대한 위협
④ 역할 모호성

37 M사는 2024년 상반기에 비해 하반기 매출이 대폭 줄어들었다. 사내 미래전략위원회에서 원인을 분석한 결과 영업 담당자들의 대외협상 능력이 다른 회사에 비해 크게 뒤처지기 때문으로 나타났다. M사는 대외협상 능력을 보강하기 위해 면접을 실시하였고, 인력개발실에서 다음과 같은 5명의 최종인원을 선별하여 최종결재 부서인 미래전략위원회 인사담당이사에게 보고하였다. 인사담당이사는 이 중 3명의 경력직 인원을 선발해야 한다. 인사담당이사가 선발할 인원으로 가장 적절한 것은?

〈경력직 지원자 정보〉

구분	특징
A지원자	대화 시 타인의 생각과 가치관을 잘 배려하는 편이다.
B지원자	대화 시 상대방을 설득하기 위해서 노력하는 편이다.
C지원자	대화 시 쟁점이 무엇인지 잘 파악한다.
D지원자	대화 시 상대방의 핵심 요구사항을 잘 파악한다.
E지원자	앞장서서 바람직한 변화를 선도하는 편이다.

① A, B, C
② A, B, D
③ A, C, E
④ B, C, D

38 다음은 협상과정의 어느 단계에 해당하는가?

- 갈등문제의 진행상황과 현재의 상황을 점검함
- 적극적으로 경청하고 자기주장을 제시함
- 협상을 위한 협상대상 안건을 결정함

① 상호 이해
② 실질 이해
③ 해결 대안
④ 합의 문서

39 최근 M금고에 입사한 Y직원은 며칠 전 민원상담을 진행하는 데 어려움을 겪었다고 선임인 K주임에게 토로했다. K주임은 Y직원이 민원상담을 잘 수행할 수 있도록 민원처리 매뉴얼에 대해 설명하고자 한다. 다음 중 K주임의 발언으로 적절하지 않은 것은?

① 민원처리 결과에 대하여 고객의 의견 및 만족 여부를 확인하여 은행의 신뢰를 조성하도록 노력해야 해.

② 고객이 민원을 제기할 때는 주장하는 내용을 정확하게 파악할 수 있도록 경청하는 것이 중요해. 만약 부정확한 내용이 있다면 반드시 다시 확인해야 해.

③ 사실을 확인한 민원에 대해서는 적절한 해결책이 무엇인지 모색하여야 하는데, 만약 은행의 과실에 대한 것이라면 이를 인정하고 먼저 사과해야 해.

④ 적절한 해결책이 있다면 고객에게 제시하여 해결하도록 하고, 향후 반복적인 문제가 발생하지 않도록 개인 업무노트에 기록해 두고 수시로 확인하는 것이 중요해.

40 다음 글에서 알 수 있는 잘못된 고객응대 자세는?

> P직원은 M금고에서 예·적금 수신업무를 담당하고 있다. 전화벨이 울리고 신속하게 인사와 함께 전화를 받았는데 사업 자금 대출과 관련된 여신업무 문의로 P직원은 고객에게 자신은 여신업무 담당자가 아니라고 설명하고, "지금 거신 전화는 수신업무 관련 부서로 연결되어 있습니다. 여신업무 관련 부서로 전화를 연결해드릴 테니 잠시만 기다려주십시오."라고 말하고 담당 부서로 전화를 돌렸다.

① 신속하게 전화를 받지 않았다.

② 고객이 기다려 주신 점에 대한 인사를 하지 않았다.

③ 고객의 기다림에 대해 양해를 구하지 않았다.

④ 전화를 다른 부서로 돌려도 괜찮은지 묻지 않았다.

5권

제5회
MG새마을금고
지역본부 필기전형

www.sdedu.co.kr

〈문항 수 및 시험시간〉

영역		문항 수	시험시간	모바일 OMR 답안채점 / 성적분석
NCS 직업기초능력평가	의사소통능력 수리능력 문제해결능력 조직이해능력 대인관계능력	40문항	40분	

※ 문항 수 및 시험시간은 2024년 하반기 공고문을 참고하여 구성하였습니다.

※ 시험시간이 종료되고 OMR 답안카드에 마킹하거나 시험지를 넘기는 행동은 부정행위로 간주합니다.

제5회 모의고사

문항 수 : 40문항
시험시간 : 40분

01 다음 빈칸에 들어갈 내용으로 가장 적절한 것은?

> 어떤 기업체에서 사원을 선발하는 방법으로 끈으로 묶은 꾸러미를 내놨는데 한 사람은 주머니칼을 꺼내어 끈을 잘라 버렸고, 다른 한 사람은 끈을 풀었다는 것이다. 채용된 쪽은 칼을 사용한 사람이었다고 한다. 기업주는 물자보다 시간을 아꼈던 것이다. _____
> 소비자는 낭비된 물자의 대가를 고스란히 떠맡는다. 자원의 임자인 지구나 그 혜택을 받는 뭇 생명들 차원에서 본다면 에너지와 자원의 손실을 떠맡아야 한다. 아주 미세한 이야긴지도 모르겠다. 그러나 도처에서 지속적으로 행해온 그 후유증을 우리는 현재 겪고 있는 것이다. 그것은 보이지 않는 유령이며 그것들로 인해 지구는 병들어 가고 있다. 많은 종(種)들이 하나둘 사라져갔으며, 이 활기 넘쳐 보이는 현실은 실상 자원 고갈을 향해 행진을 멈추지 않고 있는 것이다.

① 왜냐하면 시간을 아껴 써야 기업이 성공할 수 있기 때문이다.
② 물론 기업주는 물자와 시간 가운데 더 중요한 것을 선택했다.
③ 그러나 이러한 선택으로 아껴지는 것은 기업주의 시간일 뿐이다.
④ 이러한 행동은 경제성만을 추구한 데서 비롯된 당연한 결과이다.

02 다음 글의 주제로 가장 적절한 것은?

> 20대80 법칙, 2대8 법칙으로 불리기도 하는 파레토 법칙은 전체 결과의 80%가 전체 원인의 20%에서 일어나는 현상을 가리킨다. 결국 크게 수익이 되는 것은 20%의 상품군 그리고 20%의 구매자이기에 이들에게 많은 역량을 집중할 필요가 있다는 것으로, 선택과 집중이라는 경영학의 기본 개념으로 자리 잡아 왔다.
> 하지만 파레토 법칙은 현상에 붙은 이름일 뿐 법칙의 필연성을 설명진 않으며, 그 적용이 쉬운 만큼 내부의 개연성을 명확하게 파악하지 않으면 오용될 여지가 다분하다는 문제점을 지니고 있다. 예컨대 상위권 성적을 지닌 20%의 학생을 한 그룹으로 모아놓는다고 해서 그들의 80%가 갑작스레 공부를 중단진 않을 것이며, 20%의 고객이 80%의 매출에 기여하므로 백화점 찾는 80%의 고객들을 홀대해도 된다는 비약으로 이어질 수 있기 때문이다.

① 파레토 법칙은 80%의 고객을 경원시하는 법칙이다.
② 파레토 법칙을 함부로 여러 사례에 적용해서는 안 된다.
③ 파레토 법칙은 20%의 주요 구매자를 찾아내는 데 유효한 법칙이다.
④ 파레토 법칙은 보다 효율적인 판매 전략을 세우는 데 도움을 준다.

03 다음 글을 읽고 4D 프린팅으로 구현할 수 있는 제품으로 가장 적절한 것을 고르면?

3D 프린팅을 넘어 4D 프린팅이 차세대 블루오션 기술로 주목받고 있다. 스스로 크기와 모양을 바꾸는 등 이제껏 없던 전혀 새로운 방식의 제품 설계가 가능하기 때문이다. 4D 프린팅은 3D 프린팅에 '시간'이라는 한 차원(Dimension)을 추가한 개념으로, 시간의 경과, 온도의 변화 등 특정 상황에 놓일 경우 4D 프린팅 출력물의 외형과 성질이 변한다. 변화의 비결은 자가 변형이 가능한 '스마트 소재'의 사용에 있는데, 가열하면 본래 형태로 돌아오는 '형상기억합금'이 대표적인 스마트 소재이다.

4D 프린팅은 외부 환경의 변화에 따라 형태를 바꾸는 것은 물론 별다른 동력 없이도 움직일 수 있어 활용 가능성이 넓다. 이는 4D 프린팅이 3D 프린팅의 '크기' 한계를 넘었기 때문이다. 현재 3D 프린팅으로 건물을 찍어내기 위해서는 건물과 같은 크기의 3D 프린터가 있어야 하지만 4D 프린팅은 그렇지 않다. 소형으로 압축 출력한 스마트 소재가 시간이 지나면서 건물 한 동 크기로 쑥쑥 자라날 수 있는 것이다. 즉, 자동차가 로봇으로 변하는 '트랜스포머'도 4D 프린팅으로 구현이 가능하다.

패션·디자인·의료·인프라 등 다양한 분야에서 혁신 제품들을 하나둘 선보이고 있다. 미국 디자인 업체 '너브스시스템'이 4D 프린팅으로 옷·장신구·장식품 등을 제작하는 '키네마틱스 프로젝트' 기획도 그중 하나이다. 너브스시스템은 3D 프린팅으로 만든 드레스와 그 제작 과정을 선보였는데, 프린터에서 출력될 때는 평면이었던 드레스가 시간이 지나면서 입체적인 형태를 이루었다.

색깔이 변하는 4D 프린팅은 디자인뿐만 아니라 국민 안전 차원에서도 유용할 것으로 보인다. 한 연구원은 "미세먼지, 방사선 노출 등 국민 생활안전 이슈가 점차 중요해지면서 색상 변환 4D 프린팅이 유망할 것으로 본다. 일상이나 작업 환경에 배치한 4D 소재가 오염 정도에 따라 자극을 일으켜 위험 신호를 주는 형태로 활용 가능할 것"이라고 분석했다.

하지만 3D 프린팅 시장도 제대로 형성되지 않은 현시점에서 4D 프린팅 상용화를 논하기에는 아직 갈 길이 멀다. 워낙 역사 자체가 짧기 때문이다. 시장조사 전문기관의 평가도 이와 다르지 않다. '3D 프린팅 사이클'에서도 4D 프린팅은 아직 '기술 태동 단계(Innovation Trigger)'에 불과하다고 전망했다. 연구개발을 이제 막 시작하는 수준이라는 이야기이다.

① 줄기세포와 뼈 형성 단백질 등을 재료로 사용하여 혈관조직을 내·외부로 분포시킨 뼈 조직
② 프린터 내부 금형에 액체 섬유 용액을 부어 만든 옷
③ 사용자 얼굴의 형태에 맞춘 세상에 단 하나뿐인 주문형 안경
④ 열에 반응하는 소재를 사용하여 뜨거운 물에 닿으면 닫히고, 열이 식으면 열리는 수도 밸브

04 다음 글을 논리적 순서대로 바르게 나열한 것은?

최근 행동주의펀드가 적극적으로 목소리를 내면서 기업들의 주가가 급격히 변동하는 경우가 빈번해지고 있다. 특히 주주제안을 받아들이는 기업의 주가는 급등했지만, 이를 거부하는 기업의 경우 주가가 하락하고 있다. 이에 일각에서는 주주 보호를 위해 상법 개정이 필요하다는 지적이 나오고 있다.

(가) 이에 대한 대표적인 사례가 S엔터테인먼트이다. 그동안 S사는 대주주의 개인회사인 L기획에 일감을 몰아주면서 부당한 이득을 취해왔는데, 이에 대해 얼라인파트너스자산운용이 이러한 행위는 주주가치를 훼손하는 것이라며 지적한 것이다. 이에 S사는 라이크기획과 계약종료를 검토하겠다고 밝혔으며, 이처럼 얼라인파트너스자산운용의 요구가 실현되면서 주가는 18.6% 급등하였다. 이 밖에도 K사와 H사 등 자본시장에 영향을 미치고 있다.

(나) 이러한 행동주의펀드는 배당 확대나 이사·감사 선임과 같은 기본적 사안부터 분리 상장, 이사회 정원 변경, 경영진 교체 등 핵심 경영 문제까지 지적하며 개선을 요구하고 있는 추세이다.

(다) 이와 같은 얼라인파트너스자산운용의 제안을 수락한 7개의 은행 지주는 올해 들어 주가가 8~27% 급상승하는 결과를 보였으며, 이와 반대로 해당 제안을 장기적 관점에서 기업가치와 주주가치의 실익이 적다며 거부한 K사의 주가는 동일한 기간 주가가 4.15% 하락하는 모습을 보여, 다가오는 3월 주주총회에서의 행동주의펀드 및 소액주주들과 충돌이 예상되고 있다.

(라) 이처럼 시장의 주목도가 높아진 얼라인파트너스자산운용의 영향력은 최근 은행주에도 그 영향이 미쳤는데, K금융·S지주·H금융지주·W금융지주·B금융지주·D금융지주·J금융지주 등 은행지주 7곳에 주주환원 정책 도입을 요구한 것이다. 특히 그중 J금융지주에는 평가 결과 주주환원 정책을 수용할 만한 수준에 미치지 못한다고 판단된다며 배당확대와 사외이사의 추가 선임의 내용을 골자로 한 주주제안을 요구하였다.

① (가) – (나) – (다) – (라)　　　　　② (나) – (가) – (라) – (다)

③ (나) – (라) – (다) – (가)　　　　　④ (다) – (라) – (나) – (가)

05 M사에 근무하는 B씨가 이 기사를 읽고 기업의 사회적 책임에 대해 생각해보았다고 할 때, B씨가 생각한 내용으로 적절하지 않은 것은?

> 세계 자동차 시장 점유율 1위를 기록했던 도요타 자동차는 가속페달의 매트 끼임 문제로 미국을 비롯해 전 세계적으로 1,000만 대가 넘는 사상 초유의 리콜을 했다. 도요타 자동차의 리콜 사태에 대한 원인으로 기계적 원인과 더불어 무리한 원가절감, 과도한 해외생산 확대, 안일한 경영 등 경영상의 요인들이 제기되고 있다. 또 도요타 자동차는 급속히 성장하면서 제기된 문제들을 소비자의 관점이 아닌 생산자의 관점에서 해결하려고 했고, 늦은 리콜 대응 등 문제 해결에 미흡했다는 지적을 받고 있다. 이런 대규모 리콜 사태로 인해 도요타 자동차가 지난 수십 년간 세계적으로 쌓은 명성은 하루아침에 모래성이 됐다. 이와 다른 사례로 존슨앤드존슨의 타이레놀 리콜사건이 있다. 1982년 9월 말 미국 시카고 지역에서 존슨앤드존슨의 엑스트라 스트렝스 타이레놀 캡슐을 먹고 4명이 사망하는 사건이 발생한 것이었으나, 존슨앤드존슨은 즉각적인 대규모 리콜을 단행했다. 그 결과 존슨앤드존슨은 소비자들의 신뢰를 다시 회복했다.

① 기업은 문제를 인지한 즉시 문제를 해결하기 위해 노력해야 해.
② 상품에서 결함이 발견됐다면 기업은 그것을 인정하고 책임지는 모습이 필요해.
③ 이윤창출은 기업의 유지에 필요하지만, 수익만을 위해 움직이는 것은 여러 문제를 일으킬 수 있어.
④ 소비자의 관점이 아닌 생산자의 관점에서 문제를 해결할 때, 소비자들의 신뢰를 회복할 수 있어.

06 다음 글의 빈칸에 들어갈 문장으로 가장 적절한 것은?

> 무엇보다도 전통은 문화적 개념이다. 문화는 복합 생성을 그 본질로 한다. 복합은 질적으로 유사한 것끼리는 짧은 시간에 무리 없이 융합되지만, 이질적일수록 그 혼용의 역사적 기간과 길항이 오래 걸리는 것은 사실이다. 그러나 전통이 그 주류에 있어서 이질적인 것은 교체가 더디다 해서 전통을 단절된 것으로 볼 수는 없는 것이다. 오늘은 이미 하나의 문화적 전통을 이룬 서구의 전통도, 희랍·로마 이래 장구한 역사로써 헬레니즘과 히브리즘의 이질적 전통이 융합된 것임은 이미 다 아는 상식이 아닌가.
> 지금은 끊어졌다는 우리의 고대 이래의 전통도 알고 보면 샤머니즘에, 선교에, 불교에, 도교에, 유교에 실학파를 통해 받아들인 천주교적 전통까지 혼합된 것이고, 그것들 사이에는 유사한 것도 있었지만 상당히 이질적인 것이 교차하여 겯고 튼 끝에 이루어진 전통이요, 그것은 어느 것이나 '우리화'시켜 받아들임으로써 우리의 전통이 되었던 것이다. 이런 의미에서 보자면 오늘날 일시적 전통의 혼미를 전통의 단절로 속단하고 이를 전통 부정의 논거로 삼는 것은 허망된 논리이다. _____
> 그러므로 전통의 혼란이란 곧 주체 의식의 혼란이란 뜻에 지나지 않는다. 전통 탐구의 현대적 의의는 바로 문화의 기본적 주체 의식의 각성과 시대적 가치관의 검토, 이 양자의 관계에 대한 탐구의 요구에 다름 아니다.

① 끊어지고 바뀌고 붙고 녹는 것을 계속하면서 그것을 일관하는 것이 전통이란 것이다.
② 전통은 대체로 그 사회 및 그 사회의 구성원인 개인의 몸에 배어 있는 것이다.
③ 우리 민족 문화의 전통은 부단한 창조 활동 속에서 이어 온 것이다.
④ 전통은 물론 과거로부터 이어 온 것을 말한다.

07 다음 글의 뒤에 이어질 내용으로 가장 적절한 것은?

> 스마트폰의 대중화와 함께 빅데이터·AI 등의 디지털 신기술이 도입됨에 따라 핀테크 스타트업 창업이 활성화되고, 플랫폼 사업자가 금융 분야에 진출하는 등 금융 산업의 구조가 근본적으로 변화하고 있다. 또한 최근 온라인 거래 선호 경향과 금융회사의 재택근무 확대 등이 금융의 비대면화를 심화시키면서 금융의 디지털 전환은 더욱 가속화되고 있다.
>
> 대표적인 비대면 산업의 디지털금융은 전자적 방식의 결제·송금 등에서 신기술과 결합한 금융 플랫폼으로 성장하고 있다. 결제와 송금이 간편해지고 인증이나 신원 확인 기술이 발전함에 따라 금융 플랫폼의 구축 경쟁은 더욱 심화되었고, 이를 통해 이용자 규모도 크게 성장하게 되었다.
>
> 이러한 이용자의 빅데이터를 기반으로 데이터 경제와 연계한 디지털금융은 포스트 코로나의 주요 산업 분야로서 ICT 등 연관 산업의 자극제로 작용하여 선도형 디지털 경제에 기여하고 있다. AI·인증기술 등을 통해 고객에게 맞춤형 금융서비스를 제공할 수 있게 되었고, 디지털 신기술에 따른 생산성 향상은 금융의 경계를 확대시켰다.
>
> 이에 따라 EU 등의 해외 주요 국가는 디지털금융의 중요성을 인식하고, 금융 산업의 경쟁과 혁신을 촉진하기 위해 앞 다투어 법과 제도를 정비하고 있다. 그러나 빠르게 발전하는 글로벌 디지털금융의 흐름에도 불구하고 국내 디지털금융을 규율하는 전자금융거래법은 제정 이후 큰 변화가 없어 아날로그 시대의 규제 체계가 지속되고 있다.

① 디지털금융의 혁신과 안정의 균형적인 발전을 위해서는 전자금융거래법의 전면 개정이 필요하다.

② 고객이 새로운 디지털금융 서비스를 경험할 수 있도록 보다 혁신적인 기술 개발에 대한 금융 회사의 노력이 필요하다.

③ 디지털금융의 발전으로 공인인증서 위조, 해킹 등을 통한 금융 사고가 증가하면서 개인정보 보호에 대한 필요성이 커지고 있다.

④ 디지털금융의 소외 현상을 방지하고, 세대 간 디지털 정보화 격차를 줄이기 위해서는 고령자 대상의 금융 교육이 필요하다.

08 다음 글의 제목으로 가장 적절한 것은?

구글어스가 세계 환경 보안관 역할을 톡톡히 하고 있어 화제다. 구글어스는 가상 지구본 형태로 제공되는 세계 최초의 위성영상지도 서비스로서, 간단한 프로그램만 내려받으면 지구 전역의 위성사진 및 지도, 지형 등의 정보를 확인할 수 있다. 구글은 그동안 축적된 인공위성 빅데이터 등을 바탕으로 환경 및 동물 보호 활동을 지원하고 있다.

지구에서는 지난 10여 년간 약 230만km^{2}의 삼림이 사라졌다. 병충해 및 태풍, 산불 등으로 손실된 것이다. 특히 개발도상국들의 산림 벌채와 농경지 확보가 주된 이유다. 이처럼 사라지는 숲에 비해 자연의 자생력으로 복구되는 삼림은 아주 적은 편이다.

그런데 초고해상도 구글어스 이미지를 이용해 정밀 분석한 결과, 식물이 살 수 없을 것으로 여겨졌던 건조지대에서도 훨씬 많은 숲이 분포한다는 사실이 밝혀졌다. 국제연합식량농업기구(FAO) 등 13개국 20개 기관과 구글이 참여한 대규모 국제공동연구진은 구글어스로 얻은 위성 데이터를 세부 단위로 쪼개 그동안 잘 알려지지 않은 전 세계 건조지역을 집중 분석했다.

그 결과 강수량이 부족해 식물의 정상적인 성장이 불가능할 것으로 알려졌던 건조지대에서 약 467만km^{2}의 숲을 새로이 찾아냈다. 이는 한반도 면적의 약 21배에 달한다. 연구진은 이번 발견으로 세계 삼림 면적의 추정치가 9% 정도 증가할 것이라고 주장했다.

건조지대는 지구 육지표면의 40% 이상을 차지하지만, 명확한 기준과 자료 등이 없어 그동안 삼림 분포에 대해서는 잘 알려지지 않았다. 그러나 이번 연구결과로 인해 전 세계 숲의 이산화탄소 처리량 등에 대해 정확한 계산이 가능해짐으로써 과학자들의 지구온난화 및 환경보호 연구에 많은 도움이 될 것으로 기대되고 있다.

① 전 세계 환경 보안관, 구글어스
② 인간의 이기심으로 사라지는 삼림
③ 사막화 현상으로 건조해지는 지구
④ 환경오염으로 심각해지는 식량난

09 다음 글의 주장에 대한 반박으로 가장 적절한 것은?

현금 없는 사회로의 이행은 바람직하다. 현금 없는 사회에서는 카드나 휴대전화 등을 이용한 비현금 결제 방식을 통해 모든 거래가 이루어질 것이다. 현금 없는 사회에서 사람들은 불편하게 현금을 들고 다니지 않아도 되고 잔돈을 주고받기 위해 기다릴 필요가 없다. 그리고 언제 어디서든 편리하게 거래를 할 수 있다. 또한 매년 새로운 화폐를 제조하기 위해 1,000억 원 이상의 많은 비용이 소요되는데, 현금 없는 사회에서는 이 비용을 절약할 수 있어 경제적이다. 마지막으로 현금 없는 사회에서는 자금의 흐름을 정확하게 파악할 수 있다. 이를 통해 경제 흐름을 예측하고 실질적인 정책들을 수립할 수 있어 공공의 이익에도 기여할 수 있다.

① 비현금 결제는 빈익빈 부익부 현상을 강화하여 사회 위화감을 조성할 것이다.
② 다양한 비현금 결제 방식을 상황에 맞게 선택한다면 거래에 제약은 없을 것이다.
③ 비현금 결제 방식에 필요한 시스템을 구축하는 데 많은 비용이 소요될 수 있으므로 경제적이라고 할 수 없다.
④ 비현금 결제 방식에 필요한 시스템을 구축하는 데 필요한 비용은 우리나라에 이미 구축되어 있는 정보통신 기반시설을 활용한다면 상당 부분 절감할 수 있다.

10 다음 글을 읽고 이해한 내용으로 적절하지 않은 것은?

> 서브프라임 모기지(Sub-prime Mortgage)로 인해 미국의 은행이 위기를 맞이하면서 금융위기가 전 세계로 확산되었고, 미국은 양적완화를 통해 경제를 회복하려 했다. 최근 미국의 GDP 성장률이 오르고 실업률 수준이 낮아지자 미국은 현재 출구전략을 추진 중에 있다. 그렇다면 여기서 양적완화와 출구전략은 무엇일까?
>
> 양적완화는 중앙은행이 정부의 국채나 다른 금융 자산 등을 매입하여 시장에 직접 유동성을 공급하는 정책을 말한다. 이는 중앙은행이 기준금리를 조절하여 간접적으로 유동성을 조절하던 기존 방식과 달리, 시장에 직접적으로 통화를 공급하여 시장의 통화량 자체를 늘림으로써 침체된 경기를 회복하고 경기를 부양시키려는 통화 정책이다.
>
> 간접적으로 통화량을 늘리는 기존의 방식으로는 금리 인하, 재할인율 인하, 지급준비율 인하 등의 방법이 있다. 재할인율 인하는 중앙은행이 시중은행에 빌려주는 자금의 금리를 낮춰 유동성을 조절하는 것이며, 지급준비율 인하는 예금은행이 중앙은행에 예치해야 하는 법정지급준비금의 비율을 낮춰 시장의 통화량을 늘리는 것이다.
>
> 이러한 방법으로도 효과를 기대할 수 없을 때 중앙은행은 시중에 있는 다양한 금융자산을 매입해 직접 돈을 시장에 공급하는 양적완화 정책을 시행할 수 있다. 중앙은행이 국채와 회사채 등을 매입하고, 그 매입에 사용된 돈을 직접적으로 시장에 흘러가게 만들어서 경기를 부양시키는 것이다.
>
> 양적완화를 통해 어느 정도 경기가 회복되었다면 출구전략을 실행할 수 있다. 출구전략은 경기 부양을 위해 취하였던 각종 정책을 정상화하는 것을 말한다. 경기가 회복되는 과정에서 시장에 유동성이 과도하게 공급될 경우 물가가 높아지고 현금 가치가 하락하여 인플레이션과 같은 부작용을 초래할 수 있는데, 이때 출구전략을 활용하여 이러한 정책의 부작용을 최소화할 수 있다.
>
> 출구전략은 통화량 공급 정책을 반대로 실행하되 비교적 영향력이 적은 재할인율, 지급준비율을 먼저 인상하여 시장을 살핀 뒤에 기준금리를 인상해야 한다. 출구전략을 성급하게 추진하여 금리를 너무 빠르게 인상하면, 오히려 기업의 투자가 위축되고 소비가 억제되어 경기가 다시 위축될 수 있기 때문이다.

① 양적완화와 출구전략은 모두 시장경제를 안정시키기 위한 정책이다.

② 금리, 재할인율, 지급준비율은 통화량과 비례 관계라고 생각하면 쉽다.

③ 한국은행이 시중은행에 대한 금리를 인상하면 금융기관의 매출 및 투자가 감소할 것이다.

④ 미국이 현재 출구전략을 추진하는 이유는 미국의 경기가 회복되었다고 생각하기 때문이다.

11 다음은 M금고의 상품판매지침 중 일부이다. 다음 중 상품판매지침에 부합하는 상담 내용은?

〈상품판매지침〉

··· 중략 ···

• 제3조(중요내용 설명의무)
직원은 금융상품 등에 관한 중요한 사항을 금융소비자가 이해할 수 있도록 설명하여야 한다.

··· 중략 ···

• 제5조(권한남용 금지의 원칙)
직원은 우월적 지위를 남용하거나 금융소비자의 권익을 침해하는 행위를 하지 않아야 하며, 특히 다음 각 호의 사항은 권한의 남용에 해당되는 행위로 발생하지 않도록 주의하여야 한다.
1. 여신지원 등 은행의 서비스 제공과 관련하여 금융소비자의 의사에 반하는 다른 금융상품의 구매를 강요하는 행위
2. 대출상품 등과 관련하여 부당하거나 과도한 담보 및 보증을 요구하는 행위
3. 부당한 금품 제공 및 편의 제공을 금융소비자에게 요구하는 행위
4. 직원의 실적을 위해 금융소비자에게 가장 유리한 계약조건의 금융상품을 추천하지 않고 다른 금융상품을 추천하는 행위

• 제6조(적합성의 원칙)
1. 직원은 금융소비자에 대한 금융상품 구매 권유 시 금융소비자의 성향, 재무 상태, 금융상품에 대한 이해수준, 연령, 금융상품 구매목적, 구매경험 등에 대한 충분한 정보를 파악하여 금융소비자가 적합한 상품을 구매하도록 최선의 노력을 다한다.
2. 직원은 취약한 금융소비자(65세 이상 고령층, 은퇴자, 주부 등)에 대한 금융상품 구매 권유 시 금융상품에 대한 이해수준, 금융상품 구매목적, 구매경험 등을 파악하여 취약한 금융소비자에게 적합하다고 판단되는 상품을 권유하여야 한다.

① Q : 제가 아파트를 구입하려는데 ○○차량을 담보로 약 2천만 원 정도를 대출하고 싶어요.
   A : 지금 소유하신 ○○차량으로도 담보대출 진행이 가능하긴 한데, 시일이 좀 걸릴 수 있습니다. 대신에 우선 계약을 진행하시고 아파트를 담보로 하시면 훨씬 수월하게 대출 진행이 가능합니다.
   Q : 2천만 원을 대출하는데 아파트를 담보로 진행하기에는 무리가 있지 않나요?
   A : 하지만 담보물의 가격이 높을수록 대출 진행이 원활하기 때문에 훨씬 편하실 겁니다.
② Q : 저는 전업주부인데 급하게 돈이 필요해서 대출상품을 좀 알아보려고 해요.
   A : 그러시면 저희 상품 중 '○○ 대출' 상품이 고객님께 가장 알맞습니다. 이걸로 진행해 드릴까요?
   Q : 제가 금융상품을 잘 몰라서 여러 상품에 대한 설명을 좀 듣고 싶어요.
   A : '○○ 대출' 상품이 그 어떤 상품보다 고객님께 유리하기 때문에 권해드리는 거예요.
③ Q : 종합적으로 판단했을 때 'ㅁㅁ 적금'으로 목돈을 모아보려고 하는데 바로 신청이 되나요?
   A : 고객님, 그 상품은 이율이 조금 떨어지는데 왜 그 상품을 가입하려고 하세요? '△△ 적금'으로 신청하는 게 유리하니까 그쪽으로 진행해 드릴게요.
④ Q : 직장에서 은퇴해서 가게를 차리려고 하는데, 대출을 잘 몰라서요. 상품 추천을 좀 해주실 수 있나요?
   A : 그럼 고객님께서는 가게를 차리기 위해서 잔금에 대한 대출이 필요하시고, 이전에 대출상품을 이용해 본 적이 없으시다는 말씀이시죠? 그렇다면 고객님의 우편주소나 전자 메일 주소를 알려주시면 대출상품과 관련된 안내서와 추천 상품을 발송해 드릴게요.

12 M공사는 부대시설 건축을 위해 A건축회사와 계약을 맺었다. 다음의 계약서를 보고 건축시설처의 L대리가 파악할 수 있는 내용으로 가장 적절한 것은?

공사도급계약서

제10조 상세시공도면 작성

(1) '을'은 건축법 제24조 제4항에 따라 공사감리자로부터 상세시공도면의 작성을 요청받은 경우에는 상세시공도면을 작성하여 공사감리자의 확인을 받아야 하며, 이에 따라 공사를 하여야 한다.

(2) '갑'은 상세시공도면의 작성범위에 관한 사항을 설계자 및 공사감리자의 의견과 공사의 특성을 감안하여 계약서상의 시방에 명시하고, 상세시공도면의 작성비용을 공사비에 반영한다.

제11조 안전관리 및 재해보상

(1) '을'은 산업재해를 예방하기 위하여 안전시설의 설치 및 보험의 가입 등 적정한 조치를 하여야 한다. 이때 '갑'은 계약금액의 안전관리비 및 보험료 상당액을 계상하여야 한다.

(2) 공사현장에서 발생한 산업재해에 대한 책임은 '을'에게 있다. 다만, 설계상의 하자 또는 '갑'의 요구에 의한 작업으로 인한 재해에 대하여는 그렇지 아니하다.

제12조 응급조치

(1) '을'은 재해방지를 위하여 특히 필요하다고 인정될 때에는 미리 긴급조치를 취하고 즉시 이를 '갑'에게 통지하여야 한다.

(2) '갑'은 재해방지 및 기타 공사의 시공상 긴급·부득이하다고 인정할 때에는 '을'에게 긴급조치를 요구할 수 있다.

(3) 제1항 및 제2항의 응급조치에 소요된 경비에 대하여는 제16조 제2항의 규정을 준용한다.

---

① 응급조치에 소요된 비용은 '갑'이 부담한다.

② 공사현장에서 발생한 모든 산업재해에 대한 책임은 '을'에게 있다.

③ '을'은 재해방지를 위하여 미리 긴급조치를 취할 수 있고, 이를 '갑'에게 알릴 의무는 없다.

④ '을'은 산업재해를 예방하기 위한 조치를 해야 하고, '갑'은 계약금액에 이와 관련한 금액을 책정해야 한다.

13 다음 〈조건〉에 해당하는 자연수로 옳은 것은?

〈조건〉

• 이 자연수는 각 자릿수를 더한 값의 8배이다.

• 이 자연수는 각 자릿수의 자리를 바꾼 값보다 45가 많다.

---

① 55

② 68

③ 72

④ 86

14 M사원이 처리해야 할 업무는 발송업무, 비용정산업무 외에 5가지가 있다. 이 중에서 발송업무, 비용정산업무를 포함한 5가지의 업무를 오늘 처리하려고 하는데 상사의 지시로 발송업무를 비용정산업무보다 먼저 처리해야 한다. 오늘 처리할 업무를 택하고, 택한 업무의 처리 순서를 정하는 경우의 수는?

① 600가지　　　　　　　　　　　② 720가지
③ 840가지　　　　　　　　　　　④ 960가지

15 다음은 국가별 4차 산업혁명 기반산업 R&D 투자 현황을 나타낸 자료이다. 이에 대한 설명으로 옳지 않은 것을 〈보기〉에서 모두 고르면?

〈국가별 4차 산업혁명 기반산업 R&D 투자 현황〉

(단위 : 억 달러)

국가	서비스				제조					
	IT서비스		통신 서비스		전자		기계장비		바이오·의료	
	투자액	상대수준	투자액	상대수준	투자액	상대수준	투자액	상대수준	투자액	상대수준
한국	3.4	1.7	4.9	13.1	301.6	43.1	32.4	25.9	16.4	2.3
미국	200.5	100.0	37.6	100.0	669.8	100.0	121.3	96.6	708.4	100.0
일본	30.0	14.9	37.1	98.8	237.1	33.9	125.2	100.0	166.9	23.6
독일	36.8	18.4	5.0	13.2	82.2	11.7	73.7	58.9	70.7	10.0
프랑스	22.3	11.1	10.4	27.6	43.2	6.2	12.8	10.2	14.2	2.0

※ 투자액은 기반산업별 R&D 투자액의 합계임
※ 상대수준은 최대 투자국의 R&D 투자액을 100으로 두었을 때의 상대적 비율임

〈보기〉

ㄱ. 한국의 IT서비스 부문 투자액은 미국 대비 1.7%이다.
ㄴ. 미국은 모든 산업의 상대수준이다.
ㄷ. 한국의 전자 부문 투자액은 전자 외 부문 투자액을 모두 합한 금액의 6배 이상이다.
ㄹ. 일본과 프랑스의 부문별 투자액 순서는 동일하지 않다.

① ㄱ, ㄴ　　　　　　　　　　　② ㄱ, ㄷ
③ ㄴ, ㄷ　　　　　　　　　　　④ ㄴ, ㄹ

16 다음은 2015년부터 2024년까지 연도별 청년 고용률 및 실업률에 대한 그래프이다. 다음 중 고용률과 실업률의 차이가 가장 큰 연도로 옳은 것은?

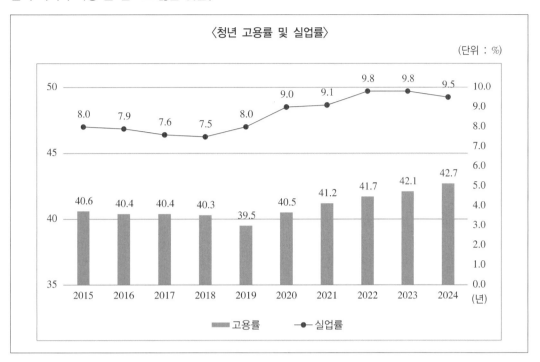

① 2017년 ② 2019년
③ 2021년 ④ 2023년

※ A고객은 노후대비 은퇴자금을 마련하기 위해 M금고에 방문했다. 직원인 귀하는 다음과 같은 상품을 고객에게 추천할 예정이다. 이어지는 질문에 답하시오. [17~18]

<M금고 100세 플랜 적금 상품설명서>

1. 상품개요
   • 상품명 : M금고 100세 플랜 적금
   • 상품특징 : 여유롭고 행복한 은퇴를 위한 은퇴자금 마련 적금상품

2. 거래조건

구분		내용
가입자격		개인
계약기간		• 1 ~ 20년 이내(연 단위) • 계약기간 만료 전 1회 연장 가능(단, 총계약기간 20년을 초과할 수 없음)
적립방식		자유적립식
가입금액		• 초입 10만 원 이상 • 매입금 1만 원 이상(계좌별) 매월 5백만 원(1인당) 이내 • 총납입액 10억 원(1인당) 이내
만기금리 (연 %, 세전)	기본금리	• 계약기간별 금리(실제적용금리는 가입일 당시 고시금리에 따름) | 가입기간	12개월 이상	24개월 이상	36개월 이상
---	---	---	---
금리	연 2.55%	연 2.75%	연 3.00%	
	우대금리 (최고 0.5%p)	• 아래 우대조건을 충족하고 이 적금을 만기 해지하는 경우 각 호에서 정한 우대금리를 계약기간 동안 합산 적용함(중도 인출 또는 해지 시에는 적용하지 않음) 	우대조건	우대금리
---	---
① 이 적금 가입시점에 「M금고 100세 플랜 통장」을 보유하고 있는 경우	0.1%p
② 같은 날 부부가 모두 가입하고 신규금액이 각 10만 원 이상인 경우(각 적금은 만기까지 보유하고 있어야 함)	0.1%p
③ 이 적금 계약기간이 3년 이상이고 만기 시 월 평균 10만 원 이상 입금된 경우	0.2%p
④ 이 적금 신규일로부터 만기일까지 「M금고 100세 플랜 연금」을 6개월 이상 보유하고 있는 경우(신규만 포함)	0.2%p
⑤ 인터넷 또는 스마트뱅킹으로 본 적금에 가입 시	0.1%p	
이자지급방식		만기일시지급식
양도 및 담보제공		본 금고의 승낙을 받은 경우 양도 및 담보제공이 가능
제한사항		이 적금은 1년 이상 납입이 없을 경우 계약기간 중이라도 추가 적립할 수 없으며, 질권설정 등의 지급제한사유가 있을 때는 원리금을 지급하지 않음
예금자보호 여부	해당	이 상품은 예금자보호법에 따라 예금보험공사가 보호하되, 보호한도는 본 금고에 있는 귀하의 모든 예금보호대상 금융상품의 원금과 소정의 이자를 합하여 1인당 '최고 5천만 원'이며, 5천만 원을 초과하는 나머지 금액은 보호하지 않음

17 귀하는 A고객이 'M금고 100세 플랜 적금' 상품을 계약하기 전 해당 상품에 대한 이해를 돕고자 자세히 설명하려고 한다. 설명의 내용으로 옳지 않은 것은?

① 고객님, 해당 상품은 목돈이 들어가는 예금과 달리 첫 입금 시 10만 원 이상 그리고 계약기간 동안 매월 1만 원 이상 납입하시면 되는 적금이므로 지금 당장 큰 부담이 없습니다.

② 고객님, 해당 상품을 3년 이상 계약하시게 되면 기본금리가 3.00%로 적용되며, 다만 오늘 계약하지 않으시면 실제로 적용되는 금리가 변동될 수 있습니다.

③ 고객님, 우대금리는 최고 0.5%p까지만 적용되는데, 중도인출이나 혹은 중도해지 시에는 우대금리가 적용되지 않습니다.

④ 고객님, 해당 상품은 예금자보호법에 따라 원금과 이자를 합쳐서 1인당 최고 5천만 원까지 보호되는 상품이며, 본 은행의 다른 상품과는 별도로 보호되는 금융상품입니다.

18 다음 A고객의 상담내역을 바탕으로 A고객이 만기시점에 받을 수 있는 세전금리를 구하면?

〈A고객의 상담내역〉

• M금고와의 금융거래는 이번이 처음이며, 해당 적금 상품만을 가입하였다.

• 직원의 설명에 따라 매월 납입금액은 20만 원, 계약기간은 5년으로 계약하였다.

• 타 은행보다 높은 금리조건에 만족하여 A고객의 배우자도 함께 가입하였으며, 각각 100만 원을 초입하였다.

• 직원의 추천에 따라 한 달 뒤 「M금고 100세 플랜 연금」을 신규로 가입할 예정이며, 1년간 보유할 계획이다.

• 해당 적금의 계약기간 동안 중도 인출 또는 해지할 계획이 없으며, 연체 없이 모두 만기까지 보유할 예정이다.

① 2.75% 　　　　　　② 3.05%
③ 3.30% 　　　　　　④ 3.50%

※ 다음은 주요통화에 대한 국내 은행별 인터넷환전 수수료 우대율을 나타낸 자료이다. 이어지는 질문에 답하시오.
[19~20]

■ 통화별 매매기준율과 현찰 살 때의 환율은 다음과 같다.

구분	매매기준율	현찰 살 때 환율
USD 1	₩1,120	₩1,100
JPY 100	₩1,020	₩1,030
EUR 1	₩1,300	₩1,330

■ USD

은행	기본 우대율	환전금액에 따른 추가우대			기타 우대사항
		USD 300 이상	USD 1,000 이상	USD 2,000 이상	
A	40%	5%p	7%p	15%p	당행계좌출금 시 10%p 추가우대
B	40%	10%p	15%p	25%p	10% 추가우대(2025.10.19.까지)
C	50%	5%p	10%p	20%p	–
D	50%	10%p	15%p	20%p	5%p 추가우대(2025.10.27.까지)

■ JPY

은행	기본 우대율	환전금액에 따른 추가우대			기타 우대사항
		JPY 100 이상	JPY 300 이상	JPY 500 이상	
A	45%	–	5%p	10%p	당행계좌출금 시 10%p 추가우대
B	50%	5%p	15%p	20%p	5%p 추가우대(2025.10.19.까지)
C	50%	–	5%p	10%p	–
D	40%	5%p	10%p	20%p	–

■ EUR

은행	기본 우대율	환전금액에 따른 추가우대			기타 우대사항
		EUR 200 이상	EUR 500 이상	EUR 1,000 이상	
A	30%	5%p	10%p	15%p	당행계좌출금 시 10%p 추가우대
B	40%	5%p	10%p	20%p	5%p 추가우대(2025.10.19.까지)
C	45%	–	5%p	15%p	15%p 추가우대(2025.10.05.까지)
D	50%	–	10%p	20%p	–

19 김대리는 2025년 11월 1일부터 11월 24일까지 해외출장을 갈 예정이다. 그는 2025년 10월 15일에 예상 필요경비인 USD 1,200, JPY 400을 국내 은행의 인터넷환전을 통해 준비하고자 한다. 김대리가 환전금액을 A은행의 계좌에서 출금한다고 할 때, 다음 중 김대리가 환전 수수료를 가장 많이 절약할 수 있는 은행이 통화별로 바르게 연결된 것은?

	USD	JPY
①	A은행	B은행
②	B은행	D은행
③	B은행	C은행
④	D은행	B은행

20 이팀장과 최연구원은 함께 해외출장을 가게 되었다. 이팀장은 2025년 10월 3일에 국내 은행의 인터넷환전을 통해 EUR 3,900을 준비하고자 하고, 최연구원은 2025년 10월 22일에 국내 은행의 인터넷환전을 통해 USD 2,100과 JPY 200을 준비하고자 한다. 이팀장만 환전금액을 A은행의 계좌에서 출금한다고 할 때, 다음 중 이팀장과 최연구원이 인터넷환전 시 각자 지불할 환전 수수료가 바르게 연결된 것은?(단, 이팀장과 최연구원은 환전 수수료를 최소화하고자 한다)

	이팀장	최연구원
①	29,250원	10,509원
②	29,250원	18,909원
③	35,100원	10,509원
④	35,100원	18,909원

21 A ~ E 5명 중 1명이 테이블 위에 놓여있던 사탕을 먹었다. 이들 중 1명의 진술만 거짓일 때, 거짓을 말하는 사람은?

> • A : D의 말은 거짓이다.
> • B : A가 사탕을 먹었다.
> • C : D의 말은 사실이다.
> • D : B는 사탕을 먹지 않았다.
> • E : D는 사탕을 먹지 않았다.

① A   ② B
③ C   ④ D

22 월요일부터 일요일까지 4형제가 돌아가면서 아픈 어머니의 병간호를 하기로 했다. 주어진 〈조건〉이 항상 참일 때, 다음 중 옳지 않은 것은?

> ───〈조건〉───
> • 첫째, 둘째, 셋째는 이틀씩, 넷째는 하루 동안 병간호하기로 했다.
> • 어머니가 혼자 계시도록 두는 날은 없다.
> • 첫째는 화요일과 목요일에 병간호할 수 없다.
> • 둘째는 평일에 하루, 주말에 하루 병간호하기로 했다.
> • 셋째는 일요일과 평일에 병간호하기로 했다.
> • 넷째는 수요일에 병간호하기로 했다.

① 첫째는 월요일과 금요일에 병간호한다.
② 넷째는 수요일에 하루만 병간호한다.
③ 셋째는 화요일과 일요일에 병간호한다.
④ 둘째는 화요일에 병간호를 할 수도, 하지 않을 수도 있다.

23 C사원은 자기계발을 위해 집 근처 학원들을 탐방하고 다음과 같이 정리하였다. 다음 중 C사원이 배우려는 프로그램에 대한 내용으로 옳지 않은 것은?(단, 시간이 겹치는 프로그램은 수강할 수 없다)

〈프로그램 시간표〉

구분	수강료	횟수	강좌시간
필라테스	300,000원	24회	09:00 ~ 10:10
			10:30 ~ 11:40
			13:00 ~ 14:10
플라잉 요가	330,000원	20회	09:00 ~ 10:10
			10:30 ~ 11:40
			13:00 ~ 14:10
액세서리 공방	260,000원	10회	13:00 ~ 15:00
가방 공방	360,000원	12회	13:30 ~ 16:00
복싱	320,000원	30회	10:00 ~ 11:20
			14:00 ~ 15:20

※ 강좌시간이 2개 이상인 프로그램은 그중 원하는 시간에 수강이 가능함

① C사원은 오전에 운동을 하고, 오후에 공방에 가는 스케줄이 가능하다.
② 가방 공방의 강좌시간이 액세서리 공방 강좌시간보다 길다.
③ 공방 프로그램 중 하나를 들으면, 최대 2개의 프로그램을 더 들을 수 있다.
④ 강좌 1회당 수강료는 플라잉 요가가 가방 공방보다 15,000원 이상 저렴하다.

24 대외협력처 A과장, B대리, C대리, D주임, E주임, F주임, G사원 7명은 항공편을 이용해 멕시코로 출장을 가게 되었다. 대외협력처 직원들이 다음 〈조건〉에 따라 항공기의 1열 A석부터 3열 C석까지의 좌석에 앉는다고 할 때, 다음 설명 중 반드시 참인 것은?

〈항공기 좌석 정보〉			
구분	A석	B석	C석
1열			
2열	✕		C대리
3열			✕

앞 ↕ 뒤

좌 ↔ 우

〈조건〉
- C대리는 2열 C석에 앉는다.
- 2열 A석과 3열 C석은 다른 승객이 이미 앉은 좌석이므로 대외협력처 직원이 앉을 수 없다.
- A과장은 3열에 앉는다.
- G사원은 C대리보다 앞쪽에 앉는다.
- E주임은 이동 중 보고할 사항이 있으므로 B대리의 옆 좌석에 앉아야 한다.
- 대리끼리는 이웃해 앉을 수 없다.
- 이웃해 앉는다는 것은 앞뒤 혹은 좌우로 붙어 앉는 것을 의미한다.

① G사원과 F주임은 이웃해 앉는다.
② B대리가 1열 B석에 앉는다면 E주임은 1열 C석에 앉는다.
③ A과장이 3열 A석에 앉는다면 F주임은 3열 B석에 앉는다.
④ E주임이 1열 A석에 앉는다면 G사원은 1열 C석에 앉는다.

25 A씨가 근무하는 회사는 출근할 때 카드를 인식하거나 비밀번호를 입력해야 한다. 어느 날 A씨는 카드를 집에 두고 출근을 하여 비밀번호로 근무지에 출입하고자 한다. 그러나 비밀번호가 잘 기억이 나지 않아 당혹해하고 있다. 네 자리 숫자의 비밀번호에 대해서 다음과 같은 〈조건〉이 주어진다면, A씨가 이해한 내용으로 적절하지 않은 것은?

———————————〈조건〉———————————
- 비밀번호를 구성하고 있는 각 숫자는 소수가 아니다.
- 6과 8 중에서 단 하나만이 비밀번호에 들어간다.
- 비밀번호는 짝수로 시작한다.
- 비밀번호의 각 숫자는 큰 수부터 차례로 나열되어 있다.
- 같은 숫자는 두 번 이상 들어가지 않는다.

① 비밀번호의 앞에서 두 번째 숫자는 4이다.
② 단서를 모두 만족하는 비밀번호는 세 개이다.
③ 비밀번호는 1을 포함하지만 9는 포함하지 않는다.
④ 단서를 모두 만족하는 비밀번호 중 가장 작은 수는 6410이다.

26 직원 A ~ E 5명이 다음 〈조건〉에 따라 상여금을 받았다고 할 때, 다음 설명 중 옳지 않은 것은?

———————————〈조건〉———————————
- 지급된 상여금은 25만 원, 50만 원, 75만 원, 100만 원, 125만 원이다.
- A ~ E는 서로 다른 상여금을 받았다.
- A의 상여금은 5명의 상여금의 평균이다.
- B의 상여금은 C, D보다 적다.
- C의 상여금은 어떤 이의 상여금의 2배이다.
- D의 상여금은 E보다 적다.

① C의 상여금은 두 번째로 많거나 두 번째로 적다.
② A의 상여금은 A를 제외한 나머지 4명의 평균과 같다.
③ C의 상여금이 A보다 많다면, B의 상여금은 C의 50%일 것이다.
④ C의 상여금이 D보다 적다면, D의 상여금은 E의 80%일 것이다.

27 다음은 직업능력개발사업 부정훈련 등 실태점검 조사 결과에 대한 보도자료이다. 다음 〈사례〉와 〈보기〉의 부정 유형이 바르게 연결된 것은?

국무조정실 정부합동 부패예방감시단은 정부의 '5개년 반부패 종합계획' 보조금 부정수급 근절대책에 따라 고용노동부 등과 합동으로 약 2개월간 '직업능력개발사업 부정훈련 등 실태점검'을 실시하고 결과를 발표했습니다.

직업훈련은 적극적 노동시장 정책 중 일자리 창출효과가 가장 높고 사회안전망 기능을 하는 등 투자 확대가 필요한 대표적 사업입니다. 이에 정부는 그간 산업 수요에 맞는 인력양성과 구직자에 대한 적극적 지원을 위해 직업훈련 분야에 대한 투자를 꾸준히 확대해왔으며, 그에 따른 취업률 등의 성과도 지속적으로 개선되는 추세에 있습니다.

또한 정부는 양적 확대뿐 아니라 직업훈련의 품질을 제고하고자 2015년 직업능력심사평가원(이하 심평원)을 설립해, 사전에는 엄격한 심사와 평가를 통해 정부지원 훈련과정을 선정하고 사후에는 지속적인 모니터링으로 성과를 관리하고 있습니다. 또한 주기적으로 현장 실태를 점검해 개선방안을 마련하고, 점검과정에서 적발된 부정은 관련 법령에 따라 조치하고 있습니다.

이러한 품질관리 노력의 일환으로 부패예방감시단은 고용노동부 및 관련 공공기관들과의 긴밀한 협업 속에 합동점검을 실시했습니다. 점검결과, 56개 훈련기관(84개 훈련과정)에서 '출결관리 부적정', '훈련내용 미준수' 등 112건의 법규 위반사항을 적발했습니다.

인증·운영 기관 불일치	출결관리 부적정	훈련내용 미준수	훈련비 부당청구	평가자료 부적정	장비 미준수	기타	합계
4(3.6%)	19(17.0%)	47(42.0%)	1(0.9%)	14(12.5%)	14(12.5%)	13(11.6%)	112(100%)

이에 따라 적발된 56개 훈련기관에 대해서는 행정처분(계약해지, 인정취소 등)을 실시했고 이중 불법의 정도가 심한 11개 훈련기관에 대해서는 수사 의뢰(1억 6,300만 원 상당 훈련비 부정수급)를 했으며, 41개 부정 훈련과정을 계약해지, 인정취소 처분해 부정훈련을 사전에 차단함으로써 향후 13억 4,300만 원 상당의 재정 누수가 방지되는 효과를 거두었습니다.

〈사례〉

ㄱ. A문화센터는 정부 미인증 업체인 B컨설팅업체에 훈련과정 관리·운영 전반을 위탁하였고, B컨설팅업체는 실제 훈련 운영 후 수익의 80%를 취득하였다.

ㄴ. C학원은 동일한 훈련과정 내에서 국비 지원생에게는 260만 원을, 일반 훈련생에게는 200만 원의 훈련비를 차등 지급받아 운영하였다.

ㄷ. D직업전문학교는 'BIM을 활용한 건축설계 실무양성과정' 수업에서 시간표를 준수하지 않고, 상당기간 ITQ 기출문제 풀이를 실시해 훈련내용을 임의로 변경하였다.

ㄹ. E학원 원장은 훈련생 10명의 출결카드를 보관하면서 훈련생이 결석이나 지각을 할 경우에도 대리로 정상 출결 처리하는 등의 방법으로 훈련비를 부정 수급하였다.

〈보기〉

㉠ 출결관리 부적정   ㉡ 인증·운영 기관 불일치
㉢ 훈련내용 미준수   ㉣ 훈련비 부당청구
㉤ 평가자료 부적정   ㉥ 장비 미준수

	ㄱ	ㄴ	ㄷ	ㄹ
①	㉡	㉣	㉢	㉠
②	㉡	㉣	㉢	㉤
③	㉡	㉤	㉢	㉠
④	㉣	㉤	㉡	㉥

해외에서 믹서기를 수입해서 판매하고 있는 M사 영업팀의 김대리는 업무 수행상 문제가 생겨 영업팀장인 박팀장, 구매팀 수입물류 담당자인 최과장과 회의를 하게 되었다.

김대리 : 최과장님 E사 납품일이 일주일도 남지 않았습니다. E사에 납품해야 하는 기기가 한두 대도 아니고 자그마치 300대입니다. 이번 물량만 해도 100대인데 아직 통관절차가 진행 중이라니요. 통관 끝나도 운송에 한 글버전으로 패치도 해야 하고 하루 이틀 문제가 아닙니다.

최과장 : 우리 팀도 최선을 다해 노력하고 있어. 관세사한테도 연락했고 인천세관에도 실시간으로 체크를 하고 있는데, 상황이 이런 걸 어떻게 하겠어. 불가항력적이야.

김대리 : 지난번에 초도 물량 납품할 때 동일한 문제가 있었습니다. 과장님도 기억하시죠? 매번 구매팀에서 서둘러 주지 않아서 지난번에도 저희 팀 인원까지 투입 후 야간작업까지 하여 겨우 납품일을 맞췄습니다. 이번에는 이런 식이면 납품일을 하루 이틀은 넘기게 될 게 눈에 보입니다. 불가항력이라니요. 어떻게든 맞춰주십시오.

최과장 : 미안한데 고객사에 상황을 설명하고 한 3일만 납품일을 늦춰주면 안 될까?

김대리 : 안 됩니다. 어렵게 계약한 거 알고 계시잖아요. E사는 저희 고객사 중에도 제일 크지만 업계에서도 서로 납품하려고 눈에 불을 켜고 있는 곳입니다. 문제가 일어나면 경쟁사들이 하이에나처럼 달려들 거예요.

박팀장 : 둘 다 진정하고 다 우리가 잘하려고 하다 보니 일어난 문제가 아닌가. 목표는 같으니 같이 생각을 한번 해 보자고. 최과장, 지난 번 수입할 때는 일주일이 채 안 걸린 것 같은데 벌써 열흘이 넘었으니 문제가 뭐야?

최과장 : 일단 배송도 늦어졌고 통관도 서류상에 문제가 있어 지연되고 있습니다. 제조업체에서 추가로 확인받아야 할 서류들이 있는데 그쪽도 원격근무를 하다 보니 처리가 늦어지고 있어서요. 소통에 문제가 있습니다.

박팀장 : 그럼 해외 제조사에 연락해서 문제의 실마리를 찾아보자고. 최과장은 나랑 같이 연락을 해 봅시다.

28 김대리와 최과장의 갈등을 해결하기 위한 박팀장의 전략은?

① 배려전략
② 지배전략
③ 통합전략
④ 회피전략

29 갈등상황을 효과적으로 관리하기 위해 박팀장이 한 행동에 대한 설명으로 옳지 않은 것은?

① 갈등상황을 받아들이고 객관적으로 평가하고 있다.
② 갈등을 유발시킨 원인에 대해 알아보고 있다.
③ 갈등은 부정적인 결과를 초래한다는 인식을 전제로 하고 있다.
④ 조직에 이익이 될 수 있는 해결책을 찾아보고 있다.

30 다음 사례에서 M사원이 가장 먼저 해야 할 일은?

> 현재 직장에 근무한 지 3년 차인 M사원은 그동안 단순 반복되는 업무를 맡아왔다. 얼마 전 새로 입사한 신입사원을 보면서 자신이 신입사원으로 들어왔을 때를 떠올렸다. 그때는 나름 힘찬 포부와 커다란 목표를 가지고 있었는데, 지금은 업무에 시달리다 보니 아무런 목표 의식 없이 주어진 일을 끝내기에만 바빴다. 신입사원보다 자신의 능력이 부족하다는 것을 느끼게 되었고, 마침내 자신의 전문성을 신장해겠다고 결심했다.

① 반성 및 피드백을 한다.
② 일정을 수립한다.
③ 수행해야 할 과제를 발견한다.
④ 자신의 흥미·적성 등을 파악한다.

31 다음은 M항공사에 대한 SWOT 분석 자료이다. 빈칸 ㉠, ㉡에 들어갈 내용으로 옳은 것을 〈보기〉에서 골라 바르게 나열한 것은?

〈M항공사 SWOT 분석 결과〉	
강점(Strength)	• 국내 1위 LCC(저비용항공사) • 차별화된 기내 특화 서비스
약점(Weakness)	• 기반 지역과의 갈등 • _____㉠_____
기회(Opportunity)	• 항공사의 호텔 사업 진출 허가 • _____㉡_____
위협(Threat)	• LCC 시장의 경쟁 심화 • 대형 항공사의 가격 인하 전략

〈보기〉

ㄱ. 소비자의 낮은 신뢰도
ㄴ. IOSA(안전 품질 기준) 인증 획득
ㄷ. 해외 여행객의 증가
ㄹ. 항공사에 대한 소비자의 기대치 상승

	㉠	㉡			㉠	㉡
①	ㄱ	ㄴ		②	ㄱ	ㄷ
③	ㄴ	ㄷ		④	ㄴ	ㄹ

32 다음은 손해보험과 관련하여 고객지원센터에 접수된 질문사항들이다. 보험금 청구 절차 안내문을 토대로 고객들의 질문에 답변할 때, 답변의 내용으로 적절하지 않은 것은?

〈보험금 청구 절차 안내문〉

단계	구분	내용
Step 1	사고 접수 및 보험금청구	피보험자, 가해자, 피해자가 사고발생 통보 및 보험금 청구를 합니다. 접수는 가까운 영업점에 관련 서류를 제출합니다.
Step 2	보상팀 및 보상담당자 지정	보상처리 담당자가 지정되어 고객님께 담당자의 성명, 연락처를 SMS로 전송해 드립니다. 자세한 보상관련 문의사항은 보상처리 담당자에게 문의하시면 됩니다.
Step 3	손해사정사법인 (현장확인자)	보험금 지급여부 결정을 위해 사고현장조사를 합니다. (병원 공인된 손해사정법인에게 조사업무를 위탁할 수 있음)
Step 4	보험금 심사 (심사자)	보험금 지급여부를 심사합니다.
Step 5	보험금 심사팀	보험금 지급여부가 결정되면 피보험자 예금통장에 보험금이 입금됩니다.

※ 3만 원 초과 10만 원 이하 소액통원의료비를 청구할 경우, 보험금 청구서와 병원영수증, 질병분류기호(질병명)가 기재된 처방전만으로 접수가 가능함
※ 의료기관에서 환자가 요구할 경우 처방전 발급 시 질병분류기호(질병명)가 기재된 처방전 2부 발급이 가능함
※ 온라인 접수 절차는 손해보험 홈페이지에서 확인할 수 있음

① Q : 자전거를 타다가 팔을 다쳐서 병원비가 56,000원이 나왔습니다. 보험금을 청구하려고 하는데 제출할 서류는 어떻게 되나요?

　　A : 고객님의 의료비는 10만 원이 넘지 않는 관계로 보험금 청구서와 병원영수증, 진단서가 필요합니다.

② Q : 사고를 낸 당사자도 보험금을 청구할 수 있나요?

　　A : 네, 고객님. 사고의 가해자와 피해자 모두 보험금을 청구하실 수 있습니다.

③ Q : 사고 접수는 인터넷으로 접수가 가능한가요?

　　A : 네, 가능합니다. 자세한 접수 절차는 손해보험 홈페이지에서 확인하실 수 있습니다.

④ Q : 질병분류기호가 기재된 처방전은 어떻게 발급하나요?

　　A : 처방전 발급 시, 해당 의료기관에 질병분류기호를 포함해달라고 요청하시면 됩니다.

33 다음은 국민연금법 내용의 일부이다. 다음 〈보기〉에서 연금을 받을 수 있는 사람과 받는 연금의 종류가 바르게 짝지어진 것은?(단, 가입자의 나이는 2025년 5월 2일을 기준일로 하여 만 나이로 계산하며, 유족연금의 경우 가입자의 유족이 받는다)

> **제6조(가입 대상)** 국내에 거주하는 국민으로서 18세 이상 60세 미만인 자는 국민연금 가입 대상이 된다. 다만, 「공무원연금법」, 「군인연금법」, 「사립학교교직원 연금법」 및 「별정우체국법」을 적용받는 공무원, 군인, 교직원 및 별정우체국 직원, 그 밖에 대통령령으로 정하는 자는 제외한다.
>
> **제61조(노령연금 수급권자)**
> ① 가입기간이 10년 이상인 가입자 또는 가입자였던 자에 대하여는 60세(특수직종근로자는 55세)가 된 때부터 그가 생존하는 동안 노령연금을 지급한다.
> ② 가입기간이 10년 이상인 가입자 또는 가입자였던 자로서 55세 이상인 자가 대통령령으로 정하는 소득이 있는 업무에 종사하지 아니하는 경우 본인이 희망하면 제1항에도 불구하고 60세가 되기 전이라도 본인이 청구한 때부터 그가 생존하는 동안 일정한 금액의 연금(이하 "조기노령연금"이라 한다)을 받을 수 있다.
>
> **제72조(유족연금의 수급권자)**
> ① 다음 각호의 어느 하나에 해당하는 사람이 사망하면 그 유족에게 유족연금을 지급한다.
>   1. 노령연금 수급권자
>   2. 가입기간이 10년 이상인 가입자 또는 가입자였던 자
>   3. 연금보험료를 낸 기간이 가입대상기간의 3분의 1 이상인 가입자 또는 가입자였던 자
>   4. 사망일 5년 전부터 사망까지의 기간 중 연금보험료를 낸 기간이 3년 이상인 가입자 또는 가입자였던 자. 단, 가입대상기간 중 체납기간이 3년 이상인 사람은 제외한다.
>   5. 장애등급이 2급 이상인 장애연금 수급권자
> ② 제1항에도 불구하고 같은 항 제3호 또는 제4호에 해당하는 사람이 다음 각호의 기간 중 사망하는 경우에는 유족연금을 지급하지 아니한다.
>   1. 제6조 단서에 따라 가입 대상에서 제외되는 기간
>   2. 국외이주 · 국적상실 기간

〈보기〉

구분	생년월일	국민연금 가입기간	비고
김갑돌	1965.03.02.	2011.03. ~ 2023.08.	–
이을석	1981.10.03.	2014.02. ~ 2024.05.	2024.09. 캐나다 이주 후 캐나다에서 사망
정병문	1970.04.21.	2013.07. ~ 2023.02.	현재 소득이 없음
박정환	1970.02.15.	2010.06. ~ 2024.12.	특수직종근로자

※ 가입자 모두 가입기간 동안 연금보험료를 납부하였음

① 김갑돌 – 유족연금
② 이을석 – 유족연금
③ 정병문 – 조기노령연금
④ 박정환 – 노령연금

34 다음 중 조직 내 갈등에 대한 설명으로 적절하지 않은 것은?

① 갈등은 순기능이 될 수 없으므로, 갈등이 없는 상태가 가장 이상적이다.

② 갈등상황을 형성하는 구성요소로서는 조직의 목표, 구성원의 특성, 조직의 규모, 분화, 의사전달, 권력구조, 의사결정에의 참여의 정도, 보상제도 등이 있다.

③ 갈등은 직무의 명확한 규정, 직위 간 관계의 구체적 규정, 직위에 적합한 인원의 선발 및 훈련 등을 통해서 제거할 수 있다.

④ 회피는 갈등을 일으킬 수 있는 의사결정을 보류하거나 갈등상황에 처한 당사자들이 접촉을 피하도록 하는 것이나 갈등행동을 억압하는 것이다.

35 다음은 M금고 행원들의 대화이다. 다음 중 잘못된 듣기 태도를 보이는 사람은?

A : 상대방이 말하는 것을 나랑 연관시켜 가면서 들어보면 이해가 더 잘 되는 것 같아요.
B : 대화가 너무 심각한 경우에는 유머를 사용해 부드럽게 대화를 이끄는 것이 좋아요.
C : 대화 도중에 주기적으로 대화의 내용을 요약하면 상대방이 전달하려는 메시지를 이해하는 데 도움이 돼요.
D : 상대방의 문제를 해결하는 데 직접적인 도움이 되도록 조언에 좀 더 신경 써야겠어요.

① A
② B
③ C
④ D

36 과거에는 한 사람의 출세와 성공에 가장 큰 영향을 주는 것은 학교 성적, 즉 공부를 잘하는 것이라고 생각했다. 그러나 최근의 연구 결과를 보면, 대인관계능력이 높은 사람이 성공하는 경우가 더 많았으며, 학교 성적은 성공과 크게 관련이 없다는 것이 밝혀졌다. 대인관계능력이 성공과 밀접한 관련이 있다고 할 경우, 다음 중 직장생활에서 성공하기 어려운 사람을 모두 고르면?

- B가 근무하는 부서에 신입사원 A가 입사하였다. 평소 B는 입사 때 회사 선배로부터 일을 제대로 못 배워 동기들보다 승진이 늦어졌다고 생각하여, A에게 일을 제대로 가르친다는 생각으로 잘한 점은 도외시하고 못한 점만 과장하여 지적하여 A가 항상 긴장 상태에서 일 처리를 하도록 하였다.
- C의 입사동기이자 업무능력이 뛰어난 동료 D는 회사의 큰 프로젝트를 담당하고 있으며, 이 프로젝트를 성공리에 완수할 경우 올해 말에 C보다 먼저 승진할 가능성이 높았음에도 불구하고, D가 업무 도움을 요청하자 C는 흔쾌히 D의 업무를 도와주었다.
- E는 자기 팀이 작년 연말평가에서 최하 등급을 받아서 팀 내 분위기가 어수선해지자, 팀의 발전이 자신의 발전이라고 생각하여 매일 아침에 모닝커피를 타서 팀원 전체에게 돌리고, 팀 내의 힘들고 궂은일을 솔선수범하여 처리하였다.
- F는 대인관계에서 가장 중요한 것은 인간관계 기법과 테크닉이라고 생각하여, 진심에서 우러나오지 않지만 항상 무엇을 말하느냐, 어떻게 행동하느냐를 중시하였다.

① B, C ② B, F
③ C, E ④ E, F

37 컨설팅 회사에 근무 중인 A사원은 최근 컨설팅 의뢰를 받은 B사진관에 대해 SWOT 분석을 진행하기로 하였다. 다음 ㉠ ~ ㉣ 중 SWOT 분석에 들어갈 내용으로 적절하지 않은 것은?

〈B사진관 SWOT 분석 결과〉	
강점(Strength)	• ㉠ 넓은 촬영 공간(야외 촬영장 보유) • 백화점 인근의 높은 접근성 • ㉡ 다양한 채널을 통한 홍보로 높은 인지도 확보
약점(Weakness)	• ㉢ 직원들의 높은 이직률 • 회원 관리 능력 부족 • 내부 회계 능력 부족
기회(Opportunity)	• 사진 시장의 규모 확대 • 오프라인 사진 인화 시장의 성장 • ㉣ 전문가용 카메라의 일반화
위협(Threat)	• 저가 전략 위주의 경쟁 업체 증가 • 온라인 사진 저장 서비스에 대한 수요 증가

① ㉠ ② ㉡
③ ㉢ ④ ㉣

〈고객을 맞이하는 자세〉

M공사의 임직원 모두는 고객중심을 최우선 경영방침으로 설정하여 모든 고객께 최상의 서비스를 제공할 수 있도록 다음과 같이 실천하겠습니다.

■ 내방하시는 경우
- 우리는 항상 친절하고 상냥하게 고객을 맞이하겠습니다.
- 모든 직원은 명찰을 패용한 단정한 복장으로 근무하며, 고객을 맞이할 때는 먼저 자신의 소속부서와 이름을 밝히겠습니다.
- 고객이 5분 이상 기다리시는 일이 없도록 최선을 다하겠습니다.
- 담당직원이 부재중일 경우 대기예정시간을 알려드리거나 다른 직원이 업무를 처리할 수 있도록 하겠습니다.
- 고객창구는 항상 청결하고 정돈된 상태로 유지하여 고객이 이용하시는 데 불편함이 없도록 하겠습니다.

■ 전화하시는 경우
- 전화벨이 3번 이상 울리기 전에 신속히 받겠습니다.
- 친절하고 명랑한 목소리로 소속부서와 이름을 정확히 밝히겠습니다.
- 문의사항은 가급적 처음 받는 직원이 답변하겠으며 다른 직원에게 전화를 연결하여야 할 경우 양해를 구한 후 담당직원의 소속, 성명 및 전화번호를 알려드리고 연결하겠습니다.
- 고객이 찾으시는 담당자가 없을 경우 반드시 메모를 전달하여 당일 업무 종료 전에 고객께 전화를 걸도록 하겠습니다(Call-back 서비스).
- 상담 후 고객께 이해 여부를 물어본 뒤 인사말과 함께 마치도록 하겠습니다.

■ 고객을 방문하는 경우
- 방문하기 전 전화로 방문목적을 알리고 고객이 편리한 시간에 약속한 후 방문하겠습니다.
- 약속시간은 정확하게 지키며, 신분증을 제시하도록 하겠습니다.
- 사후연락 등 고객편의를 위하여 명함이나 연락처를 드리겠습니다.

■ 인터넷 상담하는 경우
- 공사 홈페이지를 통해 최신정보를 자세히 소개하고 고객이 쉽게 이용할 수 있도록 관리하겠습니다.
- 인터넷으로 상담 및 서비스를 신청하신 경우 상담내용이 회신될 때까지 담당자를 지정하여 처리상황 등을 알려드리겠습니다.

38 총무고객처에서 일하는 A사원은 신입사원인 B에게 고객을 응대하는 직원의 올바른 자세에 대해 설명하려고 한다. 다음 중 교육 내용으로 적절하지 않은 것은?

① 모든 직원은 명찰을 착용해야 하며 본인의 소속부서와 이름을 고객에게 밝혀야 합니다.

② 고객을 5분 이상 기다리게 해서는 안 되며, 담당직원이 부재중일 땐 대기예정시간을 알려드려야 합니다.

③ 고객창구는 항상 청결한 상태로 유지하여야 하며 고객이 이용하시는 데 불편해서는 안 됩니다.

④ 고객이 방문을 원하실 경우 담당직원이 방문 가능한 시간대를 제시하고 그중에서 고객이 편하신 시간대를 선택하도록 합니다.

39 실전감각을 기르기 위해 교육 후 모의 연습을 실시하였다. 다음 중 B사원이 잘못을 지적받은 내용은?

(전화벨이 두 번 울린 후)
B사원 : 감사합니다. M공사 도시재생계획처의 ○○○입니다. 무엇을 도와드릴까요?
고객 : 네, 안녕하세요? 제가 궁금한 게 있어서 전화했습니다. 제가 주거지원을 받을 수 있는지 알고 싶은데요.
B사원 : 아, 그러시군요. 죄송하지만, 주거지원사업에는 여러 가지가 있는데 어떤 종류의 지원을 원하시는지 좀 더 자세한 설명을 부탁드려도 될까요?
고객 : 제가 지방에 사는 고등학생인데 다른 지방에 있는 대학교에 들어가게 됐어요. 근데 집 구하는 게 만만치가 않아서…. M공사에서 이것과 관련된 사업을 한다고 이야기를 들어서 전화했습니다.
B사원 : 그러셨군요. 네, 저희 공사에서 고객님과 같은 상황에 있는 분들을 도와드리기 위해 행복주택, 전세임대주택 등 여러 사업을 시행하고 있습니다만, 죄송하게도 제가 관련 부서가 아니라 정확하게 안내해드릴 수 없는 점 양해 부탁드립니다.
고객 : 아, 그럼 제가 어디로 전화를 해야 할까요?
B사원 : 행복주택사업처로 전화하시면 자세히 안내받으실 수 있을 겁니다. 담당직원은 △△△이고, 전화번호는 1234입니다.
고객 : 알겠습니다. 감사합니다.
B사원 : 궁금한 점을 정확하게 안내해 드리지 못해 정말 죄송합니다. 그럼 좋은 하루 되십시오, 감사합니다.

① 전화를 신속하게 받지 않았다.

② 본인의 소속부서와 이름을 정확하게 밝히지 않았다.

③ 다른 직원에게 바로 연결하지 않고 고객이 별도로 전화를 걸도록 유도하였다.

④ 다른 직원의 정보를 고객에게 알리지 않았다.

40 다음 글을 참고할 때 신뢰를 쌓는 방법으로 적절하지 않은 것은?

> 우리가 은행에 계좌를 만들고 이를 통해 예치와 인출을 하듯이, 인간관계 속에서도 신뢰를 구축하거나 무너
> 뜨릴 수 있는 감정은행계좌라는 것이 존재한다. 이는 사람들이 같은 행동을 하더라도 이 감정은행계좌에 신
> 뢰가 많고 적음에 따라 그 사람의 행동이 달리 판단되도록 한다. 예를 들어 평소 감정은행계좌를 통해 서로
> 신뢰를 구축한 어떤 사람이 실수를 한다면, 무슨 일이 있었을 것이라 생각하며 그 실수에 대해 이해하고 용서
> 하려 했을 확률이 높았을 것이다. 하지만, 평소 감정은행계좌로 구축한 신뢰가 적은 경우라면, 그 사람에 대
> 해 성실하지 않고 일을 대충하는 사람으로 생각했을 확률이 높았을 것이다. 따라서 사람과 사람사이의 평소
> 감정은행계좌의 저축은 매우 중요한 사안이다.

① 상대방에 대한 이해와 배려
② 사소한 일에 대한 관심
③ 약속 이행 및 언행일치
④ 반복적인 사과

6권

MG새마을금고
지역본부 필기전형
정답 및 해설

제1회 모의고사 정답 및 해설

01	02	03	04	05	06	07	08	09	10
④	③	③	③	①	①	②	①	④	③
11	12	13	14	15	16	17	18	19	20
④	①	④	④	②	①	④	④	③	③
21	22	23	24	25	26	27	28	29	30
①	②	③	①	④	④	④	④	④	②
31	32	33	34	35	36	37	38	39	40
③	④	③	④	③	④	②	④	②	③

01 정답 ④

빈칸의 뒤에 나오는 내용을 살펴보면 양안시에 대해 설명하며 양안시차를 통해 물체와의 거리를 파악한다고 하였으므로 빈칸에 거리와 관련된 내용이 나왔음을 짐작할 수 있다. 따라서 빈칸에 들어갈 내용으로 가장 적절한 것은 ④이다.

02 정답 ③

종교적 · 주술적 성격의 동물은 대개 초자연적인 강대한 힘을 가지고 인간 세계를 지배하거나 수호하는 신적인 존재이다.

오답분석
① 미술 작품 속에 등장하는 동물에는 해태나 봉황 등 인간의 상상에서 나온 동물도 있다.
② 미술 작품에 등장하는 동물은 성격에 따라 구분할 수 있으나, 이 구분은 엄격한 것이 아니다.
④ 인간의 이지가 발달함에 따라 신적인 기능이 감소한 종교적 · 주술적 동물은 신이 아닌 인간에게 봉사하는 존재로 전락한다.

03 정답 ③

제시문은 가상수의 개념과 장점, 한계점 및 연구 필요성에 대하여 설명하고 있다. 따라서 (라) 가상수의 개념 – (나) 제품을 생산하는 데 필요한 가상수의 양 – (가) 가상수의 장점 – (다) 가상수의 한계와 연구의 필요성 제기 순으로 나열하는 것이 적절하다.

04 정답 ③

제시문은 동양과 서양에서 서로 다른 의미를 부여하고 있는 달에 대해 설명하고 있는 글이다. 따라서 (나) 동양에서 나타나는 해와 달의 의미 – (라) 동양과 상반되는 서양에서의 해와 달의 의미 – (다) 최근까지 지속되고 있는 달에 대한 서양의 부정적 의미 – (가) 동양에서의 변화된 달의 이미지 순으로 나열하는 것이 적절하다.

05 정답 ①

제시문의 내용에 따르면 똑같은 일을 똑같은 노력으로 했을 때, 돈을 많이 받으면 과도한 보상을 받아 부담을 느낀다. 또한 적게 받으면 충분히 받지 못했다고 느끼므로 만족하지 못한다. 따라서 공평한 대우를 받을 때 더 행복함을 느낀다는 내용을 추론할 수 있다.

06 정답 ①

첫 번째 문단에서의 '대중문화 산물의 내용과 형식이 표준화 · 도식화되어 더 이상 예술인 척할 필요조차 없게 되었다고 주장했다.'라는 문장을 통해 적절한 내용임을 알 수 있다.

07 정답 ②

기호학저 샌산선은 피스크가 주목하는 것으로, 초기 스크린 하파의 평가로 적절하지 않다.

08 정답 ①

제시문 하단에 우리나라의 사회보장기본법의 내용에서 '사회보장이란 출산, 양육, 실업, 노령, 장애, 질병, 빈곤 및 사망 등의 사회적 위험으로부터 모든 국민을 보호'한다고 명시되어 있으므로, 사회보장의 대상은 모든 국민임을 알 수 있다. 따라서 사회보장은 '보호가 필요하다고 판단되는 빈곤계층'처럼 일부의 대상에만 적용되는 선별적 개념이 아닌, 전 국민을 대상으로 적용되는 포괄적 개념이다.

09　　　　　　　　　　　정답 ④

제시문의 두 번째 문단에서 전기자동차 산업이 확충되고 있음을 언급하면서 구리가 전기자동차의 배터리를 만드는 데 핵심 재료라고 설명하고 있기 때문에 전기자동차 산업 확충에 따른 산업금속 수요의 증가가 글의 핵심 내용으로 적절하다.

오답분석

① 제시문에서 언급하고 있는 내용이기는 하나 핵심 내용으로 보기는 어렵다.
② 제시문에서 '그린 열풍'을 언급하고 있으나, 그 현상의 발생 원인은 설명하고 있지 않다.
③ 제시문에서 산업금속 공급난이 우려된다고 언급하고 있으나 그로 인한 문제는 설명하고 있지 않다.

10　　　　　　　　　　　정답 ③

패널 토의는 3 ~ 6인의 전문가가 토의 문제에 대한 정보나 지식, 의견이나 견해를 자유롭게 주고받고 토의가 끝난 후 청중의 질문을 받는 순서로 진행된다. 찬반으로 명백하게 나눠 토의를 진행하기보다는 서로 다른 의견을 수렴 및 조정하는 방법이기 때문에 ③은 설명으로 적절하지 않다.

11　　　　　　　　　　　정답 ④

(적어도 1개는 하얀 공을 꺼낼 확률)=1－(모두 빨간 공을 꺼낼 확률)

• 전체 공의 개수 : $4+6=10$

• 2개의 공 모두 빨간 공을 꺼낼 확률 : $\dfrac{{}_4C_2}{{}_{10}C_2}=\dfrac{2}{15}$

∴ (적어도 1개는 하얀 공을 꺼낼 확률)$=1-\dfrac{2}{15}=\dfrac{13}{15}$

따라서 구하는 확률은 $\dfrac{13}{15}$ 이다.

12　　　　　　　　　　　정답 ①

B팀이 2쿼터까지 얻은 점수를 x점이라고 하면 A팀이 얻은 점수는 $x+7$점이고, B팀이 3쿼터와 4쿼터에 얻은 점수를 y점이라고 하면 A팀이 얻은 점수는 $\dfrac{3}{5}y$점이다.

$x+7+\dfrac{3}{5}y=75$

$\rightarrow x+\dfrac{3}{5}y=68 \cdots$ ㉠

$x+y=78 \cdots$ ㉡

㉡－㉠을 하면 다음과 같다.

$\dfrac{2}{5}y=10$

∴ $y=25$

따라서 A팀이 3쿼터와 4쿼터에 얻은 점수는 $\dfrac{3}{5}\times25=15$점이다.

13　　　　　　　　　　　정답 ④

인터넷으로 환전했기 때문에 달러는 $300\times1,118=335,400$원이다.
엔화의 살 때 가격을 a원/¥이라고 하자.
$600,000=335,400+250a+17,100$
$\rightarrow 250a=247,500$
∴ $a=990$
따라서 적용된 엔화 환율은 990원/¥이다.

14　　　　　　　　　　　정답 ④

여성 조사인구가 매년 500명일 때, 2023년에 '매우 노력함'을 택한 인원은 $500\times0.168=84$명이고, 2024년에는 $500\times0.199=99.5$명으로 2023년에 비해 15.5명이 증가했다.

오답분석

① 남성과 여성 모두 정확한 조사대상 인원이 나와 있지 않으므로 알 수 없다.
② 2024년에 모든 연령대에서 '노력 안 함'의 비율이 가장 낮은 연령대는 40대이다.
③ 2024년 60대 이상 '조금 노력함'의 비율은 전년 대비 $\dfrac{30.7-31.3}{31.3}\times100 ≒ -1.9\%$만큼 감소했다.

15　　　　　　　　　　　정답 ②

$\dfrac{(\text{대학졸업자 취업률})}{(\text{전체 대학졸업자})}\times100=(\text{대학졸업자 취업률})\times(\text{대학졸업자}$

$\text{의 경제활동인구 비중})\times\dfrac{1}{100}$

따라서 OECD 평균은 $40\times50\times\dfrac{1}{100}=20\%$이고, 이보다 높은 국가는 B, C, E, F, G, H이다.

16　　　　　　　　　　　정답 ①

이메일 스팸 수신량이 가장 높은 시기는 2022년 하반기이지만, 휴대전화 스팸 수신량이 가장 높은 시기는 2021년 하반기이다.

오답분석

② 자료를 통해 모든 기간 이메일 스팸 수신량이 휴대전화 스팸 수신량보다 많음을 확인할 수 있다.
③ 이메일 스팸 수신량의 증가 · 감소 추이와 휴대전화 스팸 수신량의 증가 · 감소 추이가 일치하지 않으므로 서로 밀접한 관련이 있다고 보기 어렵다.
④ 이메일 스팸 총수신량의 평균은 0.6이고 휴대전화 스팸 총수신량의 평균은 약 0.19이다. 따라서 $\dfrac{0.6}{0.19} ≒ 3.16$으로 3배 이상이다.

17
정답 ④

- K고객은 의무가입기간 이상 적금에 가입했기 때문에, 이자소득세가 면제되고 대신 농어촌특별세(1.5%)가 과세된다. 따라서 $400,000 \times (1-0.015) = 394,000$원이 이자(세후)로 입금된다.
- L고객은 의무가입기간 이상 적금에 가입하지 않았지만, 해지 1개월 전 3개월 이상의 입원치료를 요하는 상해를 당했기 때문에 특별중도해지 사유에 해당하므로 이자소득세가 면제되고, 농어촌특별세만 과세된다. 따라서 $200,000 \times (1-0.015) = 197,000$원이 이자(세후)로 입금된다.

18
정답 ④

해외송금 내역 자료에 대한 해외송금 수수료를 구하면 다음과 같다.

날짜	해외송금 금액	이용 은행	해외송금 수수료	전신료
2024. 02.03.	$720	D은행	14,000원	7,500원
2024. 03.06.	$5,200	A은행	30,000원	10,000원
2024. 04.04.	$2,500	B은행	22,000원	7,000원
2024. 04.27.	$1,300	A은행	20,000원	10,000원
2024. 05.15.	$2,300	C은행	23,000원	8,000원
2024. 06.09.	$1,520	D은행	14,000원	7,500원
2024. 07.11.	$5,500	E은행	27,500원	7,000원
2024. 08.20.	$800	D은행	14,000원	7,500원
2024. 09.04.	$1,320	A은행	20,000원	10,000원
2024. 10.24.	$2,300	D은행	19,000원	7,500원
2024. 12.12.	$800	D은행	14,000원	7,500원

따라서 해외송금 수수료와 전신료를 모두 합한 금액은 307,000원이다.

19
정답 ③

(다) : $1,500,000 \times 0.05 \div 12 = 6,250$원

오답분석

① (가) : $2,750,000 \times 0.05 \div 12 \fallingdotseq 11,458$원
→ $250,000 + 11,458 = 261,458$원
② (나) : $2,000,000 \times 0.05 \div 12 \fallingdotseq 8,333$원
→ $250,000 + 8,333 = 258,333$원
④ (라) : $1,000,000 \times 0.05 \div 12 \fallingdotseq 4,167$원
→ $250,000 + 4,167 = 254,167$원

20
정답 ③

A사와 B사의 제품 판매가를 x원이라고 하고, 두 번째 조건에 따라 A사와 B사의 어제 판매수량을 각각 $4y$개, $3y$개라고 하면, 세 번째 조건에 의하여 오늘 A사와 B사의 제품 판매가는 각각 x원, $0.8x$원이고, 네 번째 조건에 의하여 오늘 A사의 판매수량은 $4y$개, B사의 판매수량은 $(3y+150)$개이다. 그리고 다섯 번째 조건에 의하여 두 회사의 오늘 전체 판매액은 동일하므로 다음과 같은 식이 성립한다.

$4xy = 0.8x(3y+150)$
→ $4y = 0.8(3y+150)$
∴ $y = 75$

따라서 오늘 B사의 판매수량은 375개($=3 \times 75 + 150$)이다.

오답분석

① A사와 B사의 제품 판매 단가는 구할 수 없다.
② • 오늘 A사의 판매수량 : $4 \times 75 = 300$개
  • 어제 B사의 판매수량 : $3 \times 75 = 225$개
  • 오늘 A사의 판매수량과 어제 B사의 판매수량의 차이 : $300 - 225 = 75$개
④ 오늘 A사와 B사의 판매수량 비는 $300 : 375 = 4 : 5$이므로 동일하지 않다.

21
정답 ①

두바이와 싱가포르는 서울보다 각각 5시간, 1시간이 느리므로 두바이와 싱가포르 시간을 서울 시간으로 바꾸면 '(두바이 현지시간)+5시간, (싱가포르 현지시간)+1시간'이다.

- 두바이 업무시간 → 서울 시간
  : 오전 8시 ~ 오후 5시 → 오전 3시 ~ 오후 12시
- 싱가포르 업무시간 → 서울 시간
  : 오전 8시 ~ 오후 5시 → 오전 7시 ~ 오후 4시

각 지사의 회의 및 외근 시간을 서울 시간으로 나타내면 다음과 같다.

구분	업무 시간	회의 및 외근
서울	오전 8시 ~ 오후 5시	-
두바이	오전 3시 ~ 오후 12시	(현지시간 오전 6시 ~ 6시 30분 회의) 오전 11시 ~ 11시 30분
싱가포르	오전 7시 ~ 오후 4시	(현지시간 오전 9시 ~ 11시 회의) 오전 10시 ~ 오후 12시

모든 지사에서 서울 시간으로 공통된 업무시간은 오전 8시부터 오후 12시까지다. 그리고 오전 10시부터는 싱가포르 지사, 오전 11시부터는 두바이 지사에서 스케줄이 있으므로 10시 이전에 회의를 해야 한다.

따라서 회의가 가능한 시간은 오전 8시 ~ 10시이다.

22
정답 ②

선택지를 보고 조건에 부합하지 않는 그룹이 있는지 확인하는 것이 빠른 풀이방법이다. ②의 배치가 모든 조건에 부합함을 알 수 있다.

오답분석
① F와 I가 함께 탑승했으므로 H와 D도 함께 탑승해야 하고, G나 J는 A와 함께 탑승해야 한다.
③ C와 H는 함께 탑승해야 하고, B가 탑승하는 차에는 4명이 탑승해야 한다.
④ A와 B는 함께 탑승할 수 없다.

23
정답 ③

주어진 조건을 표로 정리하면 다음과 같다.

구분	1층	2층	3층	4층	5층	6층
경우 1	C	D	A	F	E	B
경우 2	F	D	A	C	E	B
경우 3	F	D	A	E	C	B
경우 4	D	F	A	E	B	C
경우 5	D	F	A	C	B	E

따라서 E가 C보다 위층에 입주하는 것은 확실하지 않지만 맞을 확률이 높다.

24
정답 ①

거래처의 관리에 있어서 최초 선정 시 또는 임원이나 동료의 추천 시에는 추천된 업체와 그렇지 않은 업체와의 가격, 서비스 비교를 통해 결정한다. 결정된 업체와는 일정기간을 유지하여 장기거래처로서의 이점을 활용하지만, 오래된 거래업체라고 해도 가끔 타 업체와의 비교분석으로 교차점검을 하는 것이 바람직하다.

25
정답 ④

특별한 사정이 없는 경우 민원처리는 최대 14영업일이 소요된다. 소요 기간은 접수일 이후부터 계산되므로, 처리 기한은 6월 10일이다.

일	월	화	수	목	금	토
	5. 20	21	22	23	24	25 휴무
26 휴무	27	28	29	30	31	6. 1 휴무
2 휴무	3	4	5	6 공휴일	7	8 휴무
9 휴무	10	11	12	13	14	15

26
정답 ④

스마트 OTP 도입은 금융거래에서 정보보안을 강화하는 데 주목적이 있다. 그러므로 보안과 관련된 전략 과제에 적절한 실행방안이 되지만, 제시된 전략 과제 중에는 보안과 관련된 것이 없다. 따라서 ④는 실행방안으로 적절하지 않다.

오답분석
① '2. 모바일 뱅킹 서비스 친숙도 증대'의 실행방안으로 적절하다.
② '1. 최초 접근 채널 다양화'의 실행방안으로 적절하다.
③ '7. 이용 단계 간소화 및 오류 제거'의 실행방안으로 적절하다.

27
정답 ④

계약심의위원회에서 심의를 필하지 못한 경우에는 계약부서의 장이 해당사유를 명시하여 계약심의 종료일로부터 5일 이내에 해당 요청 건을 구매요구부서로 반송해야 한다.

오답분석
① 중소기업 제품을 우선적으로 검토해야 하지만 부득이한 사유가 있을 경우 대기업 제품도 구입할 수 있다.
② 납품장소 및 납품기한은 10일 이내에 검토해야 한다.
③ 구매요구부서장은 계약심의위원회 심의요청서를 계약심의위원회에 제출해야 한다.

28
정답 ④

• 1단계
주민등록번호 앞 12자리 숫자에 가중치를 곱하면 다음과 같다.

숫자	가중치	(숫자)×(가중치)
2	2	4
4	3	12
0	4	0
2	5	10
0	6	0
2	7	14
8	8	64
0	9	0
3	2	6
7	3	21
0	4	0
1	5	5

• 2단계
1단계에서 구한 값을 합하면 $4+12+0+10+0+14+64+0+6+21+0+5=136$이다.

• 3단계
2단계에서 구한 값을 11로 나누어 나머지를 구하면 $136÷11=12 \cdots 4$이다. 즉, 나머지는 4이다.

• 4단계

11에서 나머지를 뺀 수는 11−4=7이다. 7을 10으로 나누면 7÷10=0 ⋯ 7이다.

따라서 빈칸에 들어갈 숫자는 7이다.

29 정답 ④

㉠ A=100, B=101, C=102이므로 Z=125이다.

㉡ C=3, D=4, E=5, F=6이므로 Z=26이다.

㉢ P가 17임을 볼 때, J=11, Y=26, Z=27이다.

㉣ Q=25, R=26, S=27, T=28이므로 Z=34이다.

따라서 해당하는 Z의 값을 모두 더하면 125+26+27+34=212이다.

30 정답 ②

멤버십 유형에는 수동형, 실무형, 소외형, 순응형, 주도형이 있으며 특징은 다음과 같다.

멤버십 유형에 따른 구분

구분	자아상	동료·리더의 시각
소외형	자립적인 사람, 일부러 반대의견 제시, 조직의 양심	냉소적, 부정적, 고집 셈
순응형	기쁜 마음으로 과업수행, 팀플레이, 리더·조직을 믿고 헌신	아이디어가 없음, 인기 없는 일은 하지 않음, 조직을 위해 자신·가족의 요구를 양보함
실무형	조직 운영방침에 민감, 사건을 균형 잡힌 시각으로 봄, 규정·규칙에 따라 행동함	개인의 이익을 극대화하기 위한 흥정에 능함, 적당한 열의와 평범한 수완으로 업무수행
수동형	판단·사고를 리더에 의존, 지시가 있어야 행동	하는 일이 없고 제 몫을 하지 못함, 업무 수행에는 감독이 반드시 필요
주도형	조직·팀의 목적 달성을 위해 독립적·혁신적으로 사고, 역할을 적극적으로 실천하는 이상적인 유형	

따라서 김사원은 순응형에 속한다.

31 정답 ③

번아웃 증후군을 이겨내기 위한 방법 중 하나가 현재의 환경을 바꾸는 것이다. 현재 처해 있는 상황에서 지루함·무기력함에 빠져 있는 것이므로 환경을 바꾸어 활력과 자극을 얻을 수 있다.

32 정답 ②

기업 내 직급·호칭파괴 제도가 실패한 원인

• 호칭만으로 상명하복 조직문화 개선이 어려워서

• 불명확한 책임소재로 업무상 비효율적이어서

• 승진 등 직원들의 성취동기가 사라져서

• 조직력을 발휘하는 데 걸림돌이 될 것 같아서

• 신속한 의사결정이 오히려 힘들어서

33 정답 ③

조직의 목적을 달성하기 위하여 업무는 통합되어야 하므로, 개인이 선호하는 업무를 임의로 선택할 수 있는 재량권은 적다.

34 정답 ③

비영리조직이면서 대규모조직인 학교에서 5시간 있었다.

• 학교 : 공식조직, 비영리조직, 대규모조직

• 카페 : 공식조직, 영리조직, 대규모조직

• 스터디 : 비공식조직, 비영리조직, 소규모조직

오답분석

① 비공식적이면서 소규모조직인 스터디에서 2시간 있었다.

② 공식조직인 학교와 카페에서 8시간 있었다.

④ 영리조직인 카페에서 3시간 있었다.

35 정답 ③

오답분석

① 만장일치 : 회의 장소에 모인 모든 사람이 같은 의견에 도달하는 방법

② 다수결 : 회의에서 많은 구성원이 찬성하는 의안을 선정하는 방법

④ 의사결정나무 : 의사결정에서 나무의 가지를 가지고 목표와 상황과의 상호 관련성을 나타내어 최종적인 의사결정을 하는 불확실한 상황하의 의사결정 분석 방법

36 정답 ③

제품 특성상 테이크아웃이 불가능했던 위협 요소를 피하기 위해 버거의 사이즈를 줄이는 대신 사이드 메뉴를 무료로 제공하는 것은 수제버거라는 독창적인 아이템을 활용하면서도 위협 요소를 보완하는 전략으로 적절하다.

① 해당 상점의 강점은 주변 외식업 상권과 차별화된 아이템 선정이다. 그러므로 주변 상권에서 이미 판매하고 있는 상품을 벤치마킹해 판매하는 것은 강점을 활용하는 전략으로 적절하지 않다.

② 높은 재료 단가를 낮추기 위해 유기농 채소와 유기농이 아닌 채소를 함께 사용하는 것은 웰빙을 추구하는 소비 행태가 확산되고 있는 기회를 활용하지 못하는 전략이므로 적절하지 않다.

④ 커스터마이징 형식의 고객 주문 서비스 및 주문 즉시 조리하는 방식은 해당 상점의 강점이다. 약점을 보완하기 위해 강점을 모두 활용하지 못하는 전략이므로 적절하지 않다.

37 　　　　　　　　　　　　정답 ②

• 3번 내용의 경우, 받은 명함은 즉시 넣지 않고 명함에 관해 한두 마디 대화를 건네는 것이 바람직하다.

• 7번 내용의 경우, 윗사람으로부터 명함을 받는 경우에는 오른손으로 받고 왼손으로 가볍게 받치도록 한다.

38 　　　　　　　　　　　　정답 ④

사교형은 외향적이고 쾌활하며 타인과 함께 대화하기를 좋아하고 타인으로부터 인정받고자 하는 욕구가 강하다. 또한 혼자서 시간 보내는 것을 어려워하며 타인의 활동에 관심이 많아서 간섭하는 경향도 가지고 있다. 이런 유형의 사람은 타인에 대한 관심보다 혼자만의 내면적 생활에 좀 더 깊은 관심을 지니고, 타인으로부터 인정받으려는 자신의 욕구에 대해 깊이 생각해 볼 필요가 있다.

① 실리형 : 대인관계에서 이해관계에 예민하고 치밀하며 성취지향적이다. 또한 자기중심적이고 경쟁적이며 자신의 이익을 우선적으로 생각하기 때문에 타인에 대한 관심과 배려가 부족하다.

② 순박형 : 단순하고 솔직하며 대인관계에서 너그럽고 겸손한 경향으로 타인에게 잘 설득당할 수 있다. 주관 없이 타인에게 지나치게 끌려 다닐 수 있으며 잘 속거나 이용당할 가능성이 높다.

③ 친화형 : 따뜻하고 인정이 많아 대인관계에서 타인을 잘 배려하며 도와주고, 자기희생적인 태도를 취한다. 타인의 요구를 잘 거절하지 못하고 타인의 필요를 자신의 것보다 앞세우는 경향이 있다.

39 　　　　　　　　　　　　정답 ②

서번트 리더십은 다른 사람을 섬기는 사람이 리더가 될 수 있다는 내용의 이론으로 전통적 리더십과의 차이점은 다음과 같다.

전통적 리더십과 서번트 리더십의 차이

요소	전통적 리더십	서번트 리더십
관심영역	• 일의 결과 • 추진 과정과 방법 • 최종 결과 중심의 평가	• 일 추진 과정의 장해 요소 • 일 추진 시 필요한 지원과 코칭 • 노력에 대한 평가
가치관	• 자기중심적	• 타인을 믿고 수용하는 개방적인 가치관 • 긍정적 마인드
인간관	• 여러 자원 중 하나 • 과제가 우선	• 가장 중요한 자원 • 사람이 우선
리더 – 직원 간의 인식	• 복종	• 존중, 관심 • 공동체 이미지 추구
경제에 대한 시각	• 내부경쟁을 조장 • 리더 중심으로 부하의 수행방식을 요구	• 지나친 개인경쟁을 지양 • 구성원의 성공전략을 모색
생산성	• 양적인 척도 • 결과 중심의 사고	• 과정 중심의 사고

40 　　　　　　　　　　　　정답 ③

강주임은 양 팀이 사업을 추진할 수 있는 호혜관계 형성 전략을 취하고 있다.

① 정대리는 논문을 인용하여 학문적 권위를 이용함으로써 자신의 주장에 근거를 형성하고 있다.

② 박대리는 책임경영전략팀에서 일관되게 해당 유형의 사업을 추진해 왔음을 강조하며 헌신과 일관성 전략을 취하여 설득하고 있다.

④ 최대리는 상호 간에 이해를 높여 갈등해결을 용이하게 할 수 있는 상대방 이해 전략을 취하고 있다.

01	02	03	04	05	06	07	08	09	10
④	④	④	③	①	②	③	④	②	②
11	12	13	14	15	16	17	18	19	20
④	③	④	④	①	②	①	②	②	①
21	22	23	24	25	26	27	28	29	30
④	④	④	③	①	④	②	①	④	③
31	32	33	34	35	36	37	38	39	40
②	②	③	②	③	①	②	③	①	②

01
정답 ④

제시문은 무협 소설에서 나타나는 '협(俠)'의 정의와 특징에 대해 설명하고 있다. 따라서 (라) 무협 소설에서 나타나는 협의 개념 – (다) 협으로 인정받기 위한 조건 중 하나인 신의 – (가) 협으로 인정받기 위한 추가적인 조건 – (나) 앞선 사례를 통해 나타나는 협의 원칙과 정의의 순으로 나열하는 것이 적절하다.

02
정답 ④

모듈러 로봇은 외부 자극에 대한 반응이 제대로 작동되지 않는 부분을 다른 모듈로 교체하거나 제거하는 작업을 스스로 진행하여 치유할 수 있는 것이 특징이다.

03
정답 ④

제시문은 '쓰기(Writing)'의 문화사적 의의를 기술한 글이다. '복잡한 구조나 지시 체계'는 이미 '소리 속에서' 발전해 왔는데 그러한 복잡한 개념들을 시각적인 코드 체계인 '쓰기'를 통해 기록할 수 있게 되었다. 또한 그러한 '쓰기'를 통해 인간의 문명과 사고가 더욱 발전하게 되었다. ④는 '쓰기'가 '복잡한 구조나 지시 체계'를 이루는 시초가 되었다고 보고 있으므로 적절하지 않은 추론이다.

04
정답 ③

제시문은 산업 사회의 여러 가지 특징에 대해 설명함으로써 산업 사회가 가지고 있는 문제점을 강조하고 있다.

05
정답 ①

제시문은 낙수 이론에 대해 설명하고, 그 실증적 효과를 논한 후에 비판을 제기하고 있다. 따라서 일반론에 이은 효과를 설명하는 (가) 문단이 그 뒤에, 비판을 시작하는 (나) 문단이 그 후에 와야 한다. (라) 문단에는 '제일 많이'라는 수식어가 있고, (다) 문단에는 '또한 제기된다.'라고 명시되어 있어 (라) 문단이 (다) 문단 앞에 오는 것이 글의 구조상 자연스럽다. 따라서 (가) – (나) – (라) – (다) 문단 순으로 나열하는 것이 적절하다.

06
정답 ②

수소 원자와 헬륨 원자는 양성자 및 헬륨 원자핵과 전자가 결합해서 만들어지는 것이지, 양성자와 헬륨 원자핵이 결합하여 만들어지는 것이 아니다.

오답분석

① '양(+)의 전하를 가지고 있는 양성자 및 헬륨 원자핵'이라는 설명에서 알 수 있다.
③ '온도가 높은 상태에서는 전자가 원자핵에 쉽게 붙들리지 않기 때문에 양성자 및 헬륨 원자핵과 전자가 결합해야 만들어지는 수소 원자와 헬륨 원자가 잘 만들어지지 않았지만, 온도가 내려가자 자유 전자가 양성자 및 헬륨 원자핵에 붙들려 결합된다.'는 설명에서 온도가 높아질수록 수소 원자와 헬륨 원자는 만들어지지 않는다는 것을 알 수 있다.
④ '전자가 양성자에 붙들리지 않은 채 자유롭게 우주공간을 움직일 수 있다가 온도가 내려가자 자유 전자가 양성자 및 헬륨 원자핵과 결합했다.'는 설명에서 알 수 있다.

07
정답 ③

세 번째 문단 마지막 문장에 달팽이관의 감김 횟수가 많으면 더 넓은 범위의 초음파를 들을 수 있다는 내용이 있다.

오답분석

① 박쥐는 성대에서 초음파를 만들어 입이나 코로 방사한다고 설명한다.
② 반향정위가 대부분의 육상 동물들이 갖고 있는 특징이라고 이야기한 부분은 없다. 다만 반향정위를 하는 대표적인 육상 동물로 박쥐를 꼽을 수 있다고 설명했을 뿐이다.
④ 제시문을 통해 확인할 수 없는 내용이다.

08
정답 ④

(가)에서 구급차의 예를 들며 '구급차가 다가오고 있을 때는 사이렌 소리의 파장이 짧아져 음이 높게 들리고 멀어져 갈 때는 소리의 파장이 길어져 음이 낮게 들리는데'라고 했으므로, 파원이 관측자 쪽으로 다가갔다면(거리가 가까워졌다면) 파장은 짧아질 것이다.

09
정답 ②

제시문은 텔레비전의 언어가 개인의 언어 습관에 미치는 악영향을 경계하면서, 올바른 언어 습관을 기르기 위해 문학 작품 독서의 필요성을 강조하고 있다.

10
정답 ②

교환되는 내용이 양과 질의 측면에서 정확히 대등하지 않기 때문에 ②는 비대칭적 상호주의의 예시이다.

11
정답 ④

물가 상승으로 인해 화폐가치는 급락하지만, 풍년으로 인해 쌀값이 하락하면 오히려 화폐가치가 상승하는 결과를 낳는다.

12
정답 ③

해당 시점을 x개월 후라고 하면 다음과 같은 식이 성립한다.
$4+12x > 3(2+2x+9+x)$
$\rightarrow 4+12x > 33+9x$
$\rightarrow 3x > 29$
$\therefore x > 9.7$
따라서 가영이가 모은 돈이 민수와 철한이가 모은 돈의 합의 3배가 넘는 시점은 10개월 후이다.

13
정답 ④

500g의 설탕물에 녹아있는 설탕의 양을 xg이라고 하자.
농도 3%의 설탕물 200g에 들어있는 설탕의 양은 $\dfrac{3}{100} \times 200 = 6$g이다.
$\dfrac{x+6}{500+200} \times 100 = 7$
$\rightarrow x+6=49$
$\therefore x=43$
따라서 500g의 설탕물에 녹아있는 설탕의 양은 43g이다.

14
정답 ④

영민이가 가입한 월복리 적금 상품의 연이율이 2.4%이므로 월이율은 $\dfrac{0.024}{12}=0.002=0.2\%$이다. 그러므로 연이율 2.4%인 3년 만기 월복리 적금 상품에 매월 초 100만 원씩 36개월간 납입할 때 만기 시 원리합계는 다음과 같다.

$$\dfrac{100 \times 1.002 \times (1.002^{36}-1)}{1.002-1} = \dfrac{100 \times 1.002 \times (1.075-1)}{0.002}$$
$$=3,757.5\text{만 원}$$

3년 만기 단리 예금 상품의 연이율을 $r\%$라고 하면, 3,600만 원을 예치할 때 만기 시 원리합계는 다음과 같다.

$$3,600\left(1+36 \times \dfrac{r}{12}\right) > 3,757.5$$
$$10,800r > 157.5$$
$$r > \dfrac{157.5}{10,800} = 0.0145 \cdots = 1.45\%$$

따라서 단리 상품의 연이율은 최소 약 1.5% 이상이어야 한다.

15
정답 ①

A씨의 월 급여는 $3,480 \div 12 = 290$만 원이다.
- 국민연금, 건강보험료, 고용보험료를 제외한 금액
  : 290만$-[290$만$\times(0.045+0.0312+0.0065)]$
    $=290$만$-(290$만$\times0.0827)$
    $=290$만$-239,830=2,660,170$원
- 장기요양보험료 : $(290$만$\times0.0312)\times0.0738 ≒ 6,670$원($\because$ 십원 단위 미만 절사)
- 지방세 : $68,000 \times 0.1 = 6,800$원

따라서 A씨의 월 실수령액은 $2,660,170-(6,670+68,000+6,800)$ $=2,578,700$원이고, 연 실수령액은 $2,578,700 \times 12 = 30,944,400$원이다.

16
정답 ②

ㄱ. 응답자 2,000명 중 남성을 x명, 여성을 y명이라고 하면, 주유 할인을 선택한 응답자는 $2,000 \times 0.2 = 400$명이므로 0.18 $x+0.22y=400$으로 나타낼 수 있다.
$x+y=2,000 \cdots \bigcirc$
$0.18x+0.22y=400 \cdots \bigcirc$
㉠과 ㉡을 연립하면 $x=1,000$, $y=1,000$으로 남성과 여성의 비율이 동일함을 알 수 있다.

ㄹ. 가장 많은 남성 응답자(24%)가 영화관 할인을 선택하였으며, 여성 역시 가장 많은 응답자(23%)가 영화관 할인을 선택하였다.

오답분석

ㄴ. 남성의 경우 응답자의 18%인 180명이 편의점 할인을 선택하였고, 여성의 경우 7%인 70명이 편의점 할인을 선택하였다. 따라서 편의점 할인 서비스는 여성보다 남성 응답자가 더 선호하는 것을 알 수 있다.

ㄷ. 남성 응답자 수는 1,000명이므로 온라인 쇼핑 할인을 선택한 남성은 $1,000 \times 0.1 = 100$명이다.

17

정답 ①

S사의 공기청정기의 순이익률을 구하면 $\frac{12,871}{42,200}\times100=30.5\%$ 이므로 30%를 초과한다.

오답분석

② L사의 TV와 냉장고의 순이익률은 다음과 같다.

- TV : $\frac{124}{800}\times100=15.5\%$

- 냉장고 : $\frac{19,152}{76,000}\times100=25.2\%$

따라서 차이는 25.2-15.5=9.7%p로 10%p 미만이다.

③ S사가 L사보다 매출액이 높은 전자제품은 TV(1,200억 원)와 제습기(25,500억 원)이고, 순이익 역시 TV(300억 원)와 제습기(7,395억 원)가 높다.

④ S사와 L사가 에어컨을 각각 200만 대와 210만 대를 팔았다면 그 단가는 각각 S사는 88,400÷200=442만 원, L사는 94,500÷210=450만 원이므로 L사의 단가가 더 높다.

18

정답 ②

- 개업하기 전 초기 입점 비용(단위 : 만 원)
  : (매매가)+(중개 수수료)+(리모델링 비용)
  - A상가 : 92,000+(92,000×0.006)=92,552만 원
  - B상가 : 88,000+(88,000×0.007)+(2×500)
    =89,616만 원
  - C상가 : 90,000+(90,000×0.005)=90,450만 원
  - D상가 : 95,000+(95,000×0.006)=95,570만 원
- 개업 한 달 후 최종 비용(단위 : 만 원)
  : (초기 입점 비용)-[(초기 입점 비용)×0.03×(병원 입점 수)]
  - A상가 : 92,552-(92,552×0.03×2)≒86,999만 원
  - B상가 : 89,616-(89,616×0.03×3)≒81,551만 원
  - C상가 : 90,450-(90,450×0.03×1)≒87,737만 원
  - D상가 : 95,570-(95,570×0.03×1)≒92,703만 원

따라서 B상가에 입점하는 것이 가장 이득이다.

19

정답 ②

- 1학년 전체 학생 중 빨강을 좋아하는 학생 수의 비율
  : $\frac{50}{250}\times100=20\%$
- 2학년 전체 학생 중 노랑을 좋아하는 학생 수의 비율
  : $\frac{75}{250}\times100=30\%$

20

정답 ①

[실업률 증감(%)]= $\frac{(11월\ 실업률)-(2월\ 실업률)}{(2월\ 실업률)}\times100$

= $\frac{3.1-4.9}{4.9}\times100≒-37\%$

21

정답 ④

조건을 표로 정리하면 다음과 같다.

구분	월요일	화요일	수요일	목요일	금요일
A	○		×	○	
B	○	×	×	○	○
C	○		×	○	
D	○	×	○	○	×

따라서 수요일에 야근하는 사람은 D이다.

22

정답 ④

서울 대표를 기준으로 하여 시계 방향으로 '서울 – 대구 – 춘천 – 경인 – 부산 – 광주 – 대전 – 속초' 순서로 앉아 있다.

따라서 경인 대표의 맞은편에 앉은 사람은 속초 대표이다.

23

정답 ④

먼저 세 번째 조건에 따라 3팀은 3호실에 위치하고, 네 번째 조건에 따라 8팀과 2팀은 4호실 또는 8호실에 각각 위치한다. 이때, 두 번째 조건에 따라 2팀과 5팀은 앞뒤로 나란히 위치해야 하므로 결국 2팀과 5팀이 각각 8호실과 7호실에 나란히 위치하고, 4호실에는 8팀이 위치한다. 또한 첫 번째 조건에 따라 1팀과 7팀은 1호실 또는 5호실에 각각 위치하는데, 마지막 조건에서 4팀은 1팀과 5팀 사이에 위치한다고 하였으므로 4팀이 5팀 바로 앞인 6호실에 위치하고, 1팀은 5호실에 위치한다. 그러므로 1호실에는 7팀이 위치하고, 바로 뒤 2호실에는 6팀이 위치한다.

이를 종합하여 기획 1 ~ 8팀의 사무실을 배치하면 다음과 같다.

창고	입구	계단
기획 7팀		기획 1팀
기획 6팀		기획 4팀
기획 3팀	복도	기획 5팀
기획 8팀		기획 2팀

따라서 기획 4팀과 기획 6팀은 복도를 사이에 두고 마주하는 것을 알 수 있다.

오답분석

① 창고 뒤에는 기획 7팀의 사무실이 위치하며, 기획 1팀의 사무실은 계단 쪽 라인에 위치한다.

② 기획 2팀의 사무실은 8호실에 위치한다.

③ 기획 3팀과 5팀은 복도를 사이에 두고 마주한다.

24

정답 ③

ㄴ. BCG 매트릭스는 시장성장율과 상대적 시장점유율을 기준으로 4개의 영역으로 나눠 사업의 상대적 위치를 파악한다.

ㄹ. GE&맥킨지 매트릭스의 산업매력도는 시장규모, 시장 잠재력, 경쟁구조, 재무·경제·사회·정치 요인과 같은 광범위한 요인에 의해 결정된다.

ㅁ. GE&맥킨지 매트릭스는 반영 요소가 지나치게 단순하다는 BCG 매트릭스의 단점을 보완하기 위해 개발되었다.

ㄱ. BCG 매트릭스는 미국의 보스턴컨설팅그룹이 개발한 사업포트폴리오 분석 기법이다.
ㄷ. GE&맥킨지 매트릭스는 산업매력도와 사업경쟁력을 고려하여 사업의 형태를 9개 영역으로 나타낸다.

25 　　　　　　　　　　　　　　　　　　정답 ①

SO전략과 WO전략은 발전 방안으로 적절하다.

ㄴ. ST전략에서 경쟁업체에 특허 기술을 무상 이전하는 것은 경쟁이 더 심화될 수 있으므로 적절하지 않다.
ㄹ. WT전략에서는 기존 설비에 대한 재투자보다는 수요에 맞게 다양한 제품을 유연하게 생산할 수 있는 신규 설비에 대한 투자가 필요하다.

26 　　　　　　　　　　　　　　　　　　정답 ②

자료에서 설명하는 문제해결 방법은 Logic Tree 방법이다. Logic Tree 방법은 문제의 원인을 깊이 파고들거나 해결책을 구체화할 때 제한된 시간 속에 넓이와 깊이를 추구하는 데 도움이 되는 기술로, 주요 과제를 나무 모양으로 분해·정리하는 기술이다.

① So What 방법 : '그래서 무엇이지?'하고 자문자답하는 것으로, 눈앞에 있는 정보로부터 의미를 찾아내어 가치 있는 정보를 이끌어내는 방법이다.
③ 피라미드 구조 방법 : 하위의 사실이나 현상부터 사고함으로써 상위의 주장을 만들어가는 방법이다.
④ 3C 분석 방법 : 환경을 구성하고 있는 요소인 자사, 경쟁사, 고객에 대해 체계적으로 분석하는 방법이다.

27 　　　　　　　　　　　　　　　　　　정답 ②

보증료는 (대지비 부분 보증료)+(건축비 부분 보증료)이고, 대지비 부분 보증료는 (대지비 부분 보증금액)×(대지비 부분 보증료율×365÷365)이며, 건축비 부분 보증료는 (건축비 부분 보증금액)×(건축비 부분 보증료율×365÷365)이므로 보증료는 (대지비 부분 보증금액×대지비 부분 보증료율)+(건축비 부분 보증금액×건축비 부분 보증료율)이다.
대지비 부분 보증금액과 건축비 부분 보증금액이 모두 10억 원이고 대지비 부분 보증료율은 0.138%로 고정이므로, 건축비 부분 보증료율에 따라서 보증료 금액이 변한다. 건축비 부분 보증료율의 최솟값은 AAA의 1등급인 0.158%이고, 최댓값은 D의 5등급인 0.468%이므로 그 차이는 0.31%이다.
따라서 신용등급별로 내는 보증료의 최댓값과 최솟값의 차이는 10억×0.31%=310만 원이다.

28 　　　　　　　　　　　　　　　　　　정답 ①

M카드 골드멤버인 영희의 4월 카드 사용내역에 대하여 혜택별 금액을 구하면 다음과 같다.
• N미디어 이용 : $200,000×0.15=30,000$원
• B피자 구매 : $35,000×0.1=3,500$원
• Z마트 이용 : $72,000×0.5=3,600$원
• L영화관(VIP석)의 경우 일반석이 아니므로 혜택 대상이 아님
• 자몽주스 1잔(P카페) 구매 : $6,000×0.15=900$원
• 커피 2잔(E카페) 구매 : $10,000×0.1=1,000$원
• S마트 이용 : $53,000÷1,000×50=2,650$원
• 영화표 2매(C영화관) 구매 : $2,000×2=4,000$원
• 도서(W교육) 구매의 경우 동영상 과정이 아니므로 혜택 대상이 아님
• 동영상 과정(W교육) 구매 : $150,000×0.5=75,000$원
• D피자 구매 : $22,000×0.2=4,400$원
따라서 영희가 4월에 받은 멤버십 혜택의 총액은 $30,000+3,500+3,600+900+1,000+2,650+4,000+75,000+4,400=125,050$원이다.

29 　　　　　　　　　　　　　　　　　　정답 ④

조건에 따라 각 프로그램의 점수와 선정 여부를 정리하면 다음과 같다.

구분	프로그램명	가중치 반영 인기 점수	가중치 반영 필요성 점수	수요도 점수	비고
운동	강변 자전거 타기	12	5	−	탈락
진로	나만의 책 쓰기	10	7+2	19	
여가	자수 교실	8	2	−	탈락
운동	필라테스	14	6	20	선정
교양	독서 토론	12	4+2	18	
여가	볼링 모임	16	3	19	선정

수요도 점수는 '나만의 책 쓰기'와 '볼링 모임'이 19점으로 같지만, 인기 점수가 더 높은 '볼링 모임'이 선정된다. 따라서 다음 하반기 동안 운영될 프로그램은 '필라테스'와 '볼링 모임'이다.

30 　　　　　　　　　　　　　　　　　　정답 ③

ㄴ. 물가안정목표제 중 신축적 운영 부분에 따르면 통화신용정책은 중기적 시계에서의 물가안정목표 달성을 저해하지 않는 범위 내에서 신축적으로 운영하므로 통화신용정책을 엄격히 운영하여 일관성을 강화해야 한다는 추론은 적절하지 않다.
ㄷ. 금융안정에 대한 고려 중 거시건전성 정책과의 조화 부분에 따르면, 금융불균형 누적 억제를 위해서는 통화신용정책과 거시건전성 정책 중 후자를 더 강조하는 것이 아니라 양자를 조화롭게 운영하는 것을 강조하고 있다.

ㄱ. 물가안정목표제 중 중기적 운영 시계 부분에 따르면, 소비자 물가는 통화신용정책 외의 일시적, 불규칙적 요인과 함께 파급시차에 의해서도 변동이 있을 수 있다.

ㄹ. 금융안정에 대한 고려 중 금융안정 점검 부분에 따르면, 정기적인 금융안정 상황 점검·평가·공표는 금융불균형의 과도한 누적을 방지하므로 적절한 추론이다.

31 정답 ②
ㄱ. 별표 1의 업무상 재해 유형 중 ②에 해당하는 상황이며, 제3조 제3항에 따라 부당하게 수급한 보험급여액의 2배를 징수하여야 하므로, 300만 원의 부당이득을 징수하여야 한다.

ㄷ. 별표 1의 급여청구 유형 중 ④에 해당하는 상황이며, 제3조 제3항에 따라 부당하게 수급한 보험급여액의 2배를 징수하여야 하므로, 230만 원의 부당이득을 징수하여야 한다.

ㄴ. 별표 1의 급여청구 유형 중 ②에 해당하는 상황이며, 부정수급 여부 조사 시작 전에 자진신고를 하였으므로 제3조 제3항 3호에 해당한다. 하지만 자진신고를 한 경우라도 해당 금액까지 면제되는 것은 아니다.

ㄹ. 제3조 제2항 1호에 해당하는 상황으로 부당이득은 부당하게 수급한 보험급여액인 310만 원이 맞지만, 징수대상은 E주임이 아닌 F주임이다.

32 정답 ②
규칙과 법을 준수하고, 관행과 안정, 문서와 형식, 명확한 책임소재 등을 강조하는 관리적 문화의 특징을 가진 문화는 (다)이다. (가)는 집단문화, (나)는 개발문화, (다)는 계층문화, (라)는 합리문화이며, 분야별 주요 특징은 다음과 같다.

조직문화의 유형과 특징

구분	주요 특징
집단문화	관계지향적인 문화이며, 조직구성원 간 인간애 또는 인간미를 중시하는 문화로서 조직내부의 통합과 유연한 인간관계를 강조한다. 따라서 조직구성원 간 인화단결, 협동, 팀워크, 공유가치, 사기, 의사결정과정에 참여 등을 중요시하며, 개인의 능력개발에 대한 관심이 높고, 조직구성원에 대한 인간적 배려와 가족적인 분위기를 만들어내는 특징을 가진다.
개발문화	높은 유연성과 개성을 강조하며, 외부환경에 대한 변화지향성과 신축적 대응성을 기반으로 조직구성원의 도전의식, 모험성, 창의성, 혁신성, 자원획득 등을 중시하며, 조직의 성장과 발전에 관심이 높은 조직문화를 의미한다. 따라서 조직구성원의 업무수행에 대한 자율성과 자유재량권 부여 여부가 핵심요인이다.
계층문화	조직내부의 통합과 안정성을 확보하고, 현상유지 차원에서 계층화·서열화된 조직구조를 중요시하는 조직문화이다. 즉, 위계질서에 의한 명령과 통제, 업무처리 시 규칙과 법을 준수, 관행과 안정, 문서와 형식, 보고와 정보관리, 명확한 책임소재 등을 강조하는 관리적 문화의 특징을 나타내고 있다.
합리문화	과업지향적인 문화로, 결과지향적인 조직으로서의 업무의 완수를 강조한다. 조직의 목표를 명확하게 설정하여 합리적으로 달성하고, 주어진 과업을 효과적이고 효율적으로 수행하기 위하여 실적을 중시하고, 직무에 몰입하며, 미래를 위한 계획을 수립하는 것을 강조한다. 합리문화는 조직구성원 간의 경쟁을 유도하는 문화이기 때문에 때로는 지나친 성과를 강조하게 되어 조직에 대한 조직구성원들의 방어적인 태도와 개인주의적인 성향을 드러내는 경향을 보인다.

따라서 규칙과 법을 준수하고 관행과 안정, 문서와 형식, 명확한 책임소재 등을 강조하는 관리적 문화의 특징을 가지는 문화는 (나) 개발문화이다.

33 정답 ③
제시된 사례의 쟁점은 재고 처리이며, 여기서 김봉구씨는 W사에 대하여 경쟁전략(강압전략)을 사용하고 있다.

강압전략은 'Win – Lose' 전략이다. 명시적 또는 묵시적으로 강압적 위협이나 강압적 설득, 처벌 등의 방법으로 상대방을 굴복시키거나 순응시킨다. 자신의 주장을 확실하게 상대방에게 제시하고 상대방에게 이를 수용하지 않으면 보복이 있을 것이며 협상이 결렬될 것이라는 등의 위협을 가하는 것이다. 즉, 강압전략은 일방적인 의사소통으로 일방적인 양보를 받아내려는 것이다.

34 정답 ③
조직은 목적을 가지고 있어야 하고, 구조가 있어야 한다. 또한 목적을 달성하기 위해 구성원들은 서로 협동적인 노력을 하고, 외부환경과 긴밀한 관계를 가지고 있어야 한다. 따라서 야구장에 모인 관중들은 동일한 목적만 가지고 있을 뿐 구조를 갖춘 것이 아니기에 조직으로 볼 수 없다.

35 정답 ③
1등 전략은 시장점유율의 유지를 위해 혁신적인 신제품 발매, 가격경쟁전략이나 판매촉진 강화 전략 등을 행함으로써 경쟁회사의 진입장벽을 높이는 방법이다. L그룹의 경영전략으로 1등 전략과 관련된 내용이 제시된 부분은 없다.

36 정답 ①

조직문화를 구성하는 7요소 중 리더십스타일은 구성원들을 이끌어 나가는 경영관리자들의 관리스타일로, 구성원들의 동기부여와 상호작용, 조직분위기와 실무성과에 직접적인 영향을 준다.

오답분석

② 구성원 : 기업의 인력구성, 구성원들의 능력 및 전문성, 신념, 욕구와 동기, 지각과 태도, 행동 등을 포함한다.
③ 제도 : 기업경영의 의사결정, 보상제도와 인센티브, 경영정보와 의사결정시스템, 경영계획과 목적설정시스템, 결과 측정과 조정 및 통제 등 경영 각 분야의 관리제도와 절차를 포함한다.
④ 관리기술 : 기업의 각종 물리적 하드웨어 기술과 이에 탑재된 소프트웨어 기술, 경영기술과 기법 등을 포함한다.

37 정답 ②

인간관계의 커다란 손실은 사소한 것으로부터 비롯된다. 즉 대인 관계에 있어 상대방의 사소한 일에 대해 관심을 가져야 하며, 이를 위한 작은 친절과 공손함은 매우 중요하다. 이와 반대로 작은 불손, 작은 불친절, 하찮은 무례 등은 감정은행계좌의 막대한 인출을 가져온다.

오답분석

① 상대방의 입장을 이해하고 양보하는 노력은 감정은행계좌에 인격과 신뢰를 쌓는 중요한 예입수단이다.
③ 실수를 인정하고 진지하게 사과하는 것은 감정은행계좌에 신뢰를 예입하는 것이다.
④ 상대방에 대한 칭찬과 배려는 상호 신뢰관계를 형성하고 사람의 마음을 움직이게 하는 중요한 감정예입 행위이다.

38 정답 ③

병은 멤버십 유형 중 실무형에 속한다. 실무형은 규정과 규칙에 따라 행동하며, 개인 이익을 위한 흥정에 능하다. 리더의 판단에 의문을 품어도 규칙을 준수하는 편으로 적당한 열의를 가지고 업무를 수행한다.

오답분석

① 갑은 소외형으로 부정적이고 고집이 세다. 조직의 인정을 받지 못하고 보상이 적절하지 않다고 생각하며, 일부러 반대 의견을 내기도 한다.
② 을은 순응형으로 조직을 믿고 헌신하며, 기존의 질서 및 리더의 의견을 따른다. 인기가 없는 일을 하지 않으려 하며, 아이디어는 없는 편이다.
④ 정은 수동형으로 판단 등을 리더에 의존하고, 지시를 해야 행동하며, 업무에서 제 몫을 하지 못하는 편이다. 노력과 공헌을 해도 소용없다고 느끼는 경향이 있다.

39 정답 ①

리더는 직원들이 어떠한 일이든 자신의 업무에 책임의식을 갖고 완전히 책임질 수 있도록 이끌어야 한다. 어떤 직원에게 프로젝트를 부여한 뒤 업무를 수행하는 동안 모든 결정을 스스로 하도록 권한을 준다면, 그 직원은 자연적으로 주인의식을 갖게 된다.

40 정답 ②

배스는 요인 1 ～ 4를 변혁적 리더십, 요인 5 ～ 6을 거래적 리더십, 요인 7을 비거래적 리더십으로 설명하였다.

변혁적 리더십의 특징

- 이상적 영향력(Idealized Influence) : 리더의 카리스마로, 구성원에게 미래의 비전·사명감을 제시하고 전달하는 능력
- 영감적 동기부여(Inspirational Motivation) : 구성원의 비전 실현에 동기를 유발시키는 리더의 행동·능력
- 지적 자극(Intellectual Stimulation) : 기존의 것에 의문을 제기하고, 새로운 관점에서 해결하도록 지원하여 창의적 사고를 유도하는 것
- 개별적 배려(Individualize Consideration) : 구성원의 개인 욕구에 관심을 보이고, 도와줄 수 있는 업무환경을 만드는 리더의 행동·능력

제3회 모의고사 정답 및 해설

01	02	03	04	05	06	07	08	09	10
③	③	④	②	②	①	②	②	①	②
11	12	13	14	15	16	17	18	19	20
①	④	④	④	②	③	③	③	①	②
21	22	23	24	25	26	27	28	29	30
②	④	①	③	④	④	③	④	③	④
31	32	33	34	35	36	37	38	39	40
④	②	③	②	④	③	④	③	③	④

01　　　　　　　　　　　　　　　　정답 ③

16세기 말 그레고리력이 도입되기 전 프랑스 사람들은 3월 25일
부터 4월 1일까지 일주일 동안 축제를 벌였다.

오답분석

① 만우절이 프랑스에서 기원했다는 이야기는 많은 기원설 중의
　하나일 뿐, 정확한 기원은 알려지지 않았다.
② 프랑스는 16세기 말 그레고리력을 받아들이면서 달력을 새롭
　게 개정했다.
④ 프랑스에서는 만우절에 놀림감이 된 사람들을 '4월의 물고기'
　라고 불렀다.

02　　　　　　　　　　　　　　　　정답 ③

제시된 문장은 청화백자란 무엇인지에 대한 설명이다. 다음에 이
어질 내용으로 청화백자의 기원을 설명하는 (라) 문단이 적절하며,
다음으로 (라) 문단에서 제시한 원대의 청화백자를 설명하는 (가)
문단이 적절하다. 그리고 이러한 청화백자가 조선시대에 들어온
배경을 설명하는 (다) 문단이, 마지막으로 이러한 조선시대 청화
백자의 특징을 설명하는 (나) 문단이 오는 것이 적절하다.

03　　　　　　　　　　　　　　　　정답 ④

최저소득보장제가 저소득층의 생계를 지원하나, 성장 또한 제한
할 수 있다는 점을 한계로 지적할 수 있다.

오답분석

① 실업률이 증가하면 사회적으로 경제적 취약 계층인 저소득층
　도 늘어나게 된다.

② 최저소득보장제는 경제적 취약 계층에게 일정 생계비를 보장
　해 주는 제도이다.
③ 총소득이 면세점을 넘는 경우 총소득 전체에 대해 세금이 부과
　되어 순소득이 총소득보다 줄어들게 된다.

04　　　　　　　　　　　　　　　　정답 ②

제시문은 세계 대공황의 원인으로 작용한 '보이지 않는 손'과 그에
대한 해결책으로 새롭게 등장한 케인스의 '유효수요이론'을 설명
하고 있다. 따라서 글의 주제로 적절한 것은 '세계 대공황의 원인
과 해결책'이다.

오답분석

① 고전학파 경제학자들이 주장한 '보이지 않는 손'은 세계 대공황
　의 원인에 해당하는 부분이므로 글 전체의 주제가 될 수 없다.
③·④ 유효수요이론은 해결책 중 하나로 언급되었으며, 일부에
　지나지 않으므로 글 전체의 주제가 될 수 없다.

05　　　　　　　　　　　　　　　　정답 ②

제시문은 인권 신장을 위해 빈곤 퇴치가 UN의 핵심적인 목표가
되어야 한다는 주장을 시작으로 UN과 시민사회의 긴밀한 협력 그
리고 UN과 인도네시아 정부가 노력하여 평화와 독립 의지 실현을
이루길 바라는 내용을 담고 있다. 따라서 UN이 세계 평화와 번영
을 위한 사명을 수행하는 것을 지지하는 ②가 결론으로 오는 것이
가장 적절하다.

오답분석

①·④ 구체적인 사실에 대한 논의이므로 결론으로 적절하지 않다.
③ 과제 제시와 해결 방안 모색을 촉구하는 내용이므로 서론에 적
　당하다.

06　　　　　　　　　　　　　　　　정답 ①

마지막 문단에서 동양은 서양으로부터 근대 과학 기술 문명의 도
입과 소화로 물질적 발전을 이루었으나 불편과 갈등을 내포하고
있다고 했다. 그러므로 동양 문화의 서양화는 성공하지 못한 것
이다.

07

정답 ②

먼저 '인문적'이라는 용어의 개념을 밝혀 논점을 드러내고 현재 동양 문화의 문제점을 지적한 후 그에 대한 견해를 제시하였다.

08

정답 ②

콩코드는 비싼 항공권 가격에도 불구하고 비행시간이 적게 걸렸기 때문에 주로 시간 단축이 필요한 사람들이 이용했음을 추론할 수 있다. 또한 콩코드 폭발 사건으로 인해 수많은 고위층과 부자들이 피해를 입었다는 점을 통해서도 승객 유형을 추론해 볼 수 있다.

오답분석

① 콩코드는 일반 비행기에 비해 많은 연료가 필요하지만, 필요한 연료가 탑승객 수와 관련되는지는 알 수 없다.
③ 영국과 프랑스 정부는 세계대전 이후 비행기 산업에서 급성장하는 미국을 견제하기 위해 초음속 여객기 콩코드를 함께 개발하였다.
④ 파리 ~ 뉴욕 구간의 비행시간은 평균 8시간이지만, 콩코드는 파리 ~ 뉴욕 구간을 3시간대에 주파할 수 있다고 하였으므로 4번까지 왕복하기 어려웠을 것으로 추론할 수 있다.

09

정답 ①

제시문은 투자 성향이 각기 다름을 강조하고, 금융 회사가 고객들의 투자 성향을 판단하는 기준을 제시하는 글이다. (라) 문장에서 금융 상품의 종류를 분류하고, (나) 문장에서 금융 상품의 하위분류 중 주식과 예금의 대조적인 특징을 설명한 후, (나) 문장의 결과로 사람들이 성향에 따라 각기 다른 금융 상품을 선호한다는 사실을 (가) 문장에서 설명한다. 다음으로 (가) 문장의 고객의 성향에 따라 금융 회사들이 고객에게 최적의 상품을 추천한다는 내용의 (마) 문장, 앞에서 언급한 고객의 투자 성향 판단 기준에 대한 질문을 도입하는 (다) 문장, 투자 기대 효용에 대한 고객들의 태도 차이를 고객 분류의 기준으로 삼는다는 내용의 (바) 문장이 차례로 이어져야 한다. 따라서 (라) – (나) – (가) – (마) – (다) – (바) 문장 순으로 나열하는 것이 적절하다.

10

정답 ②

제시문에서 옵트인 방식은 수신 동의 과정에서 발송자와 수신자 양자에게 모두 비용이 발생한다고 했으므로 수신자의 경제적 손실을 막을 수 있다는 ②는 근거로 사용하기에 적절하지 않다.

11

정답 ①

제시문은 객관적인 기준을 중시하는 기본 모델은 주가 변화를 제대로 설명하지 못하지만, 인간의 주관성을 중시하는 자기참조 모델은 주가 변화를 제대로 설명하고 있다고 보고 있다. 따라서 증권시장의 객관적인 기준이 인간의 주관성보다 합리적임을 보여준다는 진술은 글의 내용으로 적절하지 않다.

12

정답 ④

자기참조 모델에서는 투자자들이 객관적인 기준에 따르기보다는 여론을 모방하여 주식을 산다고 본다. 그 모방은 합리적이라고 인정되는 다수의 비전인 '묵계'에 의해 인정된다. 증권시장은 이러한 묵계를 조성하고 유지해 가면서 경제를 자율적으로 평가할 수 있는 힘을 가진다. 따라서 증권시장은 '투자자들이 묵계를 통해 자본의 가격을 산출해 내는 제도적 장치'인 것이다.

13

정답 ④

남은 금액에 대한 6개월 동안의 원리합계는 $240\times(1+0.01)^6=$
$240\times1.01^6=240\times1.06=254.4$만 원이다.
이달 말부터 매달 a 만 원씩 적립할 때의 원리합계는 다음과 같다.
$a+a(1+0.01)+a(1+0.01)^2+\cdots+a(1+1.01)^5$
$\rightarrow \dfrac{a(1.01^6-1)}{1.01-1}$
$\rightarrow \dfrac{a(1.06-1)}{0.01}=6a$
$254.4=6a$이고, $a=424,000$원이다.
따라서 지영이는 매달 424,000원씩 갚아야 한다.

14

정답 ④

중국인 중 관광을 목적으로 온 사람의 수를 x명으로 하자.

(단위 : 명)

구분	중국인	중국인이 아닌 외국인	합계
인원	30	70	100
관광을 목적으로 온 외국인	x	14	20

관광을 목적으로 온 외국인은 20명이므로, 중국인 중 관광으로 온 사람은 6명이어야 한다.
따라서 $x=6$이며, 중국인 중 관광을 목적으로 온 사람일 확률은 $\dfrac{6}{30}=\dfrac{1}{5}$이다.

15

정답 ②

7개의 팀을 두 팀씩 3개 조로 나누고, 한 팀은 부전승으로 둔다. 부전승 조가 될 수 있는 경우의 수는 7가지이고, 남은 6팀을 두 팀씩 3조로 나눌 수 있는 방법은 $_6C_2\times_4C_2\times_2C_2\times\dfrac{1}{3!}=\dfrac{6\times5}{2}$
$\times\dfrac{4\times3}{2}\times1\times\dfrac{1}{3\times2}=15$가지이다.

3개의 조로 나눈 다음 1개의 조가 경기 후 부전승으로 올라온 팀과 시합을 하는 경우를 구하면 3가지이다.
따라서 7개의 팀이 토너먼트로 경기를 할 수 있는 경우의 수는 $7\times15\times3=315$가지이다.

16
정답 ③

연령대별 조사대상자 중 개인컵 사용자 수를 구하면 다음과 같다.
- 20대 미만 : $4,200 \times 0.17 = 714$명
- 20대 : $5,800 \times 0.29 = 1,682$명
- 30대 : $6,400 \times 0.26 = 1,664$명
- 40대 : $3,600 \times 0.24 = 864$명

따라서 조사대상자 중 개인컵 사용자 수가 가장 많은 연령대는 20대이고, 개인컵 사용률이 가장 높은 연령대도 20대이다.

오답분석

① 조사대상자 중 20・30대는 각각 5,800명, 6,400명으로 총 12,200명이다. 이는 전체 조사대상자인 20,000명의 $\frac{12,200}{20,000} \times 100 = 61\%$이다.

② 남성과 여성의 조사대상자 중 개인컵 사용자 수를 구하면 다음과 같다.
- 남성 : $11,000 \times 0.1 = 1,100$명
- 여성 : $9,000 \times 0.22 = 1,980$명

따라서 조사대상자 중 개인컵 사용자 수는 여성이 남성의 $\frac{1,980}{1,100} = 1.8$배에 해당한다.

④ 40대 조사대상자에서 개인컵 사용자 수는 $3,600 \times 0.24 = 864$명으로 이 중 288명이 남성이라면, 여성은 $864 - 288 = 576$명이다. 그러므로 여성의 수는 남성의 $\frac{576}{288} = 2$배에 해당한다.

17
정답 ③

제시된 그래프의 기울기가 클수록 환율 변동 폭이 크다. 따라서 증가 폭이 가장 큰 시기인 2024년 11월과 2024년 12월 사이에 원/100엔 환율이 가장 큰 폭으로 증가하였다.

오답분석

① 원/100엔 환율이 가장 큰 달은 2024년 12월이고, 환율은 100엔당 약 920원이다.

② 원/100엔 환율이 가장 작은 달은 2024년 11월이고, 환율은 100엔당 약 860원 미만이다.

④ 기울기의 기울기가 클수록 환율 변동 폭이 크므로, 가장 감소 폭이 가장 큰 시기인 2024년 10월과 2024년 11월 사이에 원/100엔 환율이 가장 큰 폭으로 감소하였다.

18
정답 ③

- 1인 1일 사용량에서 영업용 사용량이 차지하는 비중
  : $\frac{80}{282} \times 100 ≒ 28.37\%$
- 1인 1일 가정용 사용량의 하위 두 항목이 차지하는 비중
  : $\frac{20+13}{180} \times 100 ≒ 18.33\%$

19
정답 ①

- S전자 : 8대 구매 시 2대를 무료로 증정하기 때문에 32대를 사면 8개를 무료로 증정받아 32대 가격으로 총 40대를 살 수 있다. 32대의 가격은 $80,000 \times 32 = 2,560,000$원이다. 그리고 구매 금액 100만 원당 2만 원이 할인되므로 구매 가격은 $2,560,000 - 40,000 = 2,520,000$원이다.
- B마트 : 40대 구매 금액인 $90,000 \times 40 = 3,600,000$원에서 40대 이상 구매 시 7% 할인 혜택을 적용하면 $3,600,000 \times 0.93 = 3,348,000$원이다. 1,000원 단위 이하는 절사하므로 구매 가격은 3,340,000원이다.

따라서 B마트보다 S전자에서 구입하는 것이 $3,340,000 - 2,520,000 = 82$만 원 저렴하다.

20
정답 ②

국내 금융기관에 대한 SWOT 분석 결과는 다음과 같다.

강점(Strength)	약점(Weakness)
• 높은 국내 시장 지배력 • 우수한 자산건전성 • 뛰어난 위기관리 역량	• 은행과 이자수익에 편중된 수익구조 • 취약한 해외 비즈니스와 글로벌 경쟁력
기회(Opportunities)	위협(Threats)
• 해외 금융시장 진출 확대 • 기술 발달에 따른 핀테크의 등장 • IT 인프라를 활용한 새로운 수익 창출	• 새로운 금융 서비스의 등장 • 글로벌 금융기관과의 경쟁 심화

ㄱ. SO전략은 강점을 살려 기회를 포착하는 전략으로, 강점인 국내 시장 점유율을 기반으로 핀테크 사업에 진출하려는 것은 적절한 SO전략으로 볼 수 있다.

ㄷ. ST전략은 강점을 살려 위협을 회피하는 전략으로, 강점인 우수한 자산건전성을 강조하여 글로벌 금융기관과의 경쟁에서 우위를 차지하려는 것은 적절한 ST전략으로 볼 수 있다.

오답분석

ㄴ. WO전략은 약점을 강화하여 기회를 포착하는 전략이다. 그러나 위기관리 역량은 국내 금융기관이 지니고 있는 강점에 해당하므로 WO전략으로 적절하지 않다.

ㄹ. 해외 비즈니스 역량을 강화하여 해외 금융시장에 진출하는 것은 약점을 보완하여 기회를 포착하는 WO전략에 해당한다.

21
정답 ②

부서별로 하나씩 배치 가능한 인력들을 살펴보면 다음과 같다.
- 총무부의 경우, 경영 전공자인 갑, 기 중 인턴 경험이 있는 갑이 배치된다.
- 투자전략부의 경우, 재무분석이 가능한 병, 정, 기 중 석사 이상의 학위를 보유한 기가 배치된다.
- 대외협력부의 경우, 제2외국어 가능자인 갑, 정 중 총무부로 배치되어야 하는 갑을 제외한 정이 배치된다.

- 품질관리부의 요건에 부합하는 직원은 을뿐이므로 을이 배치된다.
- 나머지 인력인 병, 무 중 인턴 경험이 있는 병은 인사부로 배치되며, 데이터 분석이 가능한 무는 기술개발부로 배치된다.

위의 내용을 표로 정리하면 다음과 같다.

부서명	신입 직원
총무부	갑
투자전략부	기
인사부	병
대외협력부	정
품질관리부	을
기술개발부	무

따라서 신입 직원과 배치될 부서가 바르게 연결되지 않은 것은 ② 이다.

22 정답 ④

- A는 만 62세이므로 (가)보험이나, (나)보험에 간편가입으로 가입이 가능하다. 두 상품 모두 A가 선호하는 월납 방식 선택이 가능하며, 암 보장형 상품에 해당한다. 하지만 (가)보험은 이미 납입한 보험료에 대해 80%까지만 환급이 가능하므로 A의 요구 조건을 충족하지 못한다. 따라서 A의 경우 (나)보험 가입이 적절하다.
- B의 경우 단발성 납입을 선호하므로 월납 등 정기적인 납부방식이 적용된 (가)보험 및 (나)보험보다 (다)보험이 적합하다. 또한 필요기간만 가입하는 것을 선호하므로, 보험기간이 타 상품에 비해 상대적으로 짧은 단기가입상품을 추천하는 것이 적절하다.

23 정답 ①

네 번째 조건에 따르면 A ~ E 중 공터와 이웃한 곳은 D로, 학원은 D에 위치하고 있음을 알 수 있다.

다섯 번째 조건에 따르면 공원은 A ~ E 중 유일하게 13번 도로와 이웃하고 있는 B에 위치하고 있다.

마지막 조건에 따르면 학원이 이웃하고 있는 7번 도로, 12번 도로와 이웃하고 있는 곳은 A ~ E 중 E로, 놀이터는 E에 위치하고 있음을 알 수 있다.

남아 있는 A, C 중 주차장으로부터 직선거리가 더 가까운 곳은 A이므로, 학교는 A에, 병원은 C에 위치하고 있음을 알 수 있다. 이를 지도에 나타내면 다음과 같다.

7번 도로			9	7번 도로	
대형마트	E놀이터	주차장	번	공터	D학원
12번 도로			도	12번 도로	
미술관	A학교	교회	로	C병원	영화관
공터	카페	B공원		식료품점	공터
13번 도로				13번 도로	

24 정답 ③

구매하려는 소파의 특징에 맞는 제조사를 찾기 위해 제조사별 특징을 대우로 정리하면 다음과 같다. 이때 주어진 조건을 명제로 보고, 명제의 대우는 반드시 참이라는 사실에 기반해, 대우를 만들어 비교하면 도움이 된다.

- A사 : 이탈리아제 천을 사용하면 쿠션재에 스프링을 사용한다. 커버를 교환 가능하게 하면 국내산 천을 사용하지 않는다. → ×
- B사 : 국내산 천을 사용하지 않으면 쿠션재에 우레탄을 사용하지 않는다. 이탈리아제 천을 사용하면 리클라이닝이 가능하다. → ○
- C사 : 국내산 천을 사용하지 않으면 쿠션재에 패더를 사용한다. 쿠션재에 패더를 사용하면 침대 겸용 소파가 아니다. → ○
- D사 : 이탈리아제 천을 사용하지 않으면 쿠션재에 패더를 사용하지 않는다. 쿠션재에 우레탄을 사용하지 않으면 조립이라고 표시된 소파가 아니다. → ×

25 정답 ④

주어진 조건을 정리하면 다음과 같다.

구분	1일	2일	3일	4일	5일	6일
경우 1	B	E	F	C	A	D
경우 2	B	C	F	D	A	E
경우 3	A	B	F	C	E	D
경우 4	A	B	C	F	D	E
경우 5	E	B	C	F	D	A
경우 6	E	B	F	C	A	D

따라서 B영화는 어떠한 경우에도 1일 또는 2일에 상영된다.

오답분석

① 경우 3·4에서 A영화는 C영화보다 먼저 상영된다.
② 경우 1·5·6에서 C영화는 E영화보다 늦게 상영된다.
③ 경우 1·3·6에서 폐막작으로, 경우 4·5에서 5일에 상영된다.

26 정답 ④

한 분야의 모든 인원이 한 팀에 들어갈 수 없으므로 가와 나는 한 팀이 될 수 없다.

오답분석

① 한 분야의 모든 사람이 한 팀에 들어갈 수 없기 때문에 갑과 을이 한 팀이 되는 것과 상관없이 가와 나는 반드시 다른 팀이어야 한다.
② 두 팀에 남녀가 각각 2명씩 들어갈 수도 있지만, (남자 3명, 여자 1명), (여자 3명, 남자 1명)인 경우도 있다.
예 (a, c, 나, 을), (b, 가, 갑, 병)인 경우 각 팀에는 남녀가 각각 2명씩 포함되지 않는다.
③ a와 c는 성별이 다르기 때문에 같은 팀으로 구성될 수 있다.

27
정답 ③

중도상환을 하기 때문에 대출이율과 관계없이 중도상환수수료를 지불해야 한다.

중도상환수수료는 [(중도상환금액)×(중도상환수수료율)×(잔여기간÷대출기간)]이므로 $50,000,000×0.02×\dfrac{24}{60}=400,000$원 임을 고객에게 안내해야 한다.

28
정답 ④

휴대품 손해로 인한 보상 시, 휴대품 1개 또는 1쌍에 대해서만 20만 원 한도로 보상한다.

29
정답 ③

A씨는 최대 한도금액인 1천만 원을 대출하였고, 전화로 신청해서 비대면 가산금리가 적용되며, 우대금리는 모두 해당되어 최대 연 1%p이다. A씨의 금리를 나타내면 다음과 같다.

기준금리(A)		가산금리(B)	기본금리(C=A+B)	우대금리(D)	최저금리(C-D)
3개월 KORIBOR	연 1.4%	연 2.6%	연 4%	연 1%p	연 3%

대출기간은 2년이기 때문에 만기 시 대출이자는 $10,000,000×0.03×\dfrac{24}{12}=600,000$원이다.

30
정답 ④

1년 되던 날 대출을 상환하기 때문에 중도상환해약금이 발생한다.

1년 이내는 (중도상환금액)×0.7%×[(만기까지 남아있는 기간)÷(대출기간)]이므로 $10,000,000×0.007×\dfrac{12}{24}=35,000$원이다.

31
정답 ④

농가별 손해액과 보험가액의 80% 그리고 보험가입금액은 다음과 같다.

(단위 : 백만 원)

구분	A	B	C	D
손해액	20	24	5	25
보험가액의 80%	400	320	640	240
보험가입금액	450	300	600	500

이를 바탕으로 농가 A ~ D의 보험지급액을 산정하면 다음과 같다.

- 농가 A : 20백만 원
- 농가 B : $24×\dfrac{300}{320}=22.5$백만 원
- 농가 C : $5×\dfrac{600}{640}=4.6875$백만 원
- 농가 D : 25백만 원

따라서 보험지급액이 가장 많은 농가는 D이다.

32
정답 ②

보험료율은 $\dfrac{(보험지급액)}{(보험가입금액)}×100$이므로 농가별 보험료율은 다음과 같다.

- 농가 A : $\dfrac{20}{450}×100≒4.44\%$
- 농가 B : $\dfrac{22.5}{300}×100=7.5\%$
- 농가 C : $\dfrac{4.6875}{600}×100≒0.78\%$
- 농가 D : $\dfrac{25}{500}×100=5\%$

따라서 보험료율이 가장 높은 농가는 B이다.

33
정답 ③

전략목표를 먼저 설정하고 환경을 분석해야 한다.

34
정답 ②

M사는 기존에 수행하지 않던 해외 판매 업무가 추가될 것이므로 그에 따른 해외영업팀 등의 신설 조직이 필요하게 된다. 해외에 공장 등의 조직을 보유하게 됨으로써 이를 관리하는 해외관리 조직이 필요하며, 외화 대금 수취 및 해외 조직으로부터의 자금 이동 관련 업무를 담당할 외환업무팀, 국제 거래상 발생할 해외 거래 계약 실무를 담당할 국제법무 조직 등이 필요하게 된다.

기업회계팀은 M사의 해외 사업과 상관없이 기존 회계를 담당하는 조직이라고 볼 수 있다.

35
정답 ④

고객과 금융상품의 개설을 상담하는 과정에서 해당 상품과 관련된 부가서비스를 권유할 때, 고객이 거절한다면 행원은 이를 극복할 수 있는 화법을 사용하는 것이 필요하다. 특히, 고객이 얻을 수 있는 혜택을 강조하거나, 이용상의 불편함을 해소할 수 있도록 회유하는 것이 중요하다. 그러나 고객이 입게 되는 불이익을 강조하여 어쩔 수 없이 가입하도록 하는 강요는 적절하지 않다.

36
정답 ③

A시는 문제를 해결하기 위한 방법을 제시했고, B시 역시 같은 목표를 위해 해결할 방법을 제시하여 서로 최선의 해법을 찾아 해결하였다. 이는 나도 이기고 너도 이기는 방법(Win – Win)으로 통합형에 해당된다. 통합형은 서로의 차이를 인정하고 배려하는 신뢰감과 공개적인 대화를 필요로 한다. 통합형이 가장 바람직한 갈등해결 유형이다.

오답분석
① 수용형(Accommodating) : 나는 지고 너는 이기는 방법(I Lose – You Win)으로 자신에 대한 관심은 낮고 상대방에 대한 관심은 높다.
② 회피형(Avoiding) : 나도 지고 너도 지는 방법(I Lose – You Lose)으로 자신과 상대방에 대한 관심이 모두 낮다.
④ 타협형(Compromising) : 서로가 타협적으로 주고받는 방식(Give and Take)으로 자신에 대한 관심과 상대방에 대한 관심이 중간 정도이다.

37
정답 ④

• 김대리 : 사업안의 내용과 관련 없는 조주임의 징계 여부를 언급하며 사업안을 비판하고 있다. 이는 지나치게 감정적인 논평으로 조주임과의 갈등을 드러낸다.
• 안주임 : 김대리가 핵심을 이해하지 못한다는 점을 비난함으로써 갈등 관계를 드러낸다.
• 최대리 : 변주임과 김대리가 동문이라는 이유로 편을 가름으로써 갈등 관계를 드러내고 있다.
따라서 갈등 관계에 있는 사람은 김대리와 조주임, 안주임과 김대리, 최대리와 변주임으로 박팀장을 제외한 총 5명이다.

38
정답 ③

L과장, J대리, L주임, K사원, H사원의 오전 근무 일정을 정리하면 다음과 같다.

구분	L과장	J대리	I주임	K사원	H사원
08:00 ~ 09:00	주간 업무 회의 참석				
09:00 ~ 10:00	CS교육 참석	CS교육 참석	안내 방송, 대출 상담	안내 방송, 대출 상담	CS교육 참석
10:00 ~ 11:00	상품교육 참석	대출 상담	상품교육 참석	상품교육 참석	대출 상담
11:00 ~ 12:00		빠른 창구 업무 지원	빠른 창구 업무 지원		

세 번째 조건에 따라 I주임과 K사원은 영업시간 시작 시 안내 방송과 함께 대출 상담 업무를 수행해야 하므로 9시에 진행되는 CS교육에 참석할 수 없다. 그러나 다섯 번째 조건에 따라 반드시 하나 이상의 교육에 참석해야 하므로 I주임과 K사원은 10시에 진행되는 상품교육에 참석해야 한다. 이때, I주임과 K사원이 상품교육에 참석하게 되면 두 번째 조건에 따라 남은 2명의 직원은 반드시 창구에서 대출 상담 업무를 수행해야 한다. 따라서 J대리와 H사원은 상품교육에 참석할 수 없다.

오답분석
① J대리는 L과장과 I주임, K사원이 상품교육에 참석하는 동안 창구에서 대출 상담 업무를 수행한다.
② 반드시 하나 이상의 교육에 참석해야 하므로 J대리는 CS교육에 참석한다.
④ 주임급 이상인 J대리는 주간 업무 회의에 참석한다.

39
정답 ③

A팀원에게 현재의 행동이 징계의 원인이 될 수 있다는 점과 새로운 직원이 채용될 수 있다는 점을 알리기보다는 그에게 맞는 새로운 업무를 맡겨서 업무 속도를 변화시키도록 유도하는 것이 효과적인 동기부여 방법으로 볼 수 있다. 처벌·두려움 등의 방법은 일에 대한 동기부여보다 상대방으로 하여금 일의 외부적인 요인에 더 주의를 기울이게 하며, 나아가 편법을 사용하는 등 업무 성과에 악조건으로 작용할 수 있다.

40
정답 ④

진지한 사과는 감정은행계좌에 신뢰를 예입하는 것이지만, 반복되는 사과나 일상적인 사과는 불성실한 사과와 같은 의미로 받아들여져 감정이 인출될 수 있다.

감정은행계좌 주요 예입수단
• 상대방에 대한 이해심 : 다른 사람을 진정으로 이해하기 위해 노력하는 것이야말로 우리가 할 수 있는 가장 중요한 예입수단이다.
• 사소한 일에 대한 관심 : 약간의 친절과 공손함은 매우 중요하다. 이와 반대로 작은 불손, 작은 불친절, 하찮은 무례 등은 막대한 인출을 가져온다.
• 약속의 이행 : 책임을 지고 약속을 지키는 것은 중요한 감정 예입 행위이며, 약속을 어기는 것은 중대한 인출 행위이다.
• 기대의 명확화 : 신뢰의 예입은 처음부터 기대를 분명히 해야 가능하다.
• 언행일치 : 개인의 언행일치는 신뢰를 가져오고, 감정은행계좌에 많은 종류의 예입을 가능하게 하는 기초가 된다.
• 진지한 사과 : 진지한 사과는 감정은행계좌에 신뢰를 예입하는 것이다.

01	02	03	04	05	06	07	08	09	10
④	①	②	③	③	③	①	③	①	②
11	12	13	14	15	16	17	18	19	20
③	②	②	①	③	③	④	④	④	③
21	22	23	24	25	26	27	28	29	30
④	④	①	③	②	①	②	②	②	④
31	32	33	34	35	36	37	38	39	40
④	③	③	①	④	④	④	①	④	④

01 정답 ④

제시문은 '카타르시스'와 니체가 말한 비극의 기능을 제시하며 비극을 즐기는 이유를 설명하고 있다.

02 정답 ①

저작권법에 의해 보호받을 수 있는 저작물은 최소한의 창작성을 지니고 있어야 하며, 남의 것을 베낀 것이 아닌 저작자 자신의 것이어야 한다.

03 정답 ②

(나) 문단에서는 의료보장제도의 사회보험과 국민보건서비스 유형에 대해 먼저 설명하고, 건강보험제도의 운영 방식에 관해 이야기하고 있다. 따라서 (나) 문단의 주제로는 '건강보험제도의 유형'이 적절하다.

04 정답 ③

제시문은 현대 사회의 소비 패턴이 '보이지 않는 손' 아래의 합리적 소비에서 벗어나 과시 소비가 중심이 되었으며, 그 이면에는 소비를 통해 자신의 물질적 부를 표현하고 신분을 과시하려는 욕구가 있다고 설명하고 있다.

05 정답 ③

제시문은 인간의 신체 반응과 정서에 대한 제임스와 랑에의 견해를 제시하고 이것이 시사하는 바를 설명하고 있다. 또한 이에 반하는 캐넌과 바드의 견해를 제시하고 이를 통해 제임스와 랑에의 의견에 한계가 있음에 대해 설명하고 있다. 따라서 (라) 인간의 신체 반응과 정서의 관계에 대한 제임스와 랑에의 견해 – (다) 제임스와 랑에의 견해가 시사하는 점 – (가) 제임스와 랑에의 견해에 반론을 제시한 캐넌과 바드 – (나) 캐넌과 바드의 견해에 따른 제임스와 랑에 이론의 한계 순으로 나열하는 것이 적절하다.

06 정답 ③

제시문은 가솔린 엔진과의 대조를 통해 디젤 엔진의 작동 원리와 특성을 설명하고 있다. 네 번째 문단의 '탄소가 많이 연결된 탄화수소물에 고온의 열을 가하면 탄소 수가 적은 탄화수소물로 분해된다.'는 내용을 통해 탄소의 수가 많은 원유에 열을 가하면 탄소의 수가 적은 경유와 가솔린을 얻을 수 있다고 추론할 수 있다.

오답분석

① 경유는 가솔린보다 점성이 강하므로 손으로 만지면 경유가 더 끈적끈적할 것이다.
② 경유는 가솔린보다 훨씬 무거우므로 가솔린과 경유를 섞으면 경유가 가솔린 아래로 가라앉을 것이다.
④ 경유는 가솔린보다 증발하는 속도가 느리므로 가솔린이 경유보다 더 빨리 증발할 것이다.

07 정답 ①

다섯 번째 문단에 따르면 디젤 엔진은 원리상 가솔린 엔진보다 더 튼튼하고 고장도 덜 난다.

오답분석

② 첫 번째 문단에 따르면 가솔린 엔진은 1876년에, 디젤 엔진은 1892년에 등장했다.
③ 다섯 번째 문단에 따르면 디젤 엔진에는 분진을 배출하는 문제가 있다. 그러나 디젤 엔진과 가솔린 엔진 중에 어느 것이 분진을 더 많이 배출하는지 언급한 내용은 없다.
④ 다섯 번째 문단에 따르면 디젤 엔진은 연료의 품질에 민감하지 않다.

08
정답 ③

경제활동에 참여하는 여성의 증가와 출산율의 상관관계는 알 수 없다. 제시문은 신혼부부의 주거안정을 위해서 여성의 경제활동을 지원해야 하고, 육아·보육지원 정책의 확대·강화가 필요하다고 설명하고 있다.

09
정답 ①

빈칸 앞의 내용은 왼손보다 오른손을 선호하는 이유에 대한 가설을 제시하고, 이러한 가설이 근본적인 설명을 하지 못한다고 주장한다. 그러면서 빈칸 뒷부분에서 글쓴이는 왼손이 아닌 '오른손만을 선호'하는 이유에 대한 자신의 생각을 드러내고 있다. 즉, 앞의 가설대로 단순한 기능 분담이라면 먹는 일에 왼손을 사용하는 사회도 존재해야 하는데, 그렇지 않기 때문에 반박하고 있음을 추론할 수 있다. 따라서 빈칸에는 사람들이 오른손만 선호하고 왼손을 선호하지 않는다는 주장이 드러나야 하므로, ①이 빈칸에 가장 적절하다.

10
정답 ②

정부는 의료기관 중심의 돌봄에서 벗어나 지역사회가 함께 노인을 돌보는 지역주도형 사회서비스인 커뮤니티케어 정책을 실시할 예정이다. 즉, 의료기관이 아닌 지역사회가 직접 의료 서비스를 제공하므로 병원의 비중이 높아질 것이라는 ②는 적절하지 않다.

오답분석

① 초고령 사회에 진입할 것으로 예측됨에 따라 노인 돌봄 서비스에 대한 중요성이 커지고 있다고 하였고, 고령화 현상은 계속해서 심화되고 있으므로 노인 돌봄 서비스의 중요성이 커질 것을 추론해볼 수 있다.
③ 정부는 고령화로 인해 마을이 사라지는 것을 방지하기 위해 '커뮤니티케어형 도시재생뉴딜사업'을 시작한다고 하였으므로 고령화 현상의 심화로 농·어촌의 작은 마을들이 사라지고 있는 것을 추론해볼 수 있다.
④ 정부의 '커뮤니티케어형 도시재생뉴딜사업'은 지역주민의 참여를 기반으로 의료·복지 등의 돌봄 서비스를 제공하는 사업이므로 지역주민의 참여가 중요함을 추론해볼 수 있다.

11
정답 ③

제시문에서는 사람에게 오직 한 가지 변할 수 있는 것이 있는데 그것은 마음과 뜻이라고 이야기한다. 또, 사람들이 뜻을 가지고 앞으로 나아가려 하지 않으며 가만히 기다리기만 한다고 비판하고 있다. 따라서 글쓴이가 가장 중요하게 생각하는 것은 ③이다.

12
정답 ②

농도 5%의 소금물의 양을 xg이라 하자.

$$\frac{11}{100} \times 100 + \frac{5}{100} \times x = \frac{10}{100} \times (100 + x)$$

$$\rightarrow 1,100 + 5x = 1,000 + 10x$$

$$\therefore x = 20$$

따라서 농도 5%의 소금물의 양은 20g이다.

13
정답 ②

관객 50명 중 A 또는 B영화를 관람한 인원은 50−15=35명이다. 또한 B영화만 관람한 관객은 A 또는 B영화를 관람한 인원에서 A영화를 본 관객을 제외하면 되므로 35−28=7명임을 알 수 있다. 따라서 관객 50명 중 1명을 택할 경우 그 관객이 B영화만 관람한 관객일 확률은 $\frac{7}{50}$ 이다.

14
정답 ①

현찰을 팔 때의 환율은 (매매기준율)−(환전 수수료)이고, 송금을 할 때의 환율은 (매매기준율)+(환전 수수료)이다.

이를 적용하여 계산하면 다음과 같다.

ⅰ) 12월 31일 A은행에서 현찰을 팔 때
- 매매기준율 : 1월 2일의 매매기준율은 전일 대비 6.5원/달러 증가했으므로 12월 31일의 매매기준율은 1,222.5−6.5=1,216.0원/달러임을 알 수 있다.
- 환전 수수료 : 1,216.0−1,106.0=110원이고, K씨의 경우 50% 할인을 받으므로 110×0.5=55원/달러가 적용된다.
  그러므로 1,216.0−55=1,161.0원/달러의 판매 환율이 적용되어 K씨는 1,000×1,161.0=1,161,000원을 받았다.

ⅱ) 1월 2일 A은행에서 송금할 때
- 매매기준율 : 1,222.50원/달러
- 환전 수수료 : 매매기준율과 송금 환율이 동일하므로 환전 수수료는 0원이다.
  그러므로 K씨가 1,000달러를 보낼 때는 1,222원/달러(∵ 소수점 이하에서 버림)의 송금 환율이 적용되어 1,000×1,222=1,222,000원이 필요하다.

따라서 K씨가 송금을 보낼 때 추가로 필요한 금액은 1,222,000−1,161,000=61,000원이다.

15 　　　　　정답 ③

클래스별 지급비율의 총합은 다음과 같으며, 이를 갑의 투자비용인 1,000만 원에 곱하면 1년 차에 지불할 보수비용을 구할 수 있다.

구분	연간 지급비율					
	집합투자업자보수	판매회사보수	신탁업자보수	일반사무관리회사보수	기타비용	총합
A클래스	0.30%	0.06%	0.03%	–	0.225%	0.615%
Ae클래스	0.30%	0.03%	0.03%	–	0.225%	0.585%
C클래스	0.30%	1.00%	0.03%	–	0.2256%	1.5556%
Ce클래스	0.30%	0.50%	0.03%	–	0.2249%	1.0549%

따라서 C클래스의 경우 $1,000 \times \dfrac{15,556}{100} = 155,560$원임을 알 수 있다.

오답분석

① A클래스 : 61,500원
② Ae클래스 : 58,500원
④ Ce클래스 : 105,490원

16 　　　　　정답 ③

산업이 부담하는 연구비는 일본 82,326억 엔, 미국 147,300억 엔, 독일 35,739억 엔, 프랑스 11,977억 엔, 영국 17,593억 엔이고, 그중 산업이 사용하는 비율은 일본 98.6%, 미국 98.4%, 독일 97.3%, 프랑스 99.1%, 영국 95.5%이다.

오답분석

① 독일 정부가 부담하는 연구비는 $6,590 + 4,526 + 7,115 = 18,231$억 엔, 미국은 $33,400 + 71,300 + 28,860 = 133,560$억 엔으로 독일이 미국의 약 $\dfrac{1}{7}$ 이다.

② 정부 부담 연구비 중에서 산업의 사용 비율이 가장 높은 나라는 미국이다.

④ 미국의 대학이 사용하는 연구비는 일본의 대학이 사용하는 연구비의 약 $\dfrac{28,860 + 2,300}{10,921 + 458} = \dfrac{31,160}{11,379} \fallingdotseq 2.7$배이다.

17 　　　　　정답 ④

H은행은 시설 및 직원 서비스 부분과 지점·ATM 이용 편리성 부분에서 가장 낮은 점수를 보이고 있다.

오답분석

① A은행은 평가항목 중 시설 및 직원 서비스, 금융상품 다양성, 이자율·수수료, 서비스 호감도 4개 부분에서 가장 높은 점수를 보이고 있다.

② A ~ H은행의 금융상품 다양성 부분의 평균점수는 3.24점이며, A, B, D은행이 평균점수보다 높다.

③ 지점·ATM 이용 편리성 부분에서 가장 높은 점수의 은행은 D은행(3.59점)이며, 이자율·수수료 부분의 점수가 가장 높은 은행은 A은행(3.57점)이다.

18 　　　　　정답 ④

ㄷ. 2022년 대비 2023년의 연간매출액 증가율은 $\dfrac{1,875 - 1,284}{1,284}$ $\times 100 \fallingdotseq 46.0\%$이고, 2020년 대비 2021년의 연간매출액 증가율은 $\dfrac{962 - 885}{885} \times 100 \fallingdotseq 8.7\%$이므로 전자는 후자의 $46.0 \div 8.7 \fallingdotseq 5.3$배이다.

ㄹ. 2020년 견과류 매출액은 $885 \times 0.087 \fallingdotseq 76$억 원이고 2024년 견과류 매출액은 $2,100 \times 0.412 \fallingdotseq 865$억 원으로 그 차이는 $865 - 76 = 789$억 원이다.

오답분석

ㄱ. 캔디·초콜릿, 비스킷, 베이커리의 매출액 비율의 순위는 2020, 2021, 2023, 2024년도에는 캔디·초콜릿 – 비스킷 – 베이커리로 동일하나, 2022년의 경우에는 비스킷 – 캔디·초콜릿 – 베이커리 순으로 다른 연도와 동일하지 않다.

ㄴ. 비스킷과 베이커리의 매출액 비율의 증감방향은 비스킷의 경우에는 증가 – 증가 – 감소 – 감소이나, 베이커리의 경우에는 감소 – 감소 – 증가 – 증가로 증감방향이 반대이다.

19 　　　　　정답 ④

M기업이 2024년 2월에 진행한 수출입거래 건수를 보면 2월 1일 미국 A사 수출과 2월 3일 일본 C사 수입으로 총 2개의 거래가 있었다.

미국 A사와의 거래에서는 수출대금이 $1,000 \times 10 \times 10 = 100,000$ 달러이며, 결제일은 인도일인 2월 14일에 3일을 더한 2월 17일이 된다. 그러므로 당좌계좌에 $100,000 \times 1,225.70 = 122,570,000$원이 입금된다.

일본 C사와의 거래에서는 수입대금이 $1,000 \times 50 \times 50 = 2,500,000$ 엔이며, 결제일은 인수일인 2월 9일에 12일을 더한 2월 21일이 된다. 그러므로 당좌계좌에서 $2,500,000 \times 1,092.10 \div 100 = 27,302,500$원이 인출된다.

따라서 최종적으로 2월 23일 기준 당좌계좌에 남아있는 금액은 $10,000,000 + 122,570,000 - 27,302,500 = 105,267,500$원이다.

20 　　　　　정답 ③

• 환급이자 : $100,000 \times \dfrac{26 \times 27}{2} \times \dfrac{0.02}{12} = 58,500$원

• 원금 : $100,000 \times 26 = 2,600,000$원

따라서 만기환급금액은 2,658,500원이다.

21 정답 ④

A가 적용받는 우대사항은 '장기거래'와 '첫 거래', '주택청약종합저축'이다.

- A는 총 12회를 자동이체를 통해 납입하였는데, 이는 20개월의 2/3 이상인 14회에 미달되므로, '자동이체 저축' 우대이율은 적용받지 못한다.
- 2018년부터 5년 이상 거래하였으므로 '장기거래' 우대이율을 적용받는다.
- 2023년 1월에 가입한 K적금상품은 2024년 10월 5일 이전에 만기이므로, '첫 거래' 우대이율을 적용받는다.
- 2024년 12월 31일 이전에 주택청약종합저축에 가입하였으므로 우대이율을 적용받는다.

그러므로 적용금리는 기본금리 1.8%에 우대금리 0.6%p를 더한 2.4%이다.

이때의 환급이자와 원금은 다음과 같다.

- 환급이자 : $100,000 \times \dfrac{20 \times 21}{2} \times \dfrac{0.024}{12} = 42,000$원
- 원금 : $100,000 \times 20 = 2,000,000$원

따라서 만기환급금액은 2,042,000원이다.

22 정답 ④

- 두 번째, 세 번째, 여섯 번째 조건 : A는 주황색, B는 초록색(C와 보색), C는 빨간색 구두를 샀다.
- 일곱 번째 조건 : B와 D는 각각 노란색 / 남색 또는 남색 / 노란색(B와 D는 보색) 구두를 샀다.
- 다섯 번째 조건 : 남은 구두는 파란색과 보라색 구두인데 A가 두 켤레를 구매하였으므로 C와 D는 각각 한 켤레씩 샀다.
- 네 번째 조건 : A는 파란색, B는 보라색 구두를 샀다.

이 사실을 종합하여 주어진 조건을 표로 정리하면 다음과 같다.

A	B	C	D
주황색	초록색	빨간색	남색 / 노란색
파란색	노란색 / 남색		
	보라색		

따라서 A는 주황색과 파란색 구두를 구매하였다.

23 정답 ①

다음의 논리 순서를 따라 주어진 조건을 정리하면 쉽게 접근할 수 있다.

- 다섯 번째 조건 : 1층에 경영지원실이 위치한다.
- 첫 번째 조건 : 1층에 경영지원실이 위치하므로 4층에 기획조정실이 위치한다.
- 두 번째 조건 : 2층에 보험급여실이 위치한다.
- 네 번째, 다섯 번째 조건 : 3층에 급여관리실, 5층에 빅데이터운영실이 위치한다.

따라서 1층부터 순서대로 '경영지원실 – 보험급여실 – 급여관리실 – 기획조정실 – 빅데이터운영실'이 위치하므로 5층에 있는 부서는 빅데이터운영실이다.

24 정답 ③

제6항에 따르면 납부 기한을 연장받으려면 대통령령이 아닌 보건복지부령으로 정하는 바에 따라 시청이 아닌 건강보험공단에 납부 기한의 연장을 신청해야 한다.

오답분석

① 제4항에 따르면 연금보험료를 자동이체의 방법으로 낼 경우 연금보험료 감액이나 재산상의 이익을 제공받을 수 있다.

② 제1항에 따르면 농업에 종사하는 자는 신청에 의하여 분기별 연금보험료를 해당 분기의 다음 달 10일까지 낼 수 있다.

④ 제5항에 따르면 고지서의 송달이 지연될 경우 납부 기한으로부터 1개월 범위에서 납부 기한을 연장할 수 있다.

25 정답 ②

WT전략은 외부 환경의 위협 요인을 회피하고 약점을 보완하는 전략을 적용해야 한다. ②는 강점(S)을 강화하는 방법에 대해 이야기하고 있다.

오답분석

① WO전략은 외부의 기회를 사용해 약점을 보완하는 전략이므로 적절하다.

③ ST전략은 외부 환경의 위협을 회피하며 강점을 적극 활용하는 전략이므로 적절하다.

④ SO전략은 기회를 활용하면서 강점을 더욱 강화시키는 전략이므로 적절하다.

26 정답 ①

조사결과는 모두 회수해야 한다고 했으므로 응답률이 낮거나 응답률을 보장하지 못하는 전자조사, 우편조사는 제외한다. 또한 질문이 유출되어서는 안 된다고 하였으므로 보안유지가 어려운 전화조사도 적절하지 않으며 개인별로 구체적인 질문을 할 수 있어야 하므로 집합조사보다는 면접조사가 적절하다.

27 정답 ②

제시된 교육과정 안내문과 A씨의 한 달 일정에 따라 A씨가 참석할 수 있는 교육은 5월 10일부터 12일까지 이어지는 '세계농업유산의 이해'와 5월 17일부터 19일까지 이어지는 '미디어 홍보역량 강화' 2개이다.

28 정답 ②

임대인이 외국인 또는 해외거주자일 경우에 대출이 불가한데, 질문자의 경우 한국으로 귀화한 임차인이기 때문에 다른 조건이 충족되면 대출이 가능하다.

29
정답 ②

주어진 자료를 표로 정리하면 다음과 같다.

선택		B여행팀	
		관광지에 간다	관광지에 가지 않는다
A 여행팀	관광지에 간다	(10, 15)	(15, 10)
	관광지에 가지 않는다	(25, 20)	(35, 15)

- A여행팀의 최대효용
  - B여행팀이 관광지에 가는 경우 : A여행팀이 관광지에 가지 않을 때 25의 최대효용을 얻는다.
  - B여행팀이 관광지에 가지 않는 경우 : A여행팀이 관광지에 가지 않을 때 35의 최대효용을 얻는다.

  따라서 A여행팀은 B여행팀의 선택에 상관없이 관광지에 가지 않아야 효용이 발생하며, 이때의 최대효용은 35이다.
- B여행팀의 최대효용
  - A여행팀이 관광지에 가는 경우 : B여행팀이 관광지에 갈 때 15의 최대효용을 얻는다.
  - A여행팀이 관광지에 가지 않는 경우 : B여행팀이 관광지에 갈 때 20의 최대효용을 얻는다.

  따라서 B여행팀은 A여행팀의 선택에 상관없이 관광지에 가야 효용이 발생하며, 이때의 최대효용은 20이다.

이를 종합하면, A여행팀은 관광지에 가지 않을 때, B여행팀은 관광지에 갈 때 효용이 극대화되고, 이때의 총효용은 45(=25+20)이다.

30
정답 ④

정규직의 주당 근로시간을 비정규직 1과 같이 줄여 근무여건을 개선하고, 퇴사율이 가장 높은 비정규직 2의 직무교육을 시행하여 퇴사율을 줄이는 것이 합리적이다.

오답분석

① 설문조사 결과에서 연봉보다는 일과 삶의 균형을 더 중요시한다고 하였으므로 연봉이 상승하는 것은 퇴사율에 영향을 미치지 않음을 알 수 있다.

② 정규직을 비정규직으로 전환하는 것은 고용의 안정성을 낮추어 퇴사율을 더욱 높일 수 있다.

③ 직무교육을 안 하는 비정규직 2보다 직무교육을 하는 정규직과 비정규직 1의 퇴사율이 더 낮기 때문에 이는 적절하지 않다.

31
정답 ④

조직문화는 구성원 개인의 개성을 인정하고 그 다양성을 강화하기보다는 구성원들의 행동을 통제하는 기능을 한다. 즉, 구성원을 획일화·사회화시킨다.

32
정답 ③

신입사원이 서류를 제출해야 할 장소는 창문을 등지고 기둥에서 왼쪽으로 돈 뒤 오른쪽에 위치한 C이다.

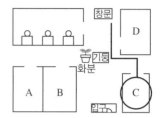

33
정답 ③

제시문의 사례는 협상전략 중 '협력전략'에 대한 내용이다.

협상전략의 형태

협력전략	나도 잘되고 상대도 잘되기를 추구하는 전략으로, 협상 참여자들이 협동과 통합으로 문제를 해결하고자 하는 가장 효과적이며 협력적인 문제해결전략이다.
유화전략	양보·순응·화해·수용·굴복전략이다. 상대방이 제시하는 것을 일방적으로 수용하여 협상의 가능성을 높이려는 전략이다. 결과보다는 상대방과의 인간관계 유지를 선호하여 상대방과 충돌을 피하고자 할 때 사용할 수 있다
회피전략	협상을 피하거나 잠정적으로 중단하거나 철수하는 전략이다. 시간과 노력을 투자할 필요가 없을 정도로 협상의 가치가 낮거나 협상을 중단하고자 하여 상대방을 심리적 압박감을 주어 필요한 양보를 얻어내고자 할 때, 또는 협상 이외의 방법으로 쟁점해결을 위한 대안이 존재할 경우에 회피전략을 사용할 수 있다.
강압전략	자신이 상대방보다 힘에 있어서 우위를 점유하고 있을 때 자신의 이익을 극대화하기 위한 공격적 전략으로, 일방적인 의사소통으로 일방적인 양보를 받아낸다. 합의도출이 어렵거나 상대방에 비해 자신의 힘이 강하고, 상대방과의 인간관계가 나쁘고, 상대방에 대한 신뢰가 전혀 없을 때, 자신의 실질적 결과를 극대화하고자 할 때 강압전략이 사용될 수 있다.

오답분석

① 유화전략에 대한 설명이다.
② 회피전략에 대한 설명이다
④ 강압전략에 대한 설명이다

34   정답 ①

G중앙회의 임원들은 자신들의 우월한 지위를 점유하면서 협상하고자 하지 않고, 신뢰에 기반을 둔 협력적인 문제해결전략을 세우기로 하였다.

협상의 의미

의사소통 차원	이해당사자들이 자신들의 욕구를 충족시키기 위해 상대방으로부터 최선의 것을 얻어내려고 상대방을 설득하는 커뮤니케이션 과정이다.
갈등해결 차원	갈등관계에 있는 이해당사자들이 대화를 통해서 갈등을 해결하고자 하는 상호작용 과정이다.
지식과 노력 차원	우리가 얻고자 하는 것을 가진 사람의 호의를 얻어내기 위해 우월한 지위를 점유하면서 얻을 수 있을 것인가 등에 관련된 지식이며 노력이다.
의사결정 차원	둘 이상의 이해당사자들이 여러 대안들 가운데서 이해당사자들 모두가 수용 가능한 대안을 찾기 위한 의사결정 과정이라 할 수 있다.
교섭 차원	선호가 서로 다른 협상 당사자들이 합의에 도달하기 위해 공동으로 의사 결정하는 과정이라고 할 수 있다.

35   정답 ④

김팀장의 업무 지시에 따르면 이번 주 금요일 회사 창립 기념일 행사가 끝난 후 진행될 총무팀 회식의 장소 예약은 목요일 퇴근 전까지 처리되어야 한다. 따라서 이대리는 ⓓ을 목요일 퇴근 전까지 처리해야 한다.

36   정답 ④

모든 갈등에는 두 가지 쟁점이 교차한다. 핵심적인 문제들은 대부분 갈등의 밑바닥에 깔려있는 반면에, 감정적인 문제들은 갈등을 복잡하게 만든다.

갈등의 문제

핵심 문제	감정적 문제
• 역할 모호성 • 방법에 대한 불일치 • 목표에 대한 불일치 • 절차에 대한 불일치 • 책임에 대한 불일치 • 가치에 대한 불일치 • 사실에 대한 불일치	• 공존할 수 없는 개인적 스타일 • 통제나 권력 확보를 위한 싸움 • 자존심에 대한 위협 • 질투 • 분노

37   정답 ④

M사에서 선발해야 할 인원은 대외협상 능력을 갖춘 영업 담당자이다. 대외협상에 필요한 능력은 상대방을 설득하는 데 능통하고, 대화 시 쟁점과 상대방의 핵심 요구사항 등을 잘 파악하는 것이므로 B, C, D가 가장 적절하다.

38   정답 ①

협상과정의 5단계

협상 시작	• 협상 당사자들 사이에 상호 친근감을 쌓음 • 간접적인 방법으로 협상 의사를 전달함 • 상대방의 협상 의지를 확인함 • 협상 진행을 위한 체제를 짬
상호 이해	• 갈등문제의 진행상황과 현재의 상황을 점검함 • 적극적으로 경청하고 자기주장을 제시함 • 협상을 위한 협상대상 안건을 결정함
실질 이해	• 겉으로 주장하는 것과 실제로 원하는 것을 구분하여 실제로 원하는 것을 찾아 냄 • 분할과 통합 기법을 활용하여 이해관계를 분석함
해결 대안	• 협상 안건마다 대안들을 평가함 • 개발한 대안들을 평가함 • 최선의 대안에 대해서 합의하고 선택함 • 대안 이행을 위한 실행 계획을 수립함
합의 문서	• 합의문을 작성함 • 합의문 상의 합의 내용, 용어 등을 재점검함 • 합의문에 서명함

39   정답 ④

고객이 제기한 민원이 반복적으로 발생하지 않도록 조치하기 위해서 자신의 개인 업무노트에 기록해 두는 것보다 민원사례를 전 직원에게 공유하여 교육이 될 수 있도록 하는 것이 더 적절하다.

40   정답 ④

전화를 다른 부서로 연결할 때 양해를 구하지 않았으며, 다른 부서의 사람이 전화를 받을 수 있는 상황인지를 사전에 확인하지 않았다.

제5회 모의고사 정답 및 해설

01	02	03	04	05	06	07	08	09	10
③	②	④	②	④	①	①	①	③	②
11	12	13	14	15	16	17	18	19	20
④	④	③	①	③	①	④	④	④	①
21	22	23	24	25	26	27	28	29	30
①	③	④	④	②	③	①	③	③	④
31	32	33	34	35	36	37	38	39	40
②	①	④	①	②	②	④	④	③	④

01 　정답 ③
앞뒤 문맥의 의미에 따라 추론하면 기업주의 이익추구에 따른 병폐가 우리 소비자에게 간접적으로 전해진다는 뜻이 들어가는 것이 가장 적절하다.

02 　정답 ②
제시문에서는 파레토 법칙의 개념과 적용된 사례를 설명한 후, 파레토 법칙이 잘못 적용된 사례를 통해 함부로 다양한 사례에 적용하는 것이 잘못된 해석을 낳을 수 있음을 지적하고 있다.

03 　정답 ④
4D 프린팅은 기존 3D 프린팅에 '시간'을 추가한 개념으로 시간의 경과, 온도의 변화 등 특정 상황에 놓일 경우 출력물의 외형과 성질이 변한다. 따라서 물의 온도가 높을 때는 닫히고, 물의 온도가 낮아지면 열리는 것과 같이 물의 온도 변화에 따라 달라지는 수도밸브는 4D 프린팅을 통해 구현할 수 있다.

오답분석
①·②·③ 시간의 경과나 온도의 변화 등과 관계없는 제품으로, 3D 프린팅을 통해 구현 가능하다.

04 　정답 ②
첫 번째 문단은 최근 행동주의펀드가 기업의 주가에 영향을 미치고 있다는 내용을 담고 있다. 이어지는 내용은 행동주의펀드가 어떻게 기업에 영향을 미치는지에 대해 서술하는 (나) 문단이고, 다음에는 이에 대한 대표적인 사례를 서술하는 (가) 문단이 이어지는 것이 적절하다. 다음 (다) 문단의 내용을 살펴보면 일부 은행에서는 얼라인파트너스자산운용의 제안을 수락했고 특정 은행에서는 이를 거부했다는 내용을 언급하고 있다. 그러므로 해당 제안에 대한 구체적인 내용을 다루고 있는 (라) 문단이 먼저 이어지는 것이 더 적절하다. 따라서 (나) - (가) - (라) - (다) 순으로 나열하는 것이 적절하다.

05 　정답 ④
도요타 자동차는 소비자의 관점이 아닌 생산자의 관점에서 문제를 해결하려다 소비자들의 신뢰를 잃게 됐다. 따라서 기업은 생산자가 아닌 소비자의 관점에서 문제를 해결하기 위해 노력해야 한다.

06 　정답 ①
제시문에서는 '전통'의 의미를 '상당히 이질적인 것이 교차하여 견고 튼 끝에 이루어진 것', '어느 것이나 우리화시켜 받아들인 것'으로 규정하고, '전통의 혼미란 곧 주체 의식의 혼미란 뜻에 지나지 않는다.'라는 주장을 펴고 있다. 따라서 빈칸에는 이와 맥락이 통하는 ①이 적절하다.

07 　정답 ①
제시문은 금융의 디지털 전환이 가속화됨에 따라 디지털금융의 중요성이 커지고 있음을 이야기하고 있다. 마지막 문단에서는 디지털금융의 중요성을 인식하여 법과 제도를 정비하고 있는 해외 국가들에 비해 국내의 전자금융거래법은 이렇다 할 변화가 없음을 지적한다. 따라서 다음에 이어질 내용으로는 디지털금융의 발전을 위해서 전자금융거래법의 개정이 필요하다는 내용의 ①이 가장 적절하다.

08
정답 ①

제시문은 위성영상지도 서비스인 구글어스로 건조지대에도 숲이 존재한다는 사실을 발견했다는 글이다. 첫 문장에서 '구글어스가 세계 환경의 보안관 역할을 톡톡히 하고' 있다고 하였으므로 글의 제목으로 ①이 가장 적절하다.

09
정답 ③

제시문에서는 비현금 결제의 편리성, 경제성, 사회의 공공 이익에 기여 등을 이유로 들어 비현금 결제를 지지하고 있다. 따라서 비현금 결제 방식이 경제적이지 않다는 논지로 반박하는 것이 적절하다.

오답분석

① 제시문에서는 빈익빈 부익부와 관련된 내용은 주장의 근거로 사용하고 있지 않으므로 적절하지 않다.
②·④ 제시문의 주장에 반박하는 것이 아니라 제시문의 주장을 강화하는 근거에 해당한다.

10
정답 ②

금리 인하, 재할인율 인하, 지급준비율 인하는 시장의 통화량을 늘리려는 방법이므로 통화량과 서로 반비례 관계이다. 즉, 중앙은행이 금리, 재할인율, 지급준비율을 인하하면 시장의 통화량은 늘고, 반대로 인상할 경우에는 시장의 통화량이 줄어든다.

11
정답 ④

오답분석

① 2천만 원의 차량 담보로도 진행할 수 있는 대출에 아파트라는 과도한 담보를 요구하고 있으므로 제5조 제2호에 어긋난다.
② 제6조 제2호에서 정한 취약한 금융소비자에 대한 이해수준 등을 파악하지 않고 일방적으로 상품 가입을 권유하고 있다.
③ 소비자가 충분히 고민하고 결정한 상품을 부정하고, 다른 상품을 강제로 권유하고 있으므로 제5조 제1호에 어긋난다.

12
정답 ④

제11조 (1)에 해당하는 내용이다.

오답분석

① 응급조치에 소요된 비용에 대해서는 주어진 지문에서 확인할 수 없으므로 '갑'이 부담하는지 알 수 없다.
② 제11조 (2)에 따르면 '을'은 설계상의 하자나 '갑'의 요구에 의한 작업으로 인한 재해에 대해서는 책임이 없다.
③ 제12조 (1)에 따르면 '을'이 미리 긴급조치를 취할 수 있지만, 즉시 '갑'에게 통지해야 한다.

13
정답 ③

십의 자리 수를 x, 일의 자리 수를 y라고 하자.
$10x+y=(x+y)\times 8$
$\rightarrow 2x-7y=0 \cdots \bigcirc$
$10x+y=x+10y+45$
$\rightarrow x-y=5 \cdots \bigcirc$
$\bigcirc$, $\bigcirc$을 연립하면
$\therefore x=7,\ y=2$
따라서 자연수는 72가 된다.

14
정답 ①

오늘 처리할 업무를 택하는 방법은 발송업무, 비용정산업무를 제외한 5가지 업무 중 3가지를 택하는 조합이므로 다음과 같다.

$_5C_3=\,_5C_2=\dfrac{5\times 4}{2\times 1}=10$가지

택한 5가지 업무 중 발송업무와 비용정산업무는 순서가 정해져 있으므로 두 업무를 같은 업무로 생각해 5가지 업무의 처리 순서를 정하는 경우의 수는 다음과 같다.

$\dfrac{5!}{2!}=\dfrac{5\times 4\times 3\times 2\times 1}{2\times 1}=60$

따라서 구하는 경우의 수는 $60\times 10=600$가지이다.

15
정답 ③

ㄴ. 기계장비 부문의 상대수준은 일본이다.
ㄷ. 한국의 전자 부문 투자액은 301.6억 달러, 전자 외 부문 투자액의 총합은 $3.4+4.9+32.4+16.4=57.1$억 달러로, $57.1\times 6=342.6>301.6$이다.

오답분석

ㄱ. 최대 투자국인 미국의 상대수준이 100이므로 한국의 IT서비스 부문 투자액은 최대 투자국인 미국 대비 1.7%임을 알 수 있다.
ㄹ. 일본은 '전자 – 바이오·의료 – 기계장비 – 통신 서비스 – IT서비스' 순이고, 프랑스는 '전자 – IT서비스 – 바이오·의료 – 기계장비 – 통신 서비스' 순이다.

16
정답 ①

선택지에 해당되는 연도의 고용률과 실업률의 차이는 다음과 같다.
· 2017년 : $40.4-7.6=32.8$%p
· 2019년 : $39.5-8.0=31.5$%p
· 2021년 : $41.2-9.1=32.1$%p
· 2023년 : $42.1-9.8=32.3$%p
따라서 2017년 고용률과 실업률의 차이가 가장 크다.

17   정답 ④

M금고 100세 플랜 적금상품은 예금자보호가 적용되는 상품이나, 예금자보호법에 따라 M금고에 있는 고객의 모든 예금보호대상 금융상품에 적용되므로 다른 상품과 구별하여 보호받는다는 것은 고객의 이해를 돕기 위한 설명으로 옳지 않다.

18   정답 ④

해당 적금의 만기시점 세전금리는 기본금리에 우대금리를 가산하여 구한다.

기본금리는 상품설명서 내 [만기금리] → [기본금리] 항목에서 확인할 수 있는데, A고객의 계약기간이 5년이므로 연 3.00%임을 확인할 수 있다.

우대금리는 A고객의 상담내역에서 [우대금리] 중 우대조건 항목에 해당하는 것이 있는지 비교한 후, 해당하는 항목의 우대금리를 모두 합하면 된다.

- 우대조건 ① : A고객은 M금고와 이전에 거래한 적이 없으며, 해당 적금 상품만을 가입하였으므로 우대조건에 해당하지 않는다.
- 우대조건 ② : A고객은 배우자와 함께 가입하였고, 신규금액이 10만 원 이상이므로 우대조건에 해당한다.
- 우대조건 ③ : A고객은 매월 20만 원씩 납입, 계약기간 5년이고 만기까지 연체 없이 납입할 예정이므로 우대조건에 해당한다.
- 우대조건 ④ : A고객은 직원의 추천에 따라「M금고 100세 플랜 연금」을 신규로 가입하여 6개월 이상 보유할 예정이므로 우대조건에 해당한다.
- 우대조건 ⑤ : A고객은 M금고에 방문하여 직원과 해당 적금에 대해 상담을 받아 계약하였으므로, 우대조건에 해당하지 않는다.

따라서 우대조건 ②·③·④를 충족하였으므로 우대금리는 0.1 +0.2+0.2=0.5%p이며 A씨가 만기시점에 받을 수 있는 세전금리는 3.00+0.5=3.50%이다.

19   정답 ④

이 문제에서 어느 은행을 선택하느냐에 따라 달라지는 것은 우대율뿐이므로 구체적으로 환전 수수료를 계산하지 않고 우대율만으로 단순 비교할 수 있다.

김대리가 적용받을 수 있는 은행별 우대율을 표로 정리하면 다음과 같다.

구분	적용 우대율(%)			
	A은행	B은행	C은행	D은행
USD	57	65	60	70
JPY	60	70	55	50

따라서 김대리가 환전 수수료를 가장 많이 절약할 수 있는 은행, 즉 가장 높은 수수료 우대율을 적용해주는 은행은 USD – D은행, JPY – B은행이다.

20   정답 ①

이팀장은 C은행에서 EUR을, 최연구원은 D은행에서 USD를, B은행에서 JPY를 환전하는 것이 가장 유리하며, 이때 적용되는 수수료 우대율과 이에 따른 환전 수수료는 다음과 같다(JPY의 경우 100단위로 환율을 계산해야 함을 주의한다).

구분	통화	적용 우대율(%)	환전 수수료(₩)
이팀장	EUR	75	$(1,330-1,300)\times0.25\times3,900$ $=29,250$
최연구원	USD	75	$(1,120-1,100)\times0.25\times2,100$ $=10,500$
	JPY	55	$(1,030-1,020)\times0.45\times2=9$

따라서 이팀장이 지불할 환전 수수료는 29,250원이고, 최연구원이 지불할 환전 수수료는 10,509원이다.

21   정답 ①

D의 진술에 대한 A와 C의 진술이 상반되므로 둘 중 1명이 거짓을 말하고 있음을 알 수 있다.

ⅰ) C의 진술이 거짓인 경우 : C와 D 2명의 진술이 거짓이 되므로 성립하지 않는다.

ⅱ) A의 진술이 거짓인 경우 : B, C, D, E의 진술이 모두 참이 되며, 사탕을 먹은 사람은 A이다.

따라서 거짓을 말하는 사람은 A이다.

22   정답 ③

주어진 조건을 표로 정리하면 다음과 같다.

구분	월	화	수	목	금	토	일
첫째	○	×		×	○		
둘째						○	
셋째							○
넷째			○				

첫째는 화요일과 목요일에 병간호를 할 수 없고, 수, 토, 일요일은 다른 형제들이 간호를 하므로 월요일과 금요일에 병간호한다.

둘째와 셋째에게 남은 요일은 화요일과 목요일이지만, 둘 중 누가 화요일에 간호를 하고 목요일에 간호할지는 알 수 없다.

23   정답 ④

강좌 1회당 수강료는 플라잉 요가가 $\frac{330,000}{20}=16,500$원이고, 가방 공방은 $\frac{360,000}{12}=30,000$원이다.

따라서 플라잉 요가는 가방 공방보다 강좌 1회당 수강료가 30,000-16,500=13,500원 더 저렴하다.

① 운동 프로그램인 세 강좌는 모두 오전 시간에 신청할 수 있으며, 공방 프로그램의 강좌시간은 모두 오후 1시 이후에 시작이므로 가능하다.
② 가방 공방의 강좌시간은 2시간 30분이며, 액세서리 공방은 2시간이므로 가방 공방 강좌시간이 30분 더 길다.
③ 공방 중 하나를 수강할 경우 오후 1시 이전에 수강이 가능한 필라테스와 플라잉 요가를 모두 들을 수 있으므로 최대 2개의 프로그램을 더 들을 수 있다.

24
정답 ④

E주임이 1열 A석에 앉는다면 B대리는 1열 B석에 앉게 된다. 또한 G사원은 C대리가 앉은 2열보다 앞쪽에 앉아야 하므로 1열 C석에 앉게 되므로 반드시 참인 설명이다.

① 1열에는 B대리와 E주임이 이웃해 앉아야 하므로 G사원은 1열 B석에 앉을 수 없다. 따라서 F주임이 2열 B석에 앉게 되더라도 서로 이웃해 앉는 경우는 발생하지 않는다.
② E주임은 B대리의 옆 좌석에만 앉으면 되므로 B대리가 1열 B석에 앉으면 E주임은 1열 A석에도 앉을 수 있다.
③ A과장이 3열 A석에 앉더라도 3열 B석에는 F주임이 아닌 D주임이 앉을 수도 있다.

25
정답 ②

문제에서 주어진 단서를 분석하면 다음과 같다.
• 비밀번호를 구성하는 숫자는 소수가 아니므로 (0, 1, 4, 6, 8, 9) 중에서 4자리 조합이다.
  (소수 : 1과 자기 자신만으로 나누어지는 1보다 큰 양의 정수 예 2, 3, 5, 7, …)
• 비밀번호는 짝수로 시작하며 가장 큰 수부터 차례로 4가지 숫자가 나열되므로, 9는 제외되고 8 또는 6으로 시작한다.
• 단, 8과 6은 단 하나만 비밀번호에 들어가므로 서로 중복하여 사용할 수 없다. 그러므로 8410 또는 6410이라는 두 가지 숫자의 조합밖에 나오지 않는다.
따라서 단서를 모두 만족하는 비밀번호는 두 개이다.

26
정답 ③

• 첫 번째 조건 : A가 받는 상여금은 75만 원이다.
• 두 번째, 네 번째 조건 : (B의 상여금)<(C의 상여금), (B의 상여금)<(D의 상여금)<(E의 상여금)이므로 B가 받는 상여금은 25만 원이다.
• 세 번째 조건 : C가 받는 상여금은 50만 원 또는 100만 원이다.
이를 정리하여 가능한 경우를 표로 나타내면 다음과 같다.

구분	A	B	C	D	E
경우 1	75만 원	25만 원	50만 원	100만 원	125만 원
경우 2	75만 원	25만 원	100만 원	50만 원	125만 원

따라서 C의 상여금이 A보다 많은 경우는 경우 2로 이때, B의 상여금(25만 원)은 C의 상여금(100만 원)의 25%이다.

① C의 상여금은 경우 1에서 50만 원으로 두 번째로 적고, 경우 2에서 100만 원으로 두 번째로 많다.
② 모든 경우에서 A를 제외한 나머지 4명의 상여금 평균은
$$\frac{25만+50만+100만+125만}{4}=75만$$ 원이므로 A의 상여금과 같다.
④ C의 상여금이 D보다 적은 경우는 경우 1로 이때, D의 상여금(100만 원)은 E의 상여금(125만 원)의 80%이다.

27
정답 ①

ㄱ. 인증 기관과 실제 운영 기관이 일치하지 않는 ⓛ에 해당한다.
ㄴ. 동일한 훈련과정임에도 불구하고 국비 지원생에게 일반 훈련생보다 더 많은 훈련비를 받아 운영하였으므로 ⓔ에 해당한다.
ㄷ. 정해진 시간표를 준수하지 않고 임의로 훈련내용을 변경하였으므로 ⓒ에 해당한다.
ㄹ. 훈련생의 출결을 대리로 처리하여 훈련비를 부정 수급하였으므로 ㉠에 해당한다.

28
정답 ③

갈등해결의 기본전략

배려전략	상대방의 주장을 충족시켜 주기 위해서 자신의 관심부분을 양보 또는 포기하는 것
지배전략	자신의 이익을 위해서 공식적인 권위를 사용하여 상대방의 복종을 강요하는 것
통합전략	서로의 이익을 모두 만족시키기 위해 갈등의 본질을 집중적으로 정확히 파악하여 문제해결의 통합적 대안을 도출해 내는 것
회피전략	당면한 갈등문제를 무시하거나 도외시하는 것
타협전략	자신과 상대방이 서로의 이익을 양보하는 것

같은 목표로 잘하려고 했던 김대리와 최과장의 갈등의 본질과 원인을 찾아 해결하려는 박팀장의 전략은 서로의 이익에 부합하는 통합에 해당한다.

29
정답 ③

박팀장은 갈등이 드러남으로써 문제해결의 실마리를 더 빨리 공동으로 모색할 수 있는 긍정적인 효과로 이끌고 있으므로, 갈등이 부정적인 결과를 초래한다는 인식을 전제로 하고 있다고 볼 수 없다.

박팀장은 김대리와 최과장의 갈등상황을 받아들이고 둘 사이의 갈등과 문제를 객관적인 입장에서, 대화와 협상으로 원인과 해결책을 찾고 있다.

30
정답 ④

M사원은 신입사원을 보면서 자기개발의 필요성을 깨닫고 있다. 따라서 M사원이 자기개발을 위해 가장 먼저 해야 할 일은 자기개발의 첫 단계인 흥미·적성 등을 파악해 자신이 누구인지 깨닫는 것이다.

①·②·③ 모두 자기관리에 해당하는 것으로 이는 자아인식의 단계 이후 이루어진다.

31
정답 ②

ㄱ. 소비자의 낮은 신뢰도는 L항공사가 겪고 있는 문제에 해당하므로 내부환경인 약점 요인에 해당한다.
ㄷ. 해외 여행객의 증가는 항공사가 성장할 수 있는 기회가 되므로 외부환경에서 비롯되는 기회 요인에 해당한다.

ㄴ. 안전 품질 기준에 대한 인증 획득은 기업이 가진 경영자원에 해당하므로 내부환경인 강점 요인에 해당한다.
ㄹ. 항공사에 대한 소비자의 기대치가 상승한다는 것은 그만큼 항공사가 만족시켜야 할 요건들이 많아진다는 것을 의미하므로 외부환경에서 비롯되는 위협 요인에 해당한다.

SWOT 분석
기업의 내부환경과 외부환경을 분석하여 강점(Strength), 약점(Weakness), 기회(Opportunity), 위협(Threat) 요인을 규정하고 이를 토대로 경영전략을 수립하는 기법
• 강점(Strength) : 내부환경(자사 경영자원)의 강점
• 약점(Weakness) : 내부환경(자사 경영자원)의 약점
• 기회(Opportunity) : 외부환경(경쟁사, 고객, 거시적 환경)에서 비롯된 기회
• 위협(Threat) : 외부환경(경쟁사, 고객, 거시적 환경)에서 비롯된 위협

32
정답 ①

3만 원 초과 10만 원 이하 소액통원의료비를 청구할 시, 진단서 없이 보험금 청구서와 병원영수증, 질병분류기호(질병명)가 기재된 처방전만으로 접수가 가능하다.

33
정답 ④

10년 이상 가입자로 특수직종근로자인 박정환은 만 55세이므로 제61조 제1항에 따라 노령연금을 받을 수 있다.

① 10년 이상 가입자로 만 60세가 된 김갑돌은 제61조 제1항에 따라 유족연금이 아닌 노령연금을 받는다.
② 10년 이상 가입자였던 이을석은 국외이주 기간 중 사망하였으므로 제72조 제2항에 따라 유족연금을 받을 수 없다.
③ 제61조 제2항에 따라 조기노령연금 수급권자가 되려면 가입기간이 10년 이상이어야 한다. 정병문의 경우 가입기간이 현재 10년 이상이 되지 않으므로 조기노령연금을 받을 수 없다.

34
정답 ①

조직의 의사결정과정이 창의성을 발휘할 수 있는 분위기에서 진행된다면, 적절한 수준의 내부적 갈등이 순기능을 할 가능성이 높다.

35
정답 ②

대화에서 유머를 적절히 사용하는 것은 분위기를 부드럽게 하는 등 도움이 될 수 있다. 그러나 심각한 내용이 오고 있는데 유머를 사용하면 말하는 사람 입장에서는 자신의 말이 무시당했다고 생각하기 쉽다. 심각한 분위기가 싫어서, 내용이 이해가 안 돼서 이렇게 하는 경우가 있는데 이것은 얼렁뚱땅 대화를 피하는 잘못된 듣기 태도이다.

36
정답 ②

대인관계능력이란 직장생활에서 협조적인 관계를 유지하고, 조직 구성원들에게 도움을 줄 수 있으며, 조직 내부 및 외부의 갈등을 원만히 해결하고 고객의 요구를 충족시켜줄 수 있는 능력이다. B의 경우, 신입직원의 잘한 점을 칭찬하지 않고 못한 점만을 과장하여 지적한 점은 신입직원의 사기를 저하시킬 수 있고, 신입직원과 보이지 않는 벽이 생길 수 있으므로 좋은 대인관계능력이라고 할 수 없다.
F의 경우, 인간관계를 형성할 때 가장 중요한 요소는 무엇을 말하느냐, 어떻게 행동하느냐보다 개인의 사람됨이다. 만약 그 사람의 말이나 행동이 깊은 내면에서가 아니라 피상적인 인간관계 기법이나 테크닉에서 나온다면, 상대방도 곧 그 사람의 이중성을 감지하게 된다. 따라서 효과적인 상호의존성을 위해 필요한 상호신뢰와 교감, 관계를 만들 수도 유지할 수도 없게 된다.

37
정답 ④

전문가용 카메라가 일반화됨에 따라 사람들은 사진관을 이용하지 않고도 고화질의 사진을 촬영할 수 있게 되었다. 따라서 전문가용 카메라의 일반화는 사진관을 위협하는 외부환경에 해당한다.

38
정답 ④

고객이 방문하는 경우엔 방문하기 전 전화로 방문목적을 알리고 고객이 편리한 시간에 약속한 후 방문해야 한다.

39
정답 ③

고객이 전화했을 경우, 문의사항은 가급적 처음 받는 직원이 답변하도록 되어있으나 정확한 정보 안내를 위해 다른 직원에게 연결해야 할 때는 양해를 구한 후 담당직원의 소속, 성명 및 전화번호를 알려드린 뒤 연결해야 한다. 하지만 B사원은 고객이 직접 연결하도록 처리했으므로 적절하지 않다.

40
정답 ④

진정성 있는 태도는 신뢰 관계 형성에 매우 중요한데, 이를 가장 잘 보여줄 수 있는 행동이 진지한 사과이다. 하지만 이러한 진지한 사과도 반복적이라면 불성실한 사과와 마찬가지로 느껴지기 때문에 오히려 신뢰를 인출하는 행위가 될 것이다.

오답분석

① 대인관계란 이해와 양보를 기반으로 이루어지기 때문에 상대방의 입장에서 양보하고 배려하는 노력은 타인의 마음속에 신뢰를 저축할 수 있는 가장 중요한 방법이 될 것이다.

② 사람들은 매우 상처받기 쉽고 민감한 존재로, 비록 외적으로 대단히 거칠고 냉담하게 보일지라도 내적으로는 민감한 느낌과 감정을 갖고 있기 마련이다. 따라서 대부분의 인간관계에서의 커다란 손실은 사소한 것으로부터 비롯되기 때문에 이를 예방하기 위해 사소한 일에 대해 관심을 기울여야 할 것이다.

③ 책임을 지고 약속을 지키는 것은 신뢰를 쌓는 중요한 행위이며 약속을 어기는 것은 신뢰를 무너뜨리는 중대한 행위에 해당한다. 또한 언행일치 역시 그 사람에게 있어 정직 그 이상의 의미를 갖도록 한다.